·本书作者参加的部分学术活动·

筹建复旦大学联合国与国际组织研究中心并担任执行主任

筹建上海联合国研究会并担任秘书长

承办“联合国文明联盟上海会议”

承办“变革中的全球治理：中国与联合国”国际会议

承办第15届东亚联合国体系研讨会

主办“中国的联合国外交：1971-2011”学术会议

主办“中国的联合国外交”学术会议

主办“联合国与中国海外利益的保护”学术会议

主办“联合国与全球治理”学术会议

承办第二届国际公务员能力建设培训班

在“联合国 70 年：使命、责任、未来”国际研讨会上发言

组织上海联合国研究会年会暨联合国研究青年论坛

推动上海联合国研究会加入联合国学术影响（UNAI）项目

代表上海联合国研究会与联合国训练研究所签署战略合作协议

参加联合国文明联盟第五届全球论坛

主编复旦联合国研究丛书和《联合国研究》年刊

复旦联合国研究丛书

联合国强大 世界更美好

Strong UN Better World

纪念联合国成立七十周年文集

张贵洪◎著

时事出版社

图书在版编目（CIP）数据

联合国强大　世界更美好：纪念联合国成立七十周年文集/张贵洪著．—北京：时事出版社，2016.4

ISBN 978-7-80232-987-4

Ⅰ．①联…　Ⅱ．①张…　Ⅲ．①联合国—纪念文集
Ⅳ．①D813.2-53

中国版本图书馆CIP数据核字（2016）第059443号

出版发行：时事出版社
地　　址：北京市海淀区万寿寺甲2号
邮　　编：100081
发行热线：（010）88547590　88547591
读者服务部：（010）88547595
传　　真：（010）88547592
电子邮箱：shishichubanshe@sina.com
网　　址：www.shishishe.com
印　　刷：北京市昌平百善印刷厂

开本：787×1092　1/16　印张：19.75　彩页：6　字数：310千字
2016年4月第1版　2016年4月第1次印刷
定价：98.00元

总序

什么是联合国？联合国有什么作用？中国与联合国的关系如何？这是每一个对联合国有兴趣的读者都想知道的。

我的回答是：联合国是一个“不独立的多元体”。所谓“不独立”，就是说联合国没有独立的主权，它的权力来自于它的成员国。所谓“多元体”，就是说在联合国的所有机构中，没有一个能够完整地、全面地或在任何时候都代表联合国。因此，联合国只是“联合起来的国家们”的一个简称。它的主体是成员国，是联合国的成员以不同的形式组织起来，以不同的决策方式实现全球治理。

在成立后的七十年的时间里，联合国究竟起了怎样的作用呢？综合起来看，它的作用主要有五个方面：一是作为一面镜子，反映了国际形势的变化，折射了国际格局的演变；二是作为一个论坛，反映了世界上各种各样的声音；三是作为多边外交最活跃的舞台；四是一个国际合作的平台；五是国际行动合法性的象征。

联合国是多边外交的讲坛，联合国大会每年都云集了各国的元首、首脑和外长，这是任何一个国际机构都无法比拟的。联合国又是集团外交博弈的舞台，许多重大谈判都是在集团之间进行的，集团外交在联合国里面有很重的分量。集团外交有优势也有弱点，它的优势在于增加了弱小者的谈判分量，有利于在这个强弱不等、力量失衡的世界为弱小国家争得一份发言权、一份决策权；缺点在于增加了谈判的复杂性和难度，联合国常常议而不决，决而不行。

联合国是国际合作的平台，主要体现在以下几个方面：一是完成了非殖民化的进程，使得一大批亚非拉国家取得独立并参加了联合国；二是开展历史上最广泛、最持久的发展援助，联合国里面有三大机构专门从事援助工作，即联合国开发计划署、联合国人口基金会以及联合国儿童基金会；三是缓和了国际冲突，通过军控、预防外交、维和、建设和平等手段处理了一系列地区冲突，更重要的是避免了大战的发生；四是规范国际行为，确立行为准则，并通过一系列决议、宣言、行动纲领以至于法律文件如条约、公约等形式，确立战后国际社会应该共同遵守的游戏规则。

联合国还有一个作用是过去人们很少意识到的，就是它已成为某一国际行为是否合法的象征，这从两次伊拉克战争就能看出来，有无联合国的授权是行动合法还是非法的一个依据。

同时，联合国还是一面镜子，反映了国际形势的变化，折射了国际格局的演变。联合国成立到现在大概有这样几个时期：联合国成立初期，只有51个成员国，大部分是西方国家及其盟友，当时联合国是美国操纵的工具；20世纪60年代开始，情况逐步发生变化，到70年代就发生了质变，发展中国家成为联合国的多数；1971年中国代表权的恢复是一个分水岭，标志着美国一家操纵联合国的时代一去不复返了；70—80年代，联合国折射出来的是两对矛盾的交叉，一是南北矛盾，二是东西矛盾，既对抗又对话；进入90年代，苏联解体、冷战结束，联合国进入了一个新时期，这个时期的特点是两极争雄消失、南北矛盾缓和，联合国能够在政治、安全、经济、社会、人权等各个领域全面发挥作用。安理会在经历冷战时期的瘫痪之后恢复工作，成为联合国活动的一个中心。这十年被称为联合国的黄金时代。世界人民对联合国的期望值也大大提高。但是好景不长，第二次伊拉克战争撕裂了联合国，使联合国陷入空前危机，联合国在世界民众心中的形象也大为受损。在这样的背景下，要求联合国改革的呼声在世界范围内响起。

从现在来看，联合国将来会怎样？这里人类再次面临需要和可能的矛盾。需要是因为国际关系格局发生了重大的变化，从两极格局向多极格局迈进。在这个世界政治多极化、经济全球化和社会信息化的新时代，联合国面临一系列新的挑战。作为世界上最大、最高、最具代表性的国际组织，联合国需要进行改革，以反映国际关系格局的演变，适应新时代的挑战。

但是，多极化是一个漫长、渐进且含有种种变数的过程，目前还远没有“尘埃落定”。对于联合国大会和安理会等重要机构的改革，各国利益纵横交错，互利共赢的交汇点久求而不得，故当前对联合国机构进行重大改革的可能性甚微。

联合国改革的举步维艰，削弱了联合国应有的作用。二十国集团的出现，及由二十国集团承担在金融领域全球治理的功能，从一个侧面折射出联合国不改革可能面临的被边缘化的危险。当然，这种被边缘化在可预见的将来还只是局限在个别领域，且没有不可逆转之理。就全局而言，作为二战结束后肩负全球治理重任的联合国，它的地位和作用还是不可替代的。近日，美国未来学家戴维·霍尔做出大胆预测，称未来十年的某个时间点，将出现一个新的全球管理主体，可以称之为“全球委员会”，职责是监管全球事务。但他也认为，处理和裁决国家间政治经济冲突的职责仍然由联合国履行。

进入新世纪以来，联合国在变化，中国也在变化。中国的国家利益已经不再局限在国门以内，中国的影响也已超出了地区。有很多全球问题都事关中国的切身利益，这就要求中国以更积极的态度来参与联合国的事务，维护自身的利益。可以预见，中国将在财政、维和等方面做出更大贡献。同时中国也需要利用联合国这个平台来拓展自身利益，中国参与亚丁湾护航，中国海军合法走出国门就是一个成功的例子。

联合国需要中国、中国也需要联合国这样一个时代即将到来。

（联合国前副秘书长、上海联合国研究会名誉会长）

2015 年 10 月 24 日

于北京和平里

目录

第一部分

联合国2015

联合国是1945年第二次世界大战后成立的国际组织。当时共有51个国家承诺通过国际合作和集体安全来维护和平、发展国家间友好关系、促进社会进步、提高生活水平和保护人权。

联合国是当今国际社会最具普遍性、代表性和权威性的政府间国际组织。联合国的宗旨和工作以《联合国宪章》规定的机构目标和原则为出发点。根据《联合国宪章》，联合国有四项宗旨：维持国际和平与安全；发展国家间友好关系；合作解决国际问题和促进对人权的尊重；构成协调各国行动之中心。[①] 由于其独特的国际性质和《联合国宪章》赋予的权利，联合国可就广泛的问题采取行动，并通过大会、安全理事会、经济及社会理事会和其他机构和委员会，为其193个会员国提供一个论坛来表达他们的观点。

2015年，联合国迎来70周年。70年来，联合国积极应对全球挑战，为80个国家的9000万人提供粮食；为全世界58%的儿童接种疫苗，每年挽救300万人；为逃离战火、饥荒或迫害的3870万难民和人民提供援助；与193个国家合作应对气候变化，使发展具可持续能力；在4大洲16项行动中有12万名维和人员在维持和平；消除贫穷，帮助4.2亿农村穷人过上更好的生活；在实地并通过大约80项条约和宣言保护及促进人权；筹措人道主义援助220亿美元，帮助受紧急情况影响的人；利用外交手段防止冲突，每年协助约60个国家进行选举；促进孕产妇保健，每年拯救3000万妇女的生命。[②] 联合国围绕安全、发展、人权三大工作重点，为世界和平与人类进步做出了巨大贡献。

---

① http：//www. un. org/zh/sections/un – charter/chapter – i/index. html.

② http：//www. un. org/zh/aboutun/pdf/2014_ un_ card. pdf.

2015 年，对联合国来说是“关键一年”。[①] 联合国举行一系列纪念活动，召开一系列峰会，总结过去 70 年的发展历程，分析国际社会面对的大量挑战，展望世界未来的发展方向。2000 年制订的千年发展目标到期，联合国召开发展峰会，通过 2015 年后发展议程，提出 17 个可持续发展目标；联合国对维和行动进行了评估，建立新的维和待命机制；联合国气候变化大会达成《巴黎协定》，设立新的控温和减排目标。

① 2015 年 12 月 16 日潘基文秘书长在新闻发布会上的发言，http：//www. un. org/press/en/2015/sgsm17420. doc. htm。

第70届联合国大会

联合国大会（United Nations General Assembly），简称“联大”，是联合国的主要审查、审议和监督机构。它提供了一个在《联合国宪章》所涉及的国际问题进行多边讨论的全方位的独特论坛。[①]

一、联合国大会概况

根据《联合国宪章》的规定，大会有权讨论宪章范围内的任何问题或事项，并向会员国和安理会提出建议。大会接受并审议安理会及联合国其他机构的报告；选举安理会非常任理事国、经社理事会和托管理事会的理事国；大会和安理会各自选举国际法院的法官；根据安理会的推荐，批准接纳新会员国和委任秘书长。联合国的预算和会员国分摊的会费比额都需经大会讨论决定。每一个会员国在大会有一个投票权。

大会全体会议由大会主席（或副主席）主持。大会设主席 1 人，副主席 21 人，由全体会议选举产生。安理会 5 个常任理事国是当然的副主席，其余副主席席位按地区分配原则选出，即非洲 6 席、亚洲 5 席、东欧 1 席、拉美 3 席、西欧及其他国家 2 席。大会主席所属地区的副主席名额减少 1 个。大会主席由上述 5 个地区轮流推选本地区代表并经大会选举

① http://www.un.org/zh/ga/.

担任。

大会设有6个主要委员会，各委员会由全体会员国组成，负责讨论大会分配给该委员会的议题并提出建议。各委员会的建议以简单多数表决通过，然后提交大会全体会议决定。这6个主要委员会分别是：裁军及国际安全委员会（第一委员会），负责处理关于限制及解除军备以及国际安全等议题；经济及金融委员会（第二委员会），负责处理国际经济议题；社会、人道及文化委员会（第三委员会），负责处理关于社会、人道主义等议题；特殊政治及非殖民化委员会（第四委员会），负责处理裁军及安全以外的政治问题，以及关于消除殖民主义的问题；行政及预算委员会（第五委员会），负责处理行政以及预算事务；法务委员会（第六委员会），负责讨论关于国际法的议题。

大会还设有总务委员会和全权证书委员会。总务委员会由大会主席、副主席和6个委员会的主席组成，负责就议题项目的通过、议题的分配和会议的组织工作提出报告，交大会全体会议决定。全权证书委员会由大会根据上届大会主席提议任命的9个会员国组成，负责审查各国出席会议代表的全权证书。

大会另有两个常设委员会：行政预算咨询委员会和会费委员会。行政预算咨询委员会由大会任命16人组成，负责联合国方案预算的专业审查，并协助第五委员会工作；会费委员会由大会任命的18名专家组成，负责就各会员国间分摊联合国会费的问题向大会提供意见。尽管联大决议不同于安理会决议，它只是建议，并无约束力，但它在一定程度上代表了国际社会的大多数意愿，具有道义力量。

大会常会每年于9月从至少有一个工作日的第一个星期起算的第三个星期的星期二开始举行。联合国大会每年举行一届常会，主要会议从9月开始至12月结束。次年1月复会，讨论所有和议程有关的问题，直到下届会议开始之前。在秘书长收到安全理事会或联合国会员国过半数所提出召开特别会议的请求，或得到会员国过半数赞同开会的通知后召集特别会议。至今大会已举行过28届特别会议。在秘书长收到安全理事会依据任何9个理事国的赞成票提出召开紧急特别会议的请求，或在收到联合国会员国过半数以其在临时委员会的赞成票或以他种方式表示的请求，或在得到会员国过半数赞同开会的通知后 24 小时内召开。大会至今已举行过 10 届紧急特别会议。

大会分为两个阶段，前半期为一般性辩论阶段，后半期是大会审议列入议程的各项议题阶段。在大会休会期间，大会的工作由 6 个主要委员会、其他附属机关和联合国秘书处进行。“重要问题”，例如关于维持国际和平与安全、接纳新会员国、制定联合国预算和维持和平预算的建议，是以 2/3 多数决定。其他事项以简单多数决定。近年来，大会做出特别努力，通过协商一致、而不是通过正式表决做出决定。

二、第 70 届联大议程

第 70 届联大于 2015 年 9 月 15 日在纽约联合国总部开幕。本届联大的主题是“联合国成立 70 周年——一个新的行动承诺”。联合国秘书长潘基文在开幕式上发言指出：“大会第七十届会议必须成为体现仁爱、注重预防以及首先是强调行动的一届会议。”①

丹麦议会议长莫恩斯·吕克托夫特（Mogens Lykketoft）担任第 70 届联大主席。根据惯例，联大主席一职由亚洲、东欧、非洲、拉美和加勒比和西欧及其他国家（包括北美）等 5 个地区组轮流推选代表担任，任期 1 年。

大会第 70 届会议一般性辩论会于 2015 年 9 月 28 日至 10 月 3 日举行。中国国家主席习近平发表题为《携手构建合作共赢新伙伴 同心打造人类命运共同体》的重要讲话。习近平强调，和平、发展、公平、正义、民主、自由，是全人类的共同价值，也是联合国的崇高目标。习近平指出，站在新的历史起点上，联合国需要深入思考如何在 21 世纪更好回答世界

① http：//www. un. org/zh/documents/view_ doc. asp？ symbol = A/70/PV. 1.

和平与发展这一重大课题。当今世界，各国相互依存、休戚与共，我们要继承和弘扬《联合国宪章》宗旨和原则，构建以合作共赢为核心的新型国际关系，打造人类命运共同体。习近平宣布，中国决定设立为期10年、总额10亿美元的中国—联合国和平与发展基金，支持联合国工作，促进多边合作事业。中国将加入新的联合国维和能力待命机制，率先组建常备成建制维和警队，并建设8000人规模的维和待命部队。中国决定在未来5年内，向非盟提供总额为1亿美元的无偿军事援助，支持非洲常备军和危机应对快速反应部队建设。①

10月1日至2日，本届联大举行高级别专题辩论会，主题是“维护国际和平与安全”，目的是从过去70年的经历中汲取经验教训，审视和平与安全领域目前存在的各种挑战，并再次重申会员国和观察员国对《联合国宪章》的承诺。

本届联大期间举行了联合国成立70周年系列峰会，包括发展峰会、维和峰会、全球妇女峰会、南南合作圆桌会等。

联合国发展峰会于9月25日至27日在纽约联合国总部举行。发展峰会正式通过《2030年可持续发展议程》，这一包括17项可持续发展目标和169项具体目标的纲领性文件，将推动世界在今后15年内实现3个核心目标——消除极端贫困、战胜不平等和不公正、遏制气候变化。习近平主席发表题为《谋共同永续发展 做合作共赢伙伴》的讲话。习近平指出，为了实现2015年后发展目标，我们应共同走出一条公平、开放、全面、创新的发展之路，努力实现各国共同发展。习近平倡议，国际社会加强合作，共同落实2015年后发展议程，努力实现合作共赢。为此，要增强各国发展能力；改善国际发展环境；优化发展伙伴关系；健全发展协调机制。习近平宣布，中国将设立“南南合作援助基金”，首期提供20亿美元，支持发展中国家落实2015年后发展议程；将继续增加对最不发达

---

① “携手构建合作共赢新伙伴 同心打造人类命运共同体——在第七十届联合国大会一般性辩论时的讲话”，2015年9月28日，纽约。外交部官网，http：//www.fmprc.gov.cn/web/ziliao_674904/zyjh_674906/t1301660.shtml。

国家投资，力争2030年达到120亿美元；将免除对有关最不发达国家、内陆发展中国家、小岛屿发展中国家截至2015年底到期未还的政府间无息贷款债务；中国将设立国际发展知识中心，同各国一道研究和交流适合各自国情的发展理论和发展实践；倡议探讨构建全球能源互联网，推动以清洁和绿色方式满足全球电力需求。①

联合国维和峰会于2015年9月30日举行，由联合国秘书长潘基文和美国总统奥巴马共同主持，约50个国家的领导人与会，商讨在剧变中的国际安全环境下加强维和行动等联合国和平活动的方案。习近平发表题为《中国为和平而来》的讲话。为支持改进和加强维和行动，习近平宣布：第一，中国将加入新的联合国维和能力待命机制，决定为此率先组建常备成建制维和警队，并建设8000人规模的维和待命部队。第二，中国将积极考虑，应联合国要求，派更多工程、运输、医疗人员参与维和行动。第三，今后5年，中国将为各国培训2000名维和人员，开展10个扫雷援助项目。第四，今后5年，中国将向非盟提供总额为1亿美元的无偿军事援助。第五，中国将向联合国在非洲的维和行动部署首支直升机分队。第六，中国—联合国和平与发展基金的部分资金将用于支持联合国维和行动。②

南南合作圆桌会于2015年9月27日举行，由中国倡议召开，由中国和联合国共同主办，由习近平主席和潘基文秘书长一起主持。习近平就新时期南南合作提出以下建议：一要致力于探索多元发展道路。二要致力于促进各国发展战略对接。三要致力于实现务实发展成效。四要致力于完善全球发展架构。习近平宣布，为帮助发展中国家发展经济、改善民生，未来5年中国将向发展中国家提供“6个100”项目支持，包括100个减贫

---

① “谋共同永续发展　做合作共赢伙伴——在联合国发展峰会上的讲话”，2015年9月26日，纽约。外交部官网，http：//www.fmprc.gov.cn/web/ziliao_674904/zyjh_674906/t1300882.shtml。

② “中国为和平而来——在联合国维和峰会上的讲话”，2015年9月30日，纽约。外交部官网：http：//www.fmprc.gov.cn/web/ziliao_674904/zyjh_674906/t1302559.shtml。

项目，100 个农业合作项目，100 个促贸援助项目，100 个生态保护和应对气候变化项目，100 所医院和诊所，100 所学校和职业培训中心。未来 5 年，中国将向发展中国家提供 12 万个来华培训和 15 万个奖学金名额，为发展中国家培养 50 万名职业技术人员。中国将设立南南合作与发展学院，并向世界卫生组织提供 200 万美元的现汇援助。①

全球妇女峰会于 2015 年 9 月 28 日举行，由中国和联合国妇女署合作举办。习近平发表题为“促进妇女全面发展 共建共享美好世界”的讲话，指出“妇女是物质文明和精神文明的创造者，是推动社会发展和进步的重要力量。没有妇女，就没有人类，就没有社会”。习近平提出，要发扬北京世界妇女大会精神，重申承诺，为促进男女平等和妇女全面发展加速行动。习近平宣布，为支持全球妇女事业和联合国妇女署工作，中国将向妇女署捐款 1000 万美元，用于支持落实《北京宣言》和《行动纲领》，落实 2015 年后发展议程相关目标。在今后 5 年内，中国将帮助发展中国家实施 100 个“妇幼健康工程”，派遣医疗专家小组开展巡医活动；实施 100 个“快乐校园工程”，向贫困女童提供就学资助，提高女童入学率；邀请 3 万名发展中国家妇女来华参加培训，并在当地为发展中国家培训 10 万名女性职业技术人员。②

根据 2015 年 9 月 18 日大会第 2 次全体会议通过的第 70 届联大会议议程，本届联大审议和讨论 173 个事项，涉及会议程序（8 项），促进持续经济增长和可持续发展（21 项），维护国际和平与安全（36 项），非洲的发展（1 项），促进人权（6 项），有效协调人道主义援助工作（2 项），促进司法和国际法（12 项），裁军（19 项），药物管制、预防犯罪和打击一切形式和表现的国际恐怖主义（3 项），组织、行政和其他事项（65

---

① 外交部官网：http://www.fmprc.gov.cn/web/ziliao_674904/zyjh_674906/t1301049.shtml。

② “促进妇女全面发展 共建共享美好世界——在全球妇女峰会上的讲话”，2015 年 9 月 27 日，纽约。外交部官网：http://www.fmprc.gov.cn/web/ziliao_674904/zyjh_674906/t1301049.shtml。

项）。秘书长在关于联合国工作的报告中，全面回顾和总结了第69届联大期间联合国在落实会员国确定的联合国上述八个优先事项方面取得的进展，并提出“建设一个更强大的联合国，以使我们的目标得以实现”。[①]

2015年12月12日，《联合国气候变化框架公约》近200个缔约方一致同意通过《巴黎协议》。协议共29条，包括目标、减缓、适应、损失损害、资金、技术、能力建设、透明度、全球盘点等内容。潘基文秘书长现场发表致辞重申，气候变化是我们这个时代的一个决定性挑战，在他担任联合国秘书长一职9年来一直被列为优先工作事项。通过《巴黎协议》为全球适应和减缓气候变化影响的未来行动指明了方向。根据协议，各方将以“自主贡献”的方式参与全球应对气候变化行动。发达国家将继续带头减排，并加强对发展中国家的资金、技术和能力建设支持，帮助后者减缓和适应气候变化。从2023年开始，每5年将对全球行动总体进展进行一次盘点，以帮助各国提高力度、加强国际合作，实现全球应对气候变化长期目标。

第70届联大工作紧张，内容和亮点很多。2016年春将召开一次关于世界毒品问题的大会特别会议和一次关于艾滋病毒/艾滋病问题的高级别会议。秘书长将在5月召开一次世界人道主义首脑会议。2016年，联大还将举行3次高级别专题辩论会，逐一评估联合国的三大支柱：4月举行有关可持续发展、气候变化和融资承诺落实的高级别专题辩论；5月举行有关加强联合国在和平与安全领域作用的高级别专题辩论；7月举行有关联合国在人权领域（包括治理、法制、性别平等和制度建设）的高级别专题辩论。

---

① 《秘书长关于联合国工作的报告》（A/70/1），http：//www. un. org/zh/documents/view_doc. asp？symbol = A/70/1。

联合国安全理事会

联合国安全理事会（United Nations Security Council），简称“安理会”，负有维护国际和平与安全的首要责任。

一、安理会的职权和组成

根据《联合国宪章》，联合国所有会员国都同意接受和执行安全理事会的决定。联合国其他机构只能向会员国提出建议，唯有安全理事会才有权做出会员国根据《宪章》必须执行的决定。安理会可在和平受到威胁时随时举行会议。

安理会在接到一项威胁和平的投诉时，可以采取一系列措施，包括：建议当事方尝试以和平手段达成协议；提出达成此种协议的原则；在某些情况下进行调查和调解；派遣访问团；任命特使；或请秘书长进行斡旋，以实现争端的和平解决。当争端导致敌对行动时，安理会可以：发出有助于防止冲突升级的停火指示；派遣军事观察员或维持和平部队，帮助减少紧张程度，隔离敌对部队，并建立可寻求和平解决问题的安宁环境。除此之外，安理会还可选择各种强制执行措施，包括：经济制裁、军火禁运、金融惩罚和限制以及旅行禁令；断绝外交关系；封锁；乃至集体军事行动。

根据《联合国宪章》，安全理事会具有下列职能和权力：依照联合国的宗旨和原则来维护国际和平与安全；调查可能引起国际摩擦的任何争端或局势；建议调解这些争端的方法或解决条件；制定计划以处理对和平的威胁或侵略行为，并建议应采取的行动；促请各会员国实施经济制裁和除使用武力以外的其他措施以防止或制止侵略；对侵略者采取军事行动；就接纳新会员国以及各国加入《国际法院规约》的条件提出建议；在“战略地区”行使联合国的托管职能；就秘书长的任命向大会提出建议，并与大会共同选举国际法院的法官。

安理会有15个理事国组成，包括5个常任理事国（英国、俄罗斯、法国、美国和中国）和10个非常任理事国。非常任理事国由大会选举产生，任期两年，包括立陶宛、尼日利亚、乍得、智利、约旦（以上国家任期截至2015年）、安哥拉、马来西亚、委内瑞拉、西班牙、新西兰（以上国家任期截至2016年）。安理会需要有九票赞成才能做出决定。除关于程序问题的表决外，只要任何一个常任理事国投反对票（否决），安理会就无法做出决定。所有会员国都有义务执行安理会的决定。

安全理事会的主席一职由安全理事会理事国按照理事国国名英文字母次序轮流担任。每一轮主席的任期为一个月。2015年2月，中国担任安理会主席。

安理会设有为履行其职能所必需的附属机关，包括反恐怖主义委员会和反扩散委员会（1540委员会）、军事参谋团、制裁委员会、常设委员会和特设机构、维持和平特派团和政治特派团、前南问题国际法庭和卢旺达问题国际法庭、咨询机构（建设和平委员会）。

二、安理会2015年会议、决议和活动

根据安理会向联大提交的报告（A/70/2），安理会大量活动的重点仍放在非洲，包括关于布基纳法索、布隆迪、中非共和国、科特迪瓦、刚果民主共和国、几内亚比绍、利比里亚、马里、索马里、苏丹和南苏丹、以及西撒哈拉的会议。中东局势也是安理会议程的重要内容。安理会继续重点审议叙利亚危机。巴勒斯坦问题、联合国脱离接触观察员部队以及黎巴

嫩也是安理会议程的重要内容。安理会还定期审议乌克兰局势并通过了第2202（2015）号决议。

专题问题、一般性问题和交叉问题仍然是安理会的优先事项，其中包括不扩散；恐怖行为对国际和平与安全造成的威胁；武装冲突中保护平民；儿童与武装冲突；妇女与和平与安全；维持和平和冲突后建设和平；安全部门改革；制裁；合国与区域及次区域组织之间的合作；非洲和平与安全；以及法治。

安理会还成立了一个新的附属机构，即关于南苏丹的第2206（2015）号决议所设负责监督旅行禁令和资产冻结情况的委员会。

2015年，安理会共举行245次会议，共通过64项决议（从S/RES/2196到S/RES/2259），关于波黑和乌克兰的两个决议草案被俄罗斯否决。2015年，安理会就叙利亚危机通过三项决议（第2235、2254、2258号），从而为政治解决叙利亚问题注入了新动力。安理会第2254号决议请秘书长召集叙利亚政府代表和反对派代表在2016年1月初开始就政治过渡进程进行正式谈判，以实现危机的持久政治解决。决议支持在联合国协助下开展叙利亚人主导的政治进程，在18个月内在联合国监督下根据新宪法，举行自由公正选举。

2015年，安理会发表了26项主席声明，其中13项声明与非洲有关。

2015年，联合国秘书长向安理会共递交或转递121份报告，其中大部分与非洲局势有关。

2015年，安理会特派团提交了2份报告，分别通报了赴中非共和国、埃塞俄比亚、布隆迪、非洲联盟访问团（2015年3月9日至13日）和赴海地访问团（2015年1月23日至25日）。

联合国经济及社会理事会

联合国经济及社会理事会（United Nations Economic and Social Council，ECOSCO），简称经社理事会，是联合国协调经济、社会和环境工作的主要机构，是联合国系统推进可持续发展的核心机构。

一、经社理事会概况

作为政府间机构，经社理事会接受联合国大会的领导，协调联合国及各专门机构的经济和社会工作；研究有关国际间经济、社会、发展、文化、教育、卫生及有关问题；就其职权范围内的事务召开国际会议，并起草公约草案提交联合国大会审议。作为讨论国际经济和社会问题以及拟订政策建议的中心论坛，经社理事会在加强国际合作促进发展方面发挥着关键作用。

经社理事会与民间社会团体——包括非政府组织和私营部门——进行咨商，它是给予非政府组织咨询商地位的主要机构。目前全世界超过2869个非政府组织拥有经社理事会的咨商地位。这些组织获准参与理事会及其附属机构的工作，向它们提交书面文件和发言。

经社理事会主要关注世界的经济、社会和环境挑战。经社理事会负有广泛的责任，涉及整个联合国系统70%的人力和财务资源，负责协调24个专门机构以及基金会和方案，9个功能性委员会以及5个区域委员会。

理事会由54个理事国政府组成，经联合国大会选举产生，任期3年。

理事会席位按地域代表制分配席位，非洲国家 14 个，亚洲国家 11 个，东欧国家 6 个，拉丁美洲和加勒比地区国家 10 个，西欧和其他国家 13 个。

经社理事会常年的工作由附属机构进行。附属机构包括 8 个职司委员会、[①] 5 个区域委员会、[②] 3 个常设委员会、[③] 4 个由政府专家组成的专家机构、[④] 5 个成员以个人身份组成的专家机构、[⑤] 5 个其他有关机构。[⑥]

经社理事会还有 3 个特设机制：冲突后非洲国家问题特设咨询小组、海地问题特设咨询小组、联合国农村发展公私联盟。

长期以来，经社理事会主要是一个讨论机构，很少有采取行动的权利。从 1992 年开始，一些国家开始加强经社理事会在经济、社会以及相关事务，特别是发展事务的责任和权利。经社理事会开始对联合国发展项目以及对联合国开发计划署、联合国人口基金会和联合国儿童基金会等机关有监督和设定政策的责任，在一些交叉领域内，如麻醉剂控制、人权、克服饥饿和克服艾滋病等有协调各个机关行动的作用。

在 2005 年世界首脑会议上，各国元首和政府首脑授权经济及社会理事会举行年度部长级审查和两年一次的发展合作论坛。年度部长级审查的目标是评估落实各次主要会议和首脑会议提出的国际商定发展目标的进展情况。发展合作论坛的目标是提高不同发展伙伴活动的一致性和有效性。

---

① 即统计委员会、人口与发展委员会、社会发展委员会、妇女地位委员会、麻醉药品委员会、预防犯罪和刑事司法委员会、科学和技术促进发展委员会、联合国森林论坛秘书处。

② 即非洲经济委员会（非洲经委会）、亚洲及太平洋经济社会委员会（亚太经社会）、欧洲经济委员会（欧洲经委会）、拉丁美洲和加勒比经济委员会（拉加经委会）、西亚经济社会委员会（西亚经社会）。

③ 即方案和协调委员会、非政府组织委员会、政府间机构协商委员会。

④ 即危险货物运输和全球化学品统一分类标签制度专家委员会、国际会计和报告标准政府间专家工作组、联合国地名专家小组、联合国全球地理空间信息管理委员会。

⑤ 即发展政策委员会、公共行政专家委员会、国际税务合作特设专家组，以及经济、社会和文化权利委员会、土著问题常设论坛。

⑥ 即联合国人口奖委员会、国际麻醉品管制局、提高妇女地位国际研究训练所董事会、联合国艾滋病毒/艾滋病联合规划署方案协调委员会、联合国系统营养问题常设委员会。

通过审查国际发展合作的趋势和进展情况，论坛将为提高发展合作的质量和效果提出政策指导和建议。

2015 年 7 月 24 日，韩国常驻纽约联合国代表吴浚当选为经济及社会理事会第 71 任主席。

二、经社理事会的会议、决议和活动

经社理事会每年举行一届组织会议和一届实务会议。年初举行一次会议专为选举主席和主席团成员，组织会议于 2 月第一个星期二召开，续会则于 4 月召开。实务会议于 5 月至 7 月间召开，至迟于大会常会开幕前 6 个星期召开。

经社理事会最重要的会议是每年 7 月举行的为期长达 1 个月的年度实质性届会。届会每年在纽约和日内瓦之间交替举行，分为 5 个部分——高级别会议、协调会议、业务活动会议、人道主义事务会议和常务会议，讨论全球事务和技术及行政问题。在高级别会议上，各国内阁部长与国际机构主管以及其他高级官员将讨论重大的经济、社会和环境政策问题。通常会通过一项关于高级别会议主题的部长级声明，为行动提供政策指导和建议。

2015 年 7 月 6—8 日，可持续发展高级别政治论坛在纽约举行，主题是：加强整合、执行和审查——2015 年后的高级别政治论坛。7 月 9—10 日，年度部长级审查会议的主题是：实现从千年发展目标到可持续发展目标的转型。中国常驻联合国副代表王民在一般性辩论会上发言时指出，在当今世界经济深度融合的背景下，各国应充分展示政治意愿，树立命运共同体意识，致力于合作共赢和共同发展，重振国际发展合作。他代表中方提出四点建议：一是应聚焦消除贫困和促进发展，二是应用新型发展观指导全球发展方向，三是应加强发展筹资力度，为全面实现发展目标动员发展资源，四是应加强机制建设，落实好 2015 年后发展议程。

2015 年，经社理事会共通过项 35 决议，其中比较重要的有“2015 年后发展议程中促进残疾人权利和加强残疾人的主流化”（E/RES/2015/4）、“联合国系统所有政策和项目中性别视角的主流化”（E/RES/2015/12）、“科学、技术与发展创新”（E/RES/2015/27）、“重构亚太经社理事会会议结构以更好地适应2015年后发展议程”（E/RES/2015/30）、“设立亚太灾害信息管理发展中心”（E/RES/2015/31）、“2011—2020最不发达国家行动方案”（E/RES/2015/35）等决议。

2015年，经社理事会共发表78个报告，其中包括“经济、社会及相关领域的地区合作”（E/2015/15）、“世界经济与社会调查2014—2015：千年发展目标的教训”（E/2015/50）、“实现从千年发展目标到可持续发展目标的转型”（E/2015/68）等以及附属机构的报告。

联合国托管理事会

托管理事会（United Nations Trusteeship Council）是联合国负责监督托管事务的机关。

《联合国宪章》在建立国际托管制度过程中设立了托管理事会，作为联合国的一个主要机关，并规定其任务为监督置于托管制度之下的托管领土的管理。托管制度的主要目标是促进托管领土居民的进展以及托管领土朝自治或独立方向的逐渐发展。托管理事会由安全理事会的五个常任理事国组成——即中国、法国、俄罗斯、英国和美国。托管制度的目的已经充分实现，所有的托管领土均已取得自治或独立，有的成为单独的国家，有的加入相邻的独立国家。

《联合国宪章》规定，托管理事会有权审查并讨论管理当局就托管领土人民的政治、经济、社会和教育方面进展提出的报告，会同管理当局审查托管领土的请愿书，并对托管领土进行定期的和其他特别的视察。

随着最后一个托管领土帕劳于 1994 年 10 月 1 日取得独立，托管理事会于 1994 年 11 月 1 日停止运作。理事会 1994 年 5 月 25 日通过决议，决定修改其议事规则，取消每年举行会议的规定，并同意视需要举行会议。

联合国秘书处和秘书长

联合国秘书处（United Nations Secretariat）是联合国的日常工作机关。

一、秘书处概况

秘书处为联合国其他主要机关服务，并执行这些机关制定的方案与政策。秘书处的首长是秘书长，秘书长由大会根据安全理事会的推荐任命，任期5年，可以连任。

秘书处由在联合国纽约总部和世界各地工作的全体国际工作人员组成。截至2014年6月30日，秘书处有来自世界各地的工作人员41426名。作为国际公务员，工作人员和秘书长都对联合国负责，并宣誓不寻求或接受联合国以外任何政府或其他当局的指示。根据《联合国宪章》，各会员国承诺尊重秘书长和工作人员责任的专属国际性，决不设法不当影响其责任的履行。

秘书处的职责广泛，范围从管理维持和平行动到调停国际争端、从调查经济及社会趋势和问题到编写关于人权和可持续发展问题的研究报告。秘书处工作人员还使世界各通讯媒体了解和关心联合国的工作；就全世界所关切的问题组织国际会议；监测联合国各机构所作决定的执行情况；将发言和文件翻译成联合国各正式语文。

秘书处下设秘书长办公厅、内部监督事务厅、法律事务厅、政治事务部、裁军事务厅、维持和平行动部、外勤支助部、人道主义事务协调厅、减少灾害风险办公室、经济和社会事务部、大会和会议管理部、新闻部、安全和安保部、管理事务部等。

联合国秘书处总部设在纽约，但在日内瓦、内罗毕、维也纳等设有办事处。

二、秘书长概况

联合国秘书长既是外交官又是代言人，既是公务员又是首席执行官，作为联合国理想的象征，秘书长为全世界人们，尤其是穷人和弱势人群仗义执言。

《联合国宪章》规定，秘书长是联合国的“首席行政长官”，他履行行政长官的职务，以及安理会、联合国大会、经济社会理事会和其他联合国组织“所托付之其他职务”。《宪章》还规定秘书长有权力“将其所认为可能威胁国际和平及安全之任何事件，提请安全理事会注意”。这些纲领性的原则即明确规定了本职位的权力，又给予其极大的采取行动的自由。如果秘书长不关心成员国的利益，他就不称职。但是他必须要维护联合国的价值观念和道德权威，一言一行都要从和平的角度出发，为此甚至可以不惜经常得罪上述成员国。

秘书长要参加联合国各机构的会议，同世界领袖、政府官员和其他人员举行会谈，奔赴世界各地，使成员国的人们能清楚的了解联合国日程上值得国际关注的众多事情。每年，秘书长都要做联合国工作报告，评价联合国的工作，指出以后的工作重点。联合国秘书长同时又是联合国系统行政首长协调理事会（UN System Chief Executives Board for Coordination，CEB）的主席。该理事会由联合国基金会、署及其他专门机构组成，每两年举行一次会议，在联合国体系面临的全部重要事宜和管理事务上谋求进一步的协调与合作。

根据《联合国宪章》，联合国秘书长经安理会推荐由联合国大会任命。历任秘书长包括：特里格夫·赖伊（挪威），1946 年 2 月至 1952 年 11 月；达格·哈马舍尔德（瑞典），1953 年 4 月任职，1961 年 9 月在非洲不幸飞机失事罹难；吴丹（缅甸），1961 年 11 月担任执行秘书长，1962 年 11 月被正式任命为秘书长，任期至 1971 年 12 月；库尔特·瓦尔德海姆（奥地利），1972 年 1 月至 1981 年 12 月；哈维尔·佩雷斯·德奎利亚尔（秘鲁），1982 年 1 月至 1991 年 12 月；布特罗斯·布特罗斯—加利（埃及），1992 年 1 月至 1996 年 12 月；科菲·安南（加纳），1997 年 1 月至 2006 年 12 月；潘基文（韩国），2007 年 1 月至 2016 年 12 月。

秘书长的团队包括常务副秘书长、高级管理小组、特别代表和特使。常务副秘书长于 1997 年由大会设立，隶属秘书长办公室，现任常务副秘书长是瑞典的扬·埃利亚松。高级管理小组是秘书长主持的高级团体，汇集联合国各部门、办事处、基金和方案的主管，现有成员 40 人，包括常务副秘书长、副秘书长、地区经济社会委员会执行秘书、重要专门机构的负责人等。中国的吴红波担任负责经济和社会事务的副秘书长。

秘书长任命特别顾问、特别代表、特使、高级代表、高级协调员等，现有约 122 人，其中包括非洲问题 41 人、美洲问题 6 人、亚洲及太平洋问题 7 人、欧洲问题 5 人、中东问题 19 人、其他问题 38 人。中国的周一平担任秘书长南南合作问题特使。

三、秘书长潘基文：2015 年

2015 年 9 月，秘书长向大会提交《秘书长关于联合国工作的报告》（A/70/1），详细介绍了联合国在 8 个工作领域（促进持续经济增长和可持续发展，维护国际和平与安全，非洲的发展，促进和保护人权，有效协调人道主义援助工作，促进司法和国际法，裁军，缉毒、预防犯罪和打击一切形式和表现的国际恐怖主义）的情况，并报告千年发展目标的进展。潘基文在报告中指出，联合国成立 70 年来，“世界避免了 20 世纪上半叶两次出现的那种大规模全球冲突，并防止或早日终止了数次较小规模的战争。我们努力使数百万人摆脱极端贫穷，增强妇女权能，推进人权和国际法，确保司法公正战胜残暴罪行，并引领非殖民化运动，从而为建设持久和平基石取得长足进展”。面对贫穷、歧视、不平等、性暴力、气候变化等风险和挑战，“世界各地人民期望各国政府和联合国发挥领导作用”，“世界比以往任何时候更加需要联合国”。

2015 年，潘基文秘书长在重要的国际日共发表 102 次重要致辞。潘基文在纪念《联合国宪章》签署 70 周年活动上发表演说时说：“联合国是希望的象征，是世界人民的家园。《宪章》就是我们的指南针。”① 他在联合国日致辞中指出，联合国是“全人类的灯塔”。② 他在联合国成立 70 周年纪念活动致辞中认为，“本周年的主题——联合国强大，世界更美好——体现了多边主义的重要性和联合国不可或缺的作用”。③

潘基文担任联合国秘书长后已 9 次访华。2015 年 9 月 2 日至 6 日，潘基文在北京出席中国人民抗日战争暨世界反法西斯战争胜利 70 周年纪念活动，赴山东游览泰山，访问曲阜参观了孔府、孔庙和孔林。

---

① http：//www. un. org/apps/news/infocus/sgspeeches/statments_ full. asp? statID = 2665 #. VtZd9PRAV – 8.

② http：//www. un. org/zh/sg/statements/2015/unday. shtml.

③ http：//www. un. org/zh/sg/statements/2015/un70_ anniversary. shtml.

国际法院

国际法院（International Court of Justice，ICJ）是联合国的主要司法机关，1945 年 6 月根据《联合国宪章》成立，1946 年 4 月开始工作。

国际法院是唯一具有一般管辖权的普遍性国际法院。法院的管辖权有两个方面：对诉讼案件的管辖权和对咨询事项的管辖权。首先，法院就各国行使主权自愿向其提交的争端做出裁决。目前有 70 个国家（不含中国）依照《规约》承认法院的管辖权具有强制性。此外，约有 300 项双边或多边条约或公约规定法院在解决关于这些条约或公约的适用或解释的争端方面具有管辖权。其次，法院也发表咨询意见。除有权就“任何法律问题”请法院发表咨询意义的大会和安理会外，经社理事会、托管理事会、大会临时委员会和一些专门机构也有权就其活动范围内出现的法律问题请法院发表咨询意见。

国际法院设在荷兰海牙和平宫，由卡内基基金会负责管理。

国际法院正式语文为英文和法文。

国际法院由经大会和安理会选出的 15 名法官组成，任期九年，每三年改选 1/3。《法院规约》第十九条规定，“法官于执行法院职务时，应享受外交特权及豁免”。

2015 年 7 月 31 日，法院组成如下：院长：龙尼・亚伯拉罕（法国）；副院长：阿布杜勒卡维・艾哈迈德・优素福（索马里）；法官：小和田恒（日本），彼得・通卡（斯洛伐克），穆罕默德・本努纳（摩洛哥），安东尼奥・奥古斯托・坎萨多・特林（巴西），克里斯托弗・格林伍德（联合王国），薛捍勤（中国），琼恩・多诺霍（美国），吉奥尔吉奥・加亚

（意大利），朱莉娅·塞布庭德（乌干达），达尔维·班达里（印度），帕特里克·利普顿·鲁滨逊（牙买加），理查德·詹姆斯·克劳福德（澳大利亚），基里尔·格沃尔吉安（俄罗斯）。

书记官处是国际法院常设的国际秘书处。由于法院既是司法机关又是国际机构，书记官处的职责既包括提供司法支持，又作为一个永久行政机构运作。因此，书记官处不仅从事司法和外交性质的工作，而且也具有行政性质。目前，书记官处有 119 个员额，包括 60 个专业及以上职类员额和 59 个一般事务职类员额。

书记官长负责书记官处的各部和各处，是书记官处的首长。他承担司法、外交和行政三方面的职责。书记官长为比利时国民菲利普·库弗勒。副书记官长为喀麦隆国民让－珀莱·福梅泰。

书记官处下设法律事务部、语文事务部、新闻部、行政和人事处、财务处、出版处、文件处和法院图书馆、信息通信技术处、档案索引编制和分发处、文本处理和复制处、安保处、特别助理、法官秘书、主任医官、工作人员委员会。

法院为便利行政工作，设立各个委员，包括预算和行政委员会、规则委员会、图书馆委员会。

法院的主要职能之一是根据国际法裁判各国提交的争端。第一个进入法院总表的案件是 1947 年 5 月 22 日提交的英国诉阿尔巴尼亚。至 2015 年 12 月，共有 161 个案件进入法院总表。

至 2015 年 12 月，法院总表上有 12 个待决的诉讼案件。这些案件涉及各种主题，如领土和海洋争端、侵犯领土完整、灭绝种族、核军备竞赛等。

1）加布奇科沃—大毛罗斯项目（匈牙利/斯洛伐克）

2）刚果境内的武装活动（刚果诉乌干达）

3）边界争端（哥斯达利加诉尼加拉瓜）

4）公路建设争端（尼加拉瓜诉哥斯达利加）

5）海洋通道争端（玻利维亚诉智利）

6）大陆架争端（尼加拉瓜诉哥伦比亚）

7）海洋争端（尼加拉瓜诉哥伦比亚）

8）海上划界争端（哥斯达黎加诉尼加拉瓜）

9）关于停止核军备竞争和进行核裁军（马绍尔群岛诉印度）

10）关于停止核军备竞争和进行核裁军（马绍尔群岛诉巴基斯坦）

11）关于停止核军备竞争和进行核裁军（马绍尔群岛诉英国）

12）海上划界争端（索马里诉肯尼亚）

在2014/2015司法年度（2014年8月1日至2015年7月31日），法院就《防止及惩治灭绝种族罪公约》的适用（克罗地亚诉塞尔维亚）一案进行了裁决。

在2014/2015司法年度，法院还发布了9项命令。

法院的另一职能是对经适当授权的联合国机关和机构向其提出法律问题提供发表咨询意见。在上一司法年度，没有提出这样的请求。

第二部分

中国强大，联合国更美好

中国强大，联合国更美好*

2015 年 9 月 28 日，习近平主席在联合国大会一般性辩论上发言，在联合国这个全球舞台上向全世界阐述了中国对于重大国际问题的立场、政策和主张。这是习主席访问联合国的重头戏，也为他首次联合国总部之行画上句号。习主席的联合国之行取得丰硕成果，开启了中国与联合国关系的新篇章。

一、阐明历史贡献

纵观习主席对联合国的此访及系列演讲，取得了如下成果：首先，阐明了中国在联合国的独特地位和历史性贡献。中国是联合国的发起国和创始成员国，是第一个在《联合国宪章》上签字的国家，为联合国的创建做出了重要贡献。作为安理会常任理事国，中国始终坚持联合国在国际事务中的核心地位，维护联合国和安理会的权威性，是以联合国为核心的国际秩序的维护者和建设者。冷战结束后，中国累计派遣和正在参加的维和人员在 5 个常任理事国中都是最多的，中国分摊的联合国维和费用比例是 6.64%，在所有发展中国家中是最多的。中国是唯一宣布不首先使用核武器的国家。中国已成为大约 125 个国家的第一大贸易伙伴，约 200 类产品

---

* 原载《解放日报》2015 年 9 月 29 日。

的产量占世界总产量的一半或以上。中国经济长期持续高速增长，是世界经济增长的最重要贡献者。中国基本上完成了联合国提出的千年发展目标，并从国际社会单纯接受援助的国家变成对许多发展中国家和国际组织提供援助的国家。

二、强调和平发展

其次，强调了中国和平发展与世界和平发展的紧密联系。和平与发展是习近平主席此次联合国之行的主线，并且凸显中国与世界各国共守和平、共谋发展。9 月 26 日，习主席在联合国发展峰会上演讲时指出，要解决好各种全球性挑战，“根本出路在于谋求和平、实现发展”。9 月 27 日，习主席在出席中国向联合国赠送“和平尊”仪式时，在留言簿上写道：“共守和平、共谋发展。”9 月 28 日，习主席在联大一般性辩论中指出，中国将坚持走和平发展道路。站在新的历史起点上，联合国需要深入思考如何在 21 世纪更好地回答世界和平与发展这一重大课题。中国的回答是：继承和弘扬《联合国宪章》的宗旨和原则，构建合作共赢的新型国际关系，打造人类命运共同体。

三、提供公共产品

第三，表达了中国对联合国的坚定支持和巨大贡献，彰显中国的全球领导力。习主席在访问联大期间，宣布了一系列中国支持联合国和平与发展事业的理念倡议和行动措施。在发展峰会、南南合作圆桌会和全球妇女峰会上，习主席宣布了中国支持联合国发展事业、支持发展中国家开展南南合作、支持世界卫生组织和联合国妇女署开展工作的多项行动和措施，包括援助基金、项目工程、捐款、免债、培训等。在一般性辩论上，习主席宣布将设立为期 10 年、总额 10 亿美元的中国—联合国和平与发展基金，支持联合国工作；加入新的联合国维和能力待命机制，组建 8000 人的维和待命部队；未来 5 年内向非盟提供 1 亿美元的无偿军事援助。这些行动和措施为国际社会提供了公共产品，特别是设立国际发展知识中心和南南合作与发展学院，对于培育中国在全球发展和南南合作领域的领导地位、发挥引领作用具有重大和深远的意义。此次联大期间召开的南南合作圆桌会和全球妇女峰会均由中国主动倡议召开，由中国领导人和联合国秘书长共同主持，说明中国在联合国议程设置上也取得重大突破。

四、体现中美合作

第四，体现了中美合作共同发挥联合国积极作用的重要性。此次联大期间，习近平主席和奥巴马总统都在发展峰会和一般性辩论上发表演讲，中美两国最高领导人 3 天内两次站在联合国最高讲坛上，这在联合国 70 年历史上也是第一次。中国和美国作为世界上最大的发展中国家和最大的发达国家，同时又是安理会常任理事国，双方有共同利益和责任加强联合国的作用。联合国也是中美在重大问题上开展合作、增强互信、共同应对挑战的一个重要舞台。无论是维护和完善国际秩序、实现世界和平和地区稳定，还是推动 2030 年可持续发展议程、应对气候变化等全球性问题和挑战，都需要中美之间以及和其他成员国一起通过联合国和在联合国的框架内开展合作。只有这样，才有利于中美两国，也有利于整个国际社会。

“联合国强大，世界更美好。”同样，中国强大，联合国更美好。

中国联合国外交的转型*

2015 年是联合国成立 70 周年，也是新中国恢复在联合国合法席位 44 周年。9 月，习近平主席首访联合国总部，出席联合国成立 70 周年系列活动，在联大一般性辩论会、发展峰会、维和峰会等发表重要讲话，并宣布中国支持联合国的一系列措施和行动。这标志着中国的联合国外交正从参与型向引领型转变。这种转变主要表现在以下几个方面。

第一，首次设置议程。南南合作圆桌会议和全球妇女峰会由中国倡议召开，由中国与联合国共同主办，由习近平主席和潘基文秘书长一起主持，体现了中国在议程设置上的突破。从参加会议到组织会议，从发言到主持，中国正把联合国这个最大的多边舞台视为一种制度。习主席在出席系列峰会的讲话中提出理念和设想、提供议题和方案、构建制度和规则，是中国多边外交的重要提升。

第二，建立维和待命部队。联合国外交是中国多边外交的中心，维和是中国联合国外交的亮点。中国参加维和 25 年来，累计派遣维和人员 3 万多人。目前有 3000 多人参加了 9 项维和行动，在 5 个常任理事国中是最多的。中国的维和摊款占 6.64%，在发展中国家中最多。参加联合国维和行动有利于中国的军队建设，有利于提高中国的海外行动能力，也有利于中国的大国形象。

第三，成立一个中心、一个学院。国际发展知识中心和南南合作与发

* 原文题为“中国联合国外交：从参与型转向引领型”，《中国社会科学报》2015 年 11 月 26 日。

展学院体现了中国对外援助和国际合作方式的新思路和新举措，即从出资到出智，也预示着中国在争取国际话语权方面的某种突破。发展和南南合作是中国的优势，也是引领和主导的突破口。中国的发展经验和做法、发展模式和道路、发展战略和政策，应上升为一种理念和理论，转化为一种议程和话语。中国倡议和推动的“一带一路”建设、亚投行、丝路基金等，都可以与联合国2030年发展议程进行对接，通过南南合作的机制和平台加以推进。这些应成为“中心”和“学院”的使命。

第四，设立基金、提供捐助，提高话语权和影响力。习近平主席在联大宣布设立中国—联合国和平发展基金、南南合作援助基金，捐助世界卫生组织和联合国妇女署，向非盟提供军事援助，免除最不发达国家、内陆发展中国家和岛屿发展中国家债务，等等。这些举措和行动将大大提升中国在这些领域中的话语权和影响力。

第五，重视国际法治。近两年，我国领导人多次强调要加强国际法治。习近平主席、李克强总理、王毅外长分别提出国际关系的法治化、维护国际法的权威性和有效性、在国际法框架内促和平谋发展等主张。法治是国际社会主流价值观，与我国的依法治国有共通性。如果说在民主、自由、人权等问题上中国与西方还有较大分歧，那么国际法治将是中国与西方可以对话的共同话题。

进而思之，中国联合国外交的转型还需要进一步创新和突破。一是关于中国的发展中国家身份和定位。中国是世界第二大经济体，是人口最多、面积最大的发展中国家，也是发展中国家中交纳联合国会费、维和摊款与派遣维和人员最多的国家。习主席在联大宣布：中国的一票永远属于发展中国家。目前，全世界的发展中国家有130多个，在一些具体的利益问题上也有差异，面对这种现实情况，中国如何更好地维护发展中国家的利益，值得更加深入地探索。二是关于联合国会费和维和摊款问题。我们“反对把中国同其他发展中国家区别对待，不接受超过中国支付能力的计算方法”。同时更重要的是，如何利用会费增加的机会，争取应有的权利，如选派更多中国公民到联合国工作，争取更多联合国机构在华设立地区中心、总部、办事处、联络处，并学会从联合国把钱赚回来。三是关于联合国改革问题。中国关于联合国成立70周年的立场文件没有提及联合国改革，其实我们应顺应形势和趋势引领改革，使联合国更民主、强大和有效。四是关于中国与联合国内部腐败问题。我们要预防和避免多边援助中的腐败问题。五是关于台湾地区的国际空间问题。这是一个政治性和技术性都很强的问题，同时也是两岸有合作潜力的领域。如何在坚持“一个中国”的原则和前提下，根据国际组织的章程个案处理，台湾地区以合适的名义和身份参加国际活动，两岸在非政府间国际组织开展适度合作，这是两岸关系中也是我们多边外交中不可回避的问题。

中国联合国外交的转型需要学界提供更多的智力支持，所以就此倡议推动建立“联合国学”，对联合国进行历史研究、问题研究、领域研究和学理研究。

联合国是中国多边外交的中心*

作为国家元首，习近平对美国进行第一次国事访问，无疑是一件大事，而这次出访过程中，对联合国的访问则是此次首脑外交的另一条主线。诞生于反法西斯战争炮火之中的联合国，已经有70年历史了。对于这个当今世界最重要的国际组织，中国既是发起国、创立者，也是重要的参与者。此次作为国家主席，习近平在联合国发表了一系列讲话，从中国自身的发展经验论述发展中国家的发展问题，并且宣布了一系列支持发展中国家发展的举措。联合国作为解决国际问题的核心组织，又是中国多边外交的最关键机构，此次元首访问过程中，带来了哪些重要的变化，一系列举措的宣布，又体现了哪些重要意义？南方都市报就此问题专访了复旦大学联合国研究中心执行主任张贵洪教授。

一、通过联合国，传递中国对世界发展的论述

南方都市报（以下简称南都）：这一次习近平访美，其中有3天都是访问联合国，联合国成立70周年之际，有什么特别意义吗？

张贵洪：这是习近平主席作为中国国家元首第一次访问联合国总部，之前他访问过联合国教科文组织。这也是他首次作为世界第二大经济体的

---

* 原载《南方都市报》2015年10月11日。

领导人，在一个全球舞台上向全世界的人民和各国政府宣讲中国政府关于发展的认识和政策，就一些重大的国际问题发表看法，讲述和平与发展的理念，这是有很重要的意义的。一定程度上，这次访问联合国，重要性不亚于访美。

南都：我们也注意到，这一次习近平参加了联合国许多会议，发表了很多讲话，提出了很多新的论述，这些论述新的变化是哪些？

张贵洪：习主席这一次在联合国参加了系列的活动，包括联合国发展峰会、南南合作圆桌会、妇女峰会、维和峰会、气候变化午餐会等等，但是最重要的是习主席在联合国一般性辩论中的发言。这些发言内容是非常丰富的，当然核心是和平、发展。习主席对和平与安全有一些新的阐述，当然对发展的阐述更丰富一些，提出了一些新的提法，如“发展是应对全球性挑战的钥匙”、“发展是消除冲突的根源”、“发展是保证人的基本权利”等等。总的而言，对发展的理解更全面、深刻和均衡。发展与安全、人权密切联系，发展不仅仅是个经济增长的问题。他还提出了发展四个方面的内涵，包括公平、开放、全面、创新。同时提出在落实2030年发展议程过程中，国际社会要提升发展能力、改善发展环境、健全发展机制、形成发展伙伴。可以说这一次集中提出了很多发展的论述和主张。和平也提了很多，主要是在一般性辩论中提出的。这一次把和平、发展与正义、公平、自由联系到一起，这一点是非常突出的。特别是自由、公平、正义，这是具有最高意义的普世价值的理念，当然大家对这个价值的具体理解、实践方式还有不同的理解。习主席也提出了协商是实现民主的重要方式，这是我们在国际政治上第一次提，国际社会需要协商解决问题。

南都：为什么要在联合国大会做出如此多的新论述，有什么特别意义吗？

张贵洪：至少有两个意义：第一就是新一届政府，在外交上不断拓展，有一些调整和改变，国际社会对中国有更多的期待，同样也有越来越多的猜疑。之前我们都是通过亚信会议、APEC会议、上海合作组织峰会、金砖国家峰会等来阐释，增进信任，消除疑虑。但是这些地区性，或者发展中国家的组织，并不具备全球意义，没有全球性。这一次在联合国是全球性的宣示，面对世界上所有国家。第二个意义就是强调我们的外交有整体性和关联性。之前我们的外交，都是有所侧重的，改革开放之初就是强调与西方国家的外交。后来，我们外交上做出了一些调整，强调周边外交，重视发展中国家外交，还有就是重视多边外交，这是以前中国外交的弱项。外交的这四个方面，我们过去是相对分开处理的。我个人认为，大国外交、周边外交、发展中国家外交，我们都可以通过以联合国为核心的多边渠道来开展并推动。这一次看习近平主席的联合国之行，未来联合国外交会有所提升，我认为这是有深远意义的。

二、重视联合国，这是中国外交一贯的态度

南都：这一次联合国70周年，大国外交博弈很明显，在联大的舞台上更多的是指责对方，对联合国的运转和发展似乎建设性意见很少？

张贵洪：各个大国的发言有非常明显的政治目的，奥巴马的发言就是强调普世价值，民主、人权、良治等，显示美国的政治话语，他在发展峰会上则讲了发展所面临的一些挑战。普京则是具体地实打实地应对西方国家的批评，可以说是逐条对抗。中国则是走中庸之道，更多地强调合作。这次习近平主席的联合国之行，既有理念，也有倡议，还有具体的行动实施，显得层次更高，更有意义。相对于奥巴马和普京的唇枪舌剑，我们提出了一揽子的方案，实实在在地推动和平与发展。

南都：中国提出这一系列针对发展中国家的解决方案，对我们，对联合国有什么特殊意义吗？

张贵洪：联合国已经70年了，70年来，世界有了翻天覆地的变化。世界的和平与发展面临着许多全新的挑战，同时国际社会本身也发生了很多变化。对国际社会而言，必须要认真反思如何推动和平与发展。对于中国而言，现在已经有了能力和意愿，可以为世界的和平与发展做出更多的贡献，可以引领一些发展，主导一些国家间发展的合作。比如说南南合作，中国完全有能力主导。中国是世界上最大的发展中国家，世界第二大

经济体，我们的发展理念和经验，具体的发展战略和政策，我们的发展道路和模式，尽管还有很多的问题，但是对发展中国家还是有借鉴意义和价值的。我们把发展的理念和经验做一些总结和提升，通过习主席提出的国际发展支持中心和南南合作与发展学院，通过这样一些中心和机构来进行提升。然后把各个发展中国家经验，不同的发展路径，在全世界范围展开总结，并且进行经验推广。

南都：从大国对联合国的态度来看，中国对联合国非常重视，这一次国家元首访问联合国，对中国外交而言，体现了具体什么变化？

张贵洪：美国和俄罗斯这些大国，更多是把联合国视为一个工具，实现政治利益，推动地缘战略。我们则不一样，我们是把联合国视为塑造国际秩序的一个中心，在世界的和平与发展中，应该有权威性。可以说世界主要大国中，我们把联合国看得最重，是联合国最坚定的支持者和维护者。我们这一次提出 10 亿美元的援助，支持联合国的工作。这些年我们的对外援助一直在增加，过去主要是通过国与国之间的渠道，这一次我们在联合国提出这样的援助方案，可能意味着我们对外援助的方式会有所转变，更多地通过国际组织、地区组织来开展，如非盟、世界卫生组织、世界妇女组织，未来我们会更多地借助这些专业组织。这些钱会用得更好，更有透明度，效率也会更高。另外我们以前的外援主要是“物”的支持、人力的支持，这次我们有些新的做法，一个中心、一个学院，这是有很大意义的。我们的外援也开始强调“软”的一面，把中国的观念、理念、议程有效地传播出去，这对中国会有非常大的正面意义。我们这一次和联合国一起推动南南合作峰会以及全球妇女峰会，这也是第一次主导联合国的议程设置，未来这样的活动会越来越多，我们目前在地区方面已经有了一些机制。我以为“一带一路”的发展倡议也好，亚投行的发展也好，我们都可以放到联合国框架内开展，在联合国发出倡议，在南南合作的机制下展开，这样我们的倡议推动起来就更顺利。不仅是一个国家的倡议，而且是一个全球的议程。运用好联合国的旗帜和框架，真正推动我们的这些发展倡议，更容易得到国际社会的理解与支持。

三、积极参与维和，就是支持联合国改革

南都：联合国已经建立七十年了，对这样一个具特殊地位的国际组织而言，也有非常多的问题，联合国改革也是讨论多年的老话题，但是似乎这一次联大并没有看到什么大的变化。关于联合国改革问题，是一个什么样的走向？

张贵洪：联合国改革这个话题，这次联大中不是一个非常热的话题，我们外交部的立场文件也没有提联合国改革。我个人觉得，这次联大淡化改革，是有些让人失望的。联合国确实需要改革，改革的目的是让联合国更加民主、强大和有效，改革不是让联合国更弱。联合国要更强大，必须要通过变革，这是一个不可阻挡的趋势。只不过现在变革的条件很不成熟，大家对变革的方式、方法和途径有很多分歧，对改革的理解并不一样。比如日本等四国集团，就认为改革的目标是使联合国更具有代表性，安理会的改革就是要增加常任理事国。代表性是一个方面，但是不是联合国改革中最最核心的问题。联合国改革应该是怎么样更好地维持世界和平，怎么样更好地促进世界发展，而不是简单地增加常任理事国，打破安理会目前的决策机制。我们必须要弄清楚当前世界安全的最大威胁是什么，全球发展最大的挑战是什么，哪些方面需要进行调整改建，这也就是我们为什么展开联合国改革的原因，而不是仅仅为了安理会名额在那里吵来吵去。

南都：习近平在联大表示，将建立一支 8000 人的维和待命部队，这里有什么特殊意义？

张贵洪：8000 人的维和待命部队本身就是联合国改革的一个内容。联合国刚刚设置了联合国维和待命机制，以前是需要维和了，联合国临时向各国征召部队，这样就比较仓促，人员物资调配比较有问题。建立维和待命机制，如此就可以提前准备、训练，并且有物资准备，需要的时候，就能较快地派出维和部队了。2015 年有一个联合国维和机制的评估，指出了这些问题。客观地说维和是联合国维持和平的最主要的方式和途径，

制裁、调停也有，但不是最直接的机制。维和是联合国的主要行动内容，也是最花钱的行动，每年 80 多亿美元花费，而联合国每年的会费才 20 多亿美元。大家对联合国维和的作用是肯定的，但是对具体的维和工作、维和效率，还有维和部队的纪律，比如性丑闻这些事情，大家还是有意见的。中国可以说是对维和机制的变革最早做出反应的国家，8000 人的维和待命部队，这是对改革最好的支持。当然我们也有客观需要，过去我们就是参与一些工程，分散的维和活动，现在逐步派出成建制的部队。这对于增强中国的影响力，加强部队的训练也是有帮助的。

南都：那么为什么加强维和又特别提到了和非盟的合作？

张贵洪：联合国绝大部分的维和都是在非洲展开的，70% 到 80% 都集中在非洲，其他地区都很少。过去这些年的经验表明，非洲维和都是联合国与非盟一起部署，因为非盟在非洲的能力是最强的，所以我们支持联合国与非盟进一步维和合作，加强非洲联盟在部队的装备和部署能力，提高反应能力。非盟不仅是一个政治联盟，而且有着比较强的行动能力，对于突发事件反应比较快，所以提高非盟的能力，对于提高联合国维和能力是有积极意义的。

南都：中国直接军事援助非盟 1 亿美元，在中国大量投资非洲的背景下，有着什么样的意义吗？

张贵洪：没有什么直接的作用，但意义重大。投资毕竟是一个商业行为，市场的归市场。当然市场运转需要比较好的政治环境，良好的安全环境，总体上对投资比较有价值。但是我们不能说给非盟 1 亿美元的军事支持，就是为了以后能在非洲多投资，能够参与非洲自然资源的开发，能打开更宽的市场。我们应该有更长远的考虑，真诚帮助非洲国家增强自身的安全能力，为非洲国家提供更多的公共产品。不仅是对我们在非洲的投资，对整个非洲，对全世界发展都是有积极意义的。我们不能简单就考虑我们眼前的利益，对我有好处就做，没好处就不做。中国是联合国安理会常任理事国，又是最大的发展中国家，需要履行国际责任。我们做一些牺牲，甚至吃点亏都是可以接受的，不能简单出于商业目的展开外援，商业行为应该归市场，更纯粹一些。

谱写中国与联合国关系新篇章*

2015 年 9 月 26—28 日，习近平主席首访联合国总部，出席联合国成立 70 周年系列峰会，在联合国这个全球舞台上阐明中国与联合国的关系、中国特色的发展道路，在谋求和平、实现发展、南南合作、男女平等和妇女发展等重大问题上发出中国声音、提出中国主张、做出中国贡献。我们期待并相信，中国将谱写与联合国关系的新篇章。

此前，习近平主席在会见来华出席中国人民抗日战争暨世界反法西斯战争胜利 70 周年纪念活动的联合国秘书长潘基文时就曾指出，作为安理会常任理事国，中国愿同联合国一道，以纪念联合国 70 华诞为契机，维护好第二次世界大战胜利成果及以《联合国宪章》为基础的国际秩序；坚持多边主义，加强联合国作用；平衡推进联合国在和平与发展两大领域工作，特别是增强和平行动能力，落实好 2015 年后发展议程。这也清楚地表明了中国在联合国的地位、作用和贡献。

一、中国与联合国关系的发展历程

作为第二次世界大战的战胜国，中国因为在抗日战争和世界反法西斯战争中的巨大牺牲和伟大贡献，成为联合国的发起国、创始成员国和安理

* 原载《中国社会科学报》2015 年 9 月 29 日。

会常任理事国，是第一个在《联合国宪章》上签字的国家。1949 年中华人民共和国成立，成为代表中国的合法政权。但由于美国的阻挠和反对，中国代表权问题被拖延了 22 年之久。直到 1971 年 10 月 25 日，在广大发展中国家的帮助和支持下，第 26 届联大通过决议，新中国才恢复在联合国的合法席位。这不仅从政治上、法律上和程序上公正彻底地解决了中国在联合国的代表权问题，是新中国联合国外交的重大胜利，而且很大程度上改变了联合国的政治生态，极大地提高了联合国的代表性，联合国历史翻开新的一页。

新中国逐渐加入和恢复在联合国系统内各类机构的合法席位，开始主动参与联合国的各项活动，积极维护发展中国家的各项利益。冷战结束后，中国推动建立安理会五常协商机制，大大提高了安理会的效率和效力。在国际安全方面，中国率先也是唯一宣布不对无核国家使用核武器和对有核国家不首先使用核武器的国家。在地区安全方面，中国为维护朝鲜半岛稳定和东北亚地区的和平做出了积极贡献，为伊朗核问题最终达成全面协议发挥了建设性作用。近年来，中国海军多次出色完成联合国赋予的亚丁湾护航和救援任务，维护国际航行的安全和自由。

中国领导人多次利用联合国舞台提出中国的理念和主张。1974 年，邓小平成为首位登上联合国讲坛的中国领导人。他向国际社会详细阐述“三个世界”理论，提出中国属于第三世界和反对霸权主义的主张。1995 年和 2000 年，江泽民主席两次出席联合国会议，倡导建立公正合理的国际政治经济秩序。2005 年，胡锦涛主席出席联合国成立 60 周年峰会，提出和谐世界的重要理念。此次，习近平主席进一步向全世界阐述走公平、开放、全面、创新的发展之路，实现各国共同发展等理念，以及中国为世界和平与全球发展、为支持联合国事业而采取的重大举措。

二、中国为联合国事业做出的贡献

中国积极参与了联合国的创建过程，并提出许多建设性意见。在

《联合国宪章》制订过程中，中国代表提出公平正义的原则、强调国际法的作用、促进教育文化事业等建议都在《联合国宪章》中得以体现。当时，国共两党都派出代表，共同为联合国的创建发挥作用。中国是战后以联合国为核心的国际秩序的坚定维护者和积极建设者。中国与安理会其他成员国一起，为维护世界和平与安全做出了巨大贡献。中国自20世纪80年代末参加联合国维和行动以来，累计派遣军事人员、警察和民事官员3万多人次，参加了29项维和行动，目前有3000多名中国维和人员参加10项维和行动，在所有成员国中排第九位，是常任理事国中派遣维和人员最多的国家。中国以自身的发展为联合国的发展事业做出了贡献。中国率先完成联合国确立的发展目标，使5亿人口摆脱贫困，为落实联合国千年发展目标树立了榜样。中国从20世纪80年代初成为联合国受援对象，到现在已成为重要的援助国，向其他发展中国家提供近4000亿人民币的援助。

中国对联合国的实际贡献和作用越来越大。举两个方面的数据为例，一是中国交纳的联合国会费在不断上升。随着中国经济的增长，中国的会费比额从2000年之前的0.995%上升到2010—2012年的3.19%和2013—2015年的5.15%，这在所有会员国中是增长最快的。据联合国初步估算，在未来3年即2016—2018年期间的经常性预算中，中国的分摊比例将从目前的5.15%提升到7.92%，排名从第六上升到第三。二是越来越多的中国公民在联合国担任中高级管理职务。目前主要的就有：联合国副秘书长吴红波、世界卫生组织总干事陈冯富珍、开发计划署亚太局局长徐浩良、国际法院法官薛捍勤、联合国教科文组织大会主席郝平，等等，他们正以出色的工作获得同事和国际社会的信任和好评。

三、中国与联合国关系迎来新篇章

中国的发展需要联合国，联合国的强大也需要中国。中国已成为世界第二大经济体，是最大的发展中国家，又是崛起中的新兴大国的代表，这些都具有重要的政治意义、战略意义和国际意义，使中国更有意愿、能力和信心为世界和平与发展承担责任、做出贡献，做联合国最坚强的后盾和最坚定的支持者。和平是联合国的宗旨，也是中国的根本目标。为了维护世界和平，中国将更积极和主动发挥作用，特别是在参与联合国维和行动方面，做出更大的贡献。发展是联合国的目标，也是中国的最大优势。为了促进全球发展，中国将倡导公平、开放、全面、创新的发展新理念，推动全球发展合作的新机制和新路径。中国还将与广大发展中国家共享中国发展经验和成果，把“一带一路”、亚投行等中国倡议通过南南合作和2015年后发展议程与发展中国家对接，中国也将通过联合国的多边机制和渠道在对外援助方面做得更多更富成效。

为了谱写中国与联合国的新篇章，中国还有大量的“功课”要做。如中国的联合国外交体现了中国国家利益和多边主义的结合，是中国总体外交的重要组成部分，可以进一步与周边外交、大国外交、双边外交形成良好的互补，发挥中国外交的特点和特色。中国参与联合国维和行动，体现了中国国内与国际的互动，可以进一步提升参与的水平和层次，处理好不干涉内政与建设性介入的关系。中国在联合国改革问题上的原则和立场，既要强调维护联合国安理会的权威和体现发展中国家的利益，又要顺应国际社会发展变化的新现实，需要全面和平衡地推进联合国改革。中国可以更好地利用各种条件和资源，吸引更多的联合国机构在中国设立总部、分支机构、地区中心和办事处，同时支持更多的中国公民投身于联合国事业，到联合国工作、实习、担任志愿者，并且更重要的是，培养、选派和输送更多优秀的人才竞争联合国机构的高级职务。解决好这些问题，做好上述工作，就是为了促进中国与联合国的互动和发展，实现“中国梦”与“联合国梦”的相通。

主导南南合作　引领全球发展*

2015 年 9 月 26 日，习近平主席在联合国发展峰会上宣布，中国将设立国际发展知识中心，同各国一道研究和交流适合各自国情的发展理论和发展实践。9 月 27 日，在与联合国秘书长潘基文共同主持的南南合作圆桌会上，习主席宣布中国将设立南南合作与发展学院。一个中心和一个学院的设立，体现了中国对外援助和国际合作方式的新思路和新举措，也预示着中国在争取国际话语权和设置国际议程方面的某种突破。

联合国发展峰会通过的 2030 年发展议程及其设立的 17 个目标，为未来 15 年的国际发展指明了方向和道路。习主席提出“走出一条公平、开放、全面、创新的发展之路，努力实现各国共同发展”的主张，以及国际社会加强国际合作，共同落实 2015 年后发展议程，努力实现合作共赢的四点倡议，包括增强各国发展能力、改善国际发展环境、优化发展伙伴关系、健全发展协调机制。南南合作圆桌会（和全球妇女峰会）由中国倡议举行，由中国和联合国共同举办，由习主席和潘基文秘书长一起主持，是中国在国际话语权和议程设置上的一种能力体现。习主席就新时期南南合作提出四点建议，包括探索多元发展道路、促进各国发展战略对接、实现务实发展成效、完善全球发展架构。

可持续发展议程为南南合作提供了新的契机，南南合作则为可持续发展提供了有益的路径。发展是联合国的三大支柱之一，是世界各国人民的

* 原载光明网 2015 年 10 月 7 日，以国平之名发表。

共同目标。发展也是中国的最大优势。作为世界第二大经济和最大的发展中国家，以及30多年持续快速增长积累的发展经验和发展能力，中国在推动可持续发展和南南合作中具有独特的优势和资源。习主席提出的上述倡议和建议为中国主导南南合作和引领全球发展提供了愿景和指导，而国际发展知识中心和南南合作与发展学院的设立就是落实这些倡议和建议，重视、支持和贡献发展议程和南南合作的具体行动和措施。

习主席在出席联合国成立70周年系列活动期间，除了宣布援助、捐款、免债等一系列行动和措施外，成立一个中心和一个学院的意义可能更为重大和深远。这里将是一个总结中国的发展理念和发展经验、研究中国的发展道路和发展模式、分析中国的发展战略和发展政策、提出发展的中国倡议和中国方案的地方，也就是为中国主导南南合作和引领全球发展提供智力和人才支持。因此，在中心和学院的建设中，有几点非常重要：

第一，在发展问题上做文章。首先需要认真研究什么是共同发展、什么是可持续发展，也就是哪些是真发展、好发展，如何实现真发展、好发展；研究中国发展与周边发展、地区发展和世界发展的关系；研究中国和世界发展面临的主要威胁；研究发展与安全、发展与人权、发展与环境、发展与社会的关系。

第二，在核心竞争力上下功夫。一方面比较研究各国在发展和南南合作实践中的特点和做法，发现和推广高效实用的发展经验和项目；另一方面聚集和培育中国在南南合作和发展领域的核心竞争力和优势，如培育可供南南合作的高质量旗舰项目和示范工程，通过技术产权交易、南南发展博览会等途径和方式加以推广。

第三，在国际化和网络化上花力气。把中心和学院建设成一个国际机构和国际智库，通过新型和灵活的机制广揽人才，深入研究各国的国情和发展实践，并在此基础上提升为理念、理论和战略。与国际发展机构和南南合作机构，如联合国发展系统、联合国开发计划署、联合国南南合作办公室、南方中心、七十七国集团等建立紧密的战略合作，与现有比较成熟的类似国际合作项目，如世界银行—中国发展实践知识中心、中国—经合组织发展中心，与有待推动的南南合作民间机构等建立良性互动，形成南南合作和发展网络。

第四，在解决方案上找亮点。中心和学院主要不是一个学术研究机构，而是要通过研究、交流、培训为南南合作和国际发展合作提出解决方案。通过研究发展中国家的发展战略，找到实现发展战略对接的可行方案，包括中国的“一带一路”如何与沿线国家和地区的发展战略对接，如何与南南合作和2030年发展议程进行对接。重点是为发展中国家，特别是最不发达国家、内陆发展中国家和小岛屿发展中国家提供具有针对性和借鉴意义的解决方案。

习近平联合国峰会讲话彰显大国担当和领导力*

国家主席习近平26日在纽约联合国总部出席联合国发展峰会并发表题为《谋共同永续发展做合作共赢伙伴》的重要讲话。讲话提纲挈领，对发展意义、发展理念、发展路径，以及中国为促进发展采取的措施，都做了精彩论述，既有理念阐释，也有路径倡议，更有承诺行动，是一个引领发展的纲领性文件。

第一，对发展的意义有新的阐述。习主席指出：发展是应对各种全球性挑战的钥匙。“唯有发展，才能消除冲突的根源。唯有发展，才能保障人民的基本权利。唯有发展，才能满足人民对美好生活的热切向往。”可见，发展事关和平与安全，发展也是为了人权和美好生活，而安全、发展、人权正是联合国的三大支柱。

第二，对发展的内涵有新的论述。习主席提出，我们要走出一条公平、开放、全面、创新的发展之路，努力实现共同发展。因此，我们要综合、全面、平衡地理解和推动发展。也就是要在总结过去在发展问题上的经验和教训的基础上，形成经济、社会、环境互相和谐和可持续的发展道路、发展模式和发展秩序。

第三，提出共同落实2015年后发展议程的四点倡议，即增强各国发展能力、改善国际发展环境、优化发展伙伴关系、健全发展协调机制。这是中国为推动2015年后发展议程、为国际发展合作而提出的中国倡议。

---

* 原载光明网2015年9月29日。

这4个方面既是实现可持续发展的关键，也是目前国际发展合作中需要加强的领域，因此为推动世界发展提供了一种行动路径和指南。

第四，提出支持联合国发展的具体行动和措施，这是中国为世界发展所做的中国贡献。习近平主席在出席发展峰会、主持南南合作圆桌会和全球妇女峰会时宣布了多项中国支持发展中国家发展的措施，包括援助、捐款、免债、设立国际发展知识中心和南南合作与发展学院等。目前，中国是世界第二大经济体，中国有能力、有信心、有意愿帮助发展中国家，为世界和平与发展做出更大的贡献。同时，中国也有自己独特的发展优势：包括发展理念和经验、发展道路和模式、发展战略和政策等，可以与发展中国家分享，并提供启示和参考。

联合国是一个外交大舞台，搞好联合国外交有助于推进我们的整体外交布局。大国外交、周边外交、发展中国家外交等都可以通过联合国外交得到加强。无论是周边“一带一路”建设、对发展中国家的援助还是与其他大国的合作，都可以通过联合国和利用联合国的框架来进行。从某种意义上说，习近平此次在联合国的访问比他在美国的访问更为重要，因为这不仅是习近平主席第一次在联合国讲台上，代表中国向全世界传达中国对重大国际问题的立场、看法和政策，也是第一次作为世界第二大经济体的领导人出席联合国的系列峰会。同时，我们看到，习近平主席在联合国的系列活动，向国际社会传达中国在和平与发展方面做出的贡献，分享中国在发展方面的经验，也有利于缓解国际社会对中国崛起的疑虑和担忧，这很好地展示了中国作为一个大国的担当和责任，特别是在发展领域中国发挥了一定的引领作用，领导力也得到彰显。

中国梦与联合国梦相通*

2015 年 9 月 21 日，外交部发布《中国关于联合国成立 70 周年的立场文件》，指出国际社会应“推动联合国成为国际和平与安全的有力维护者，世界发展与繁荣的积极促进者”。

9 月 26 日，习近平主席在联合国可持续发展峰会上发言时指出，要解决好各种全球性挑战，“根本出路在于谋求和平、实现发展”。

一、联合国和中国都是为和平而生

联合国在结束战争中诞生，中国在抗战胜利后重生。联合国和中国都是为和平而生，共同为世界和平做出了巨大贡献。

联合国是在结束第二次世界大战、取得反法西斯战争胜利的基础上成立的。联合国建立的集体安全机制是战后世界和平的基本保障。联合国创造性地通过预防冲突、建立和平、维持和平、建设和平等方式，通过调停、制裁、强制等手段维护和实现世界和平与安全。联合国还通过防扩散、裁军、反恐、反海盗等领域的国际合作，应对各种传统和非传统安全威胁。70 年来，联合国及其专门机构和工作人员共 11 次获颁诺贝尔和平奖。

* 原题“中国是联合国的推动者、贡献者、受益者”，《中国报道》2015 年第 10 期。

中国最早开展反法西斯斗争，是抗战持续时间最长、牺牲最大的国家。抗战胜利，中国获得重生。中国成为联合国的发起国、创始成员国和安理会常任理事国，从此成为真正的世界大国。

1949 年，中华人民共和国成立，成为代表中国的合法政权。经过 22 年的努力，在广大发展中国家的帮助和支持下，新中国于 1971 年恢复在联合国的合法席位。1989 年后，中国积极参与联合国维和行动，已累计派遣维和人员 3 万多人，是安理会 5 个常任理事国中最多的。

目前，中国分摊联合国维和费用的比例为 6.64%，在所有发展中国家排第一位。中国是率先也是唯一宣布不对无核国家使用核武器和对有核国家不首先使用核武器的国家。中国为维护朝鲜半岛稳定和东北亚地区的和平做出了积极贡献，为伊朗核问题最终达成全面协议发挥了建设性作用。

二、发展是中国和联合国的共同目标

发展是联合国的支柱，在中国是“硬道理”。联合国和中国都为发展付出努力，为世界发展贡献了力量。

70 年来，联合国发展系统开展大量基础性工作，通过国际开发计划署、人口基金、儿童基金等机构实施大规模发展援助。从 1960 年到 2000 年，联合国连续实施 4 个发展十年战略，通过了一系列的纲领和行动计划，为发展活动和业务提供战略指导。2000 年，联合国制定的千年发展目标成为国际社会最全面、权威、系统的发展目标体系。经过 15 年的发展，联合国在 8 个发展目标上都取得了重大成就，特别是帮助 11 亿人脱贫。

中国是世界第二大经济体，是最大的发展中国家，是全球发展的重要贡献者。中国以自身的发展为联合国的发展事业做出了贡献。中国率先完成联合国确立的发展目标，使 5 亿人口摆脱贫困，为落实联合国千年发展目标树立了榜样。中国从 20 世纪 80 年代初成为联合国受援对象，到现在已成为重要的援助国，已向 160 多个发展中国家和国际组织提供近 4000 亿元人民币的援助，派遣 60 多万援助人员。中国的发展理念和经验、发展道路和模式、发展战略和政策为许多发展中国家的发展提供了启示。

和平是中国和联合国的共同追求。止战维和是联合国的基本也是最重要目标。《联合国宪章》及其确立的集体安全机制确保了战后世界的总体和平，同样也是未来世界和平的保障。联合国创新实施的和平行动得到了国际社会的普遍肯定，并将继续得到加强。同时，在新的国际环境和形势下，地区组织、民间组织和妇女将在维护和平方面发挥更大的作用。

中国是联合国安理会常任理事国，与其他安理会成员一起，负有维护世界和平与安全的首要责任。在纪念“中国人民抗日战争暨世界反法西斯战争胜利 70 周年”纪念活动上，习近平主席宣布中国裁军 30 万，大国中只有中国做出了这样的承诺。中国将为联合国维和行动做出新的更大的贡献。中国与一些大国还存在分歧和竞争，与一些邻国还存在边界和海洋权益争端，因此需要中国与这些国家通过对话和协商逐步解决分歧和争端。世界很多地方还存在冲突和不安定因素，需要中国发挥大国的作用。

发展是中国和联合国的共同目标。在千年发展目标取得重大成就但依然面临一系列挑战的基础上，联合国发展峰会通过 2015 年后发展议程，所设立的 17 个可持续发展目标和 169 个具体目标将指导未来 15 年的各国发展和国际发展合作，这是联合国发展事业的新起点、新征程。

习近平主席在联合国可持续发展峰会上提出了许多新的发展理念、发展倡议和发展措施。他认为，发展是应对各种全球性挑战的钥匙。只有发展，才能消除冲突、保障人权，使人民过上美好生活。他提出“公平、开放、全面、创新”的发展道路，实现共同发展，并倡议国际社会加强合作，通过增强各国发展能力、改善国家发展环境、优化发展伙伴关系、健全发展协调机制，从而共同落实 2015 年后发展议程，实现合作共赢。他宣布设立“南南合作援助基金”、增加对最不发达国家投资、免除政府间无息贷款债务、设立国际发展知识中心等举措。在与潘基文秘书长共同主持的“南南合作圆桌会”上，习主席又宣布中国将向发展中国家提供“6 个 100”项目支持，设立南南合作与发展学院等。中国在推动 2030 年发展议程方面已先行一步，并将积极发挥引领作用。

中国梦，从中国的角度看是要实现中华民族的伟大复兴，让每一个中国人过上安宁和有保障的生活；而从世界的角度来看，就是和平与发展的梦。联合国梦就是让这个世界远离冲突和贫困，实现世界各国人民共享和平、共谋发展。因为和平与发展，中国梦与联合国梦相通。

国力强了，会费涨了，责任重了*

联合国大会2015年12月23日通过各国2016至2018年会费及维和摊款的分摊比额。中国应缴纳会费比额大幅上升至7.921%，仅次于美国的22%和日本的9.68%，居会员国第三位；维和摊款则增至10.2%，位居第二。

联合国会费主要由经常性预算、维和费用和国际法庭费用三部分组成。会费按照“支付能力”的原则分摊，计算方法是某个国家的国民生产总值除以联合国所有会员国的国民生产总值之和。

大幅增加联合国会费比额，首先是中国经济实力增强和国际影响力提升的标志。中日比较可知：日本从2000年的20.57%，下降到2016年的9.68%；中国则从2000年的0.995%上升到2016年的7.921%。这意味着日本15年间会费比额下降一半多，中国则增加近8倍。2000年，中国国民生产总值是日本的1/4；2015年，中国国民生产总值是日本的2倍多。中国的国民生产总值超过日本，但因为人均收入仍低于世界平均值，会费可按联合国规定宽减，即俗话说“打折”。

在维和费用方面，因中国是安理会常任理事国，需要承担更大的摊款比例。今后，如果中国维持较高的增长速度，我们在联合国的会费还会继续增加，且一旦我国人均收入接近或超过世界平均水平，摊款将得不到宽减，会费比额还会大幅提高，甚至接近美国的水平。

* 原载《环球时报》2015年12月26日。

大幅增加联合国会费比额，更是中国积极履行国际义务的表现。作为联合国的创始会员国和安理会常任理事国，中国一直支持联合国在国际事务中的核心地位和主导作用。根据现有原则和计算方法得出的比额是各会员国应尽的财政义务，而中国作为安理会常任理事国，在维和摊款方面还承担着特殊责任。中国是常任理事国中派遣维和人员最多的国家，不仅坚持及时、足额缴纳联合国会费，而且自愿承担更大责任和更多义务。比如，习主席在出席联合国成立70周年活动时，宣布出资10亿美元设立中国与联合国和平发展基金，组建8000人规模的维和待命部队。

大幅增加联合国会费比额后，我们应当紧紧抓住这一契机，扩大在联合国的影响和话语权，从而为国际社会做出更大的贡献。长期以来，我国公民在联合国的职员比例和中高级职位数量与我们所承担的财政贡献和大国地位还不相称，需要我们去争取应有权利。在预算管理特别是捐助资金的使用和项目实施过程中，中国可以派遣更多的专业和管理人员加强审计、监管和问责。

此外，鉴于中国为联合国安全和发展事业——特别是在维和及减贫领域做出的突出贡献，我们应争取更多的联合国机构在中国设立分支机构和地区中心，方便中国的发展战略和倡议与联合国平台更顺畅地对接。

会费比额提高，中国如何增强在联合国影响*

2015 年 12 月 23 日，联合国大会通过各国 2016 年至 2018 年联合国会费和维和摊款的分摊比额。据此，在未来 3 年，中国应缴纳会费比额从目前的 5. 148% 上升到 7. 921%，居会员国第三位；而维和摊款从目前的 6. 64% 增加到 10. 2%，位居第二。根据最新批准的联合国 2016 至 2017 年双年度常规预算和已经核定的 2015 至 2016 年维和预算，中国每年将缴纳约 2 亿美元会费和约 8 亿美元维和摊款。

中国大幅增加联合国会费比额，是中国经济实力增强的体现和国际影响力提升的标志。最近 15 年，日本的会费比额下降了一半多，中国则增加了近 8 倍。这是因为中国的国民生产总值从 2000 年为日本的 1/4 发展到现在为日本的 2 倍。

增加会费也是中国积极履行国际义务和承担大国责任的表现。中国不仅坚持及时、足额缴纳联合国会费，并且通过设立中国联合国和平发展基金和南南合作援助基金，组建维和待命部队，向世界卫生组织、联合国妇女署、非洲联盟提供捐助等方式自愿承担更大责任和更多义务，彰显中国作为最大发展中国家和安理会常任理事国的大国担当。

有分析认为，中国增加了会费，在联合国的影响力就会扩大。其实这要取决于我们在人和事两方面能否有所作为，即联合国机构中中国籍职员

---

* 原载海外网 2015 年 12 月 28 日。

特别是担任中高级职位的数量和我们设置议程的能力。

在联合国系统29个机构中，担任主管（D级）及以上的中国籍高官有10多人，约占总数的3%，其中15个专门机构中有4个专门机构的行政首长由中国公民担任，比例并不低，但在各种附属机构、基金和方案中，以及担任专业职员（P级）的中国公民人数少、比例小、地位低。专业职员负责具体工作，管理各类项目，落实联合国的决策，是联合国官僚体系的中坚力量。联合国秘书处4万多工作人员中，中国职员只有约1.1%，其中很大一部分是提供中文服务。另外，在联合国各种高级别小组、专家和咨询委员会、研究和训练机构中，鲜见中国公民。在联合国秘书长116位特别代表、个人特使和顾问中，只有1位中国人（且已卸任），而美国有16人。我们应充分利用这次会费增加的契机，把按地域和摊款分配的名额用足、用好，同时加强国内对国际组织人才的培养、储备和选拔工作，把更多的合格人员推选和充实到联合国各类机构中。

相对而言，影响联合国议程设置、争取国际话语权更加重要。今年9月，中国与联合国共同主办南南合作圆桌会和全球妇女峰会，宣布将设立南南合作与发展学院和国际发展知识中心，这是中国在议程设置和提高话语权方面的重要突破。由于中国在维和、减贫、南南合作、妇女工作等领域有突出贡献和独特优势，中国可以重点在这些领域提出更多的中国倡议和解决方案，并争取成为国际议程，从而发挥引领和主导作用。同时，中国提出的“一带一路”、新型国际关系、命运共同体等理念、主张和倡议应更多地通过多边来推动，与联合国的价值、精神和机制进行对接，从而实现中国与联合国的互相合作和支持。

中国与《联合国宪章》*

70 年前的 6 月 26 日，50 个国家的代表在美国旧金山签署《联合国宪章》（以下简称《宪章》）。《宪章》于同年 10 月 24 日生效，联合国宣告成立。

在《宪章》上签字的第一个国家是中国。作为联合国的创始会员国、安理会常任理事国，中国在重大国际和地区问题上秉持正义，仗义执言，始终坚定捍卫以《宪章》为核心的国际法基本原则和国际关系基本准则。

值此 70 周年之际，重温《宪章》具有重要意义。就中国参与创建联合国的有关问题，记者采访了复旦大学国际问题研究院联合国与国际组织研究中心执行主任张贵洪。

一、中国为联合国的创建做出了历史性贡献

中国社会科学网：中国对创建联合国做出了怎样的贡献？

张贵洪：中国对于联合国的创建做出了非常特殊的贡献。一是作为第二次世界大战的东方主战场，中国历时 14 年抗日战争，为取得反法西斯战争的胜利做出了巨大贡献，也付出了巨大牺牲，得到当时国际社会的尊重和承认。

---

* 原载中国社会科学网 2015 年 6 月 29 日。

二是中国作为发起国和创始会员国参与了联合国的筹建过程。1942年1月，中国政府代表在标志着反法西斯统一战线形成的《联合国家宣言》上签字，是中国第一次以大国身份参与国际事务。1943年10月，中国参加了莫斯科会议，共同签署了关于建立普遍性国际组织的《普遍安全宣言》，从而开始联合国的创建工作。在随后举行的开罗会议、敦巴顿橡树园会议和旧金山制宪会议上，中国作为一个亚洲国家和被压迫民族的代表，对联合国的组建提出了许多建设性的方案和建议。1945年3月，中、英、美、苏四个发起国向在1945年3月1日前向德国或日本宣战的国家以及在1942年《联合国家宣言》上签字的国家，发出了参加旧金山制宪会议的邀请。

三是在联合国的创建过程当中，中国积极参与，并且提出了很多建设性的意见。中国作为一个殖民地、半殖民地的国家，对世界上那些弱势国家的遭遇有非常深刻的体验。所以中国积极为那些中小国家说话，表达他们的呼声和意愿。在《宪章》制定过程中，中国代表提出的三点建议，即联合国应该基于公平正义的原则、要强调国际法的作用、经济社会的发展也应该体现在联合国的发展过程中，都被吸收到《宪章》中。

二、中国一贯主张尊重和维护《宪章》权威

中国社会科学网：中国是战后国际秩序和国际法治的积极建设者。中国的外交实践、理念如何体现了《宪章》精神？

张贵洪：新中国在外交实践过程中提出的一些理念、原则和思想，丰富和发展了《宪章》的内涵。《宪章》规定了国际关系的一些基本准则，而战后国际关系实践出现一些新的特点和变化，因此需要反映新特点、适应新变化的理论和思想来指导实践。

中国与印度、缅甸倡导的和平共处五项原则，被绝大多数国家所接受，成为规范和指导国际关系的重要准则，也为联合国大会通过宣言而加以确认。和平共处五项原则比较《宪章》规定的原则更加具体、明确、

丰富，并强调大小国家、不同制度国家之间的平等互利、和平共处。

针对广大新兴独立国家的兴起并成为重要的政治力量，毛泽东提出三个世界理论，既反映了国际格局的新情况，也是对国际关系原则的一种发展和创新。它超越了社会制度和意识形态的传统观念，从政治地位和力量的角度提出理解国际关系的新思维和新框架，突出第三世界的作用，有利于国际关系的民主化和和平力量的成长，在此基础上提出中国的外交战略，树立了新中国崭新的国际形象。

和谐世界是基于中国文化传统提出的伟大理念，也是站在全球秩序的角度建立全球国际关系伦理和国际秩序的指导原则，目的是促进全球经济的和谐发展、实现不同文明的和谐进步、做到各国安全的和谐共处，这是对《宪章》精神和原则的进一步丰富和贡献。

亚洲新安全观实际上是和平共处五项原则的延续和发展。2014 年 5 月，在亚信峰会上中国领导人明确提出“共同、综合、合作、可持续”的亚洲新安全观。作为安理会常任理事国中唯一的亚洲国家，中国有责任推动亚洲实现共同安全、综合安全、合作安全和可持续安全。亚洲新安全观基于中国的“和”文化传统和亚洲安全的自身特点，强调合作、发展和共赢，是对《宪章》理念和精神的创新发展。

构建以合作共赢为核心的新型国际关系是中国领导人近年提出的新思想、新主张。不同于冷战结束后国际社会盛行的“文明冲突论”、“民主和平论”、“霸权稳定论”、“普世价值论”等，中国率先提出的合作共赢的新型国际关系思想强调以合作取代对抗，以共赢取代独占，主张政治上建设伙伴关系、经济上实现共同发展、安全上共建共享共赢、文化上不同文明包容互鉴，这是新时期对《宪章》宗旨和原则的进一步弘扬和体现。

中国社会科学网：中国在维护《宪章》权威方面发挥了怎样的作用？

张贵洪：中国一贯主张尊重和维护《宪章》权威，发挥联合国在国际事务中的主导作用。中国是安理会常任理事国中唯一的发展中国家，因此，在联合国积极维护和扩大发展中国家的权益，如通过“77 国集团 + 中国”、在南北对话和南南合作中发挥积极作用、支持来自发展中国家的人选担任联合国秘书长、支持《联合国海洋法公约》、支持发展中国家推动建立国际政治经济新秩序的努力等。冷战结束后，中国积极推动建立五常协商机制，从而提高了安理会的效率。中国一直非常谨慎地使用否决权。中国还积极参与联合国维和行动，是五常中派遣维和人员最多的国家，分摊的联合国会费在发展中国家是最多的。中国在实现联合国提出的千年发展目标方面表现突出。这些都是中国对联合国事业的支持，对维护《宪章》权威也起到了积极作用。

三、《宪章》70 年后没有过时

中国社会科学网：《宪章》建立了以联合国为核心的多边主义国际秩序、确立了以安理会为核心的集体安全机制、形成了战后国际关系的基本行为规范、确认了现代人类社会的共同价值，对维护世界进步、人类进步发挥了重要作用。但有一种言论认为，70 年前签署的《宪章》今天已经过时了。您认为国际社会是否需要重申对《宪章》宗旨原则的承诺？

张贵洪：《宪章》没有过时，恰恰相反，现在更有必要弘扬《宪章》的精神，维护《宪章》的权威，发挥《宪章》的作用。

联合国成立后，世界很快陷入冷战。联合国和安理会在很多时候、在很多问题上成为东西方对抗的工具和舞台。《宪章》倡导的宗旨和原则并未能够得到全面的遵守和有效的实施，甚至被践踏。如《宪章》规定“和平解决国际争端”、“在国际关系上不得使用或威胁使用武力”、“干涉在本质上属于任何国家国内管辖之事件”等原则，但在战后国际关系实践中，以战争手段解决国家间争端、使用武力达到目的、干涉内政甚至大国入侵小国的现象很严重。冷战结束后，通过军事手段改变一国政权、改变领土版图、捕杀国家领导人的事例也不少见。

当然，70 年来，国际关系确实发生了巨变，国际社会面临新问题、新挑战、新威胁。联合国需要通过改革，扩大代表性、加强效力，安理会需要通过改革，改进工作方法、提高工作效率，从而更好地反映国际关系的现实，更好地应对全球性问题。但《宪章》提出“免战、人权、正义、民生”等信念，“和平安全、友好关系、国际合作”等宗旨，“主权平等、和平解决、不使用武力、不干涉内政”等原则仍具有时代价值和现实意义，需要继续加以弘扬，并且根据国际关系的变化有所丰富和发展。

国际体系处关键转型期 我与联合国共迎新机遇*

中国与联合国的关系曲折而复杂。1945 年 6 月 26 日，作为发起国之一，中国代表团第一个在《联合国宪章》上签字。10 月 24 日，宪章生效，联合国正式成立，中国成为联合国创始会员国和安理会常任理事国。1949 年新中国成立，但中国在联合国的合法席位一直由国民党政府占据，直到 1971 年 10 月 25 日第 26 届联大通过第 2758 号决议，决定恢复中华人民共和国在联合国的合法席位。

40 年后的今天，中国与联合国关系所处的时空已发生根本性的变化。国际关系发展变化的不确定性和复杂性更加突出，国际体系的转型正进入一个关键时期，新兴国家力量的崛起正孕育着国际秩序的某种变革，国际社会的组织化和法制化趋势将继续得到加强。中国的发展和联合国的作用都面临前所未有的挑战，中国和联合国的关系正出现新的趋势。

联合国作为中国多边外交的核心和基础不会变，但中国多边外交的舞台将更为广阔。一是形态多元，如集团、峰会、论坛，还有小型多边；二是议题扩大和转换，从维和到建设和平、从不干涉到保护的责任、从主权平等到人的平等、从核扩散到核安全、从反殖到气候变化等等。

中国在新兴多边组织、机制和议题中的作用将更为突出。在冷战时期形成的旧的传统国际组织，比如联合国、三大世界经济组织，中国既是受

---

* 原载《解放日报》2011 年 10 月 25 日。

益者，同时也是受约束一方，我们的利益和价值没有得到充分反映和体现，发言权和决策权都有限。在新兴的多边组织和机制，如二十国集团、金砖国家机制、上海合作组织、六方会谈等，中国有更多的机会和可能积极参与议程的设置、规则的制订和行动的决定。在新的全球性问题和议题上，如气候变化、国际反恐、打击海盗、环境卫生、金融危机、战后重建等，中国的发言权和影响力也在上升。

中国在联合国和其他多边领域将扮演多种角色和身份。作为安理会常任理事国、新兴经济体和发展中大国，中国在联合国等多边舞台扮演着发达与发展、传统与现代、保守与改革、全球性与地区性、大国与小国、强国与弱国、受援国与施援国之间的某种角色和身份，与不同类型的国家都存在利益和价值的共享或分歧。过去，在多边外交中，我们在政治上更多地依靠南方发展中国家的支持，经济上更有赖于与北方发达国家的合作。但在未来，这种局面可能会发生一些变化，即政治上与发达国家寻找共识，经济上加强与发展中国家的合作。

中国将在联合国某些领域发挥引导甚至主导作用。中国多边外交的力量和优势正得到聚集和显现，如强调联合国的权威、主张通过协商和合作方式解决问题、发展中国家和发达国家都有各自的共同利益、作为常任理事国和新兴经济体所拥有的政治经济力量等。因此，在一些地区性国际组织和某些全球性问题的治理上，中国因素将更加突出，中国参与的内容和方式会有新的变化，有可能起到一种引导甚至主导的作用。

中国需要联合国，联合国更需要中国。未来，通过理念塑造、制度建构、能力建设和人才输送，中国有条件、有能力和有信心为联合国的事业注入中国的力量和智慧。

未来十年的联合国与中国*

过去 40 年，每隔 10 年世界都会发生一些变化，未来 10 年会有更深、更大的变化，这种变化趋势已经开始出现了。比如，国际力量对比已经在发生变化，主要是因为金融危机、全球性问题的兴起、新型发展中国家群体性崛起等，力量对比已发生了大的变化。这个力量对比变化又使国际格局出现一些新的态势，以前我们讲多极化，但是我想不能这么简单，除了多极化，可能还有多层次、多角色、多趋势、多议题、多元化等等。

格局变化又影响全球治理结构的变化，比较有代表性的是 20 国集团的兴起，它是全球经济治理的中心，今后可能还会有安全、文化、政治方面治理体制的兴起，从而引起整个世界更大的变化。

未来 10 年这个变化，到 2021 年的时候，我们再来回顾，联合国 50 周年可能会看得更清楚，我们现在先进行一些判断和分析。

一、有所作为

在世界变迁这个大的背景之下，联合国在新的全球治理结构当中，定位和地位如何来思考？这不是我这篇文章的重点。但是我们可以看到，一方面联合国具有普遍性、代表性、权威性，可能这个在未来 10 年不会有

* 原载《瞭望东方周刊》2011 年第 48 期。

大的变化。所以联合国在某种程度上具有稀缺性、不可替代性。

但我们也看到另外一方面，联合国内外受到很多挑战，内部如联合国大会有效性、安理会的代表性受到质疑，包括联合国一些机构的作用，如托管理事会。外部如20国集团的兴起，以及北约继续存在，甚至在利比亚发挥主导性的作用，使得联合国在某种程度、某些方面、某些时候有被边缘化的危险。所以在这样一个世界变迁的形势下，中国的联合国外交，中国在联合国和全球治理当中，如何来定位？

之前媒体上有两篇文章，一个是讲中国是国际社会建设性的领导者，另外一篇文章题目叫中国要做建设性的反对派，这两篇文章的观点我都不太认同，我觉得都存在问题。

中国要成为建设性的领导者，我觉得可能太乐观。我们有没有这个意愿和能力，还有在国际社会人家接不接受你做领导，都是很大的问题。即使要做领导，也是一种合作领导或集体领导。建设性反对派这样的角色，我觉得也不适合中国，在国际社会上作为一个反对派而存在，我觉得不是非常积极的事情。我认为“有所作为”还是比较适合我们在国际社会的作用。

二、建设性的引领者

中国和平发展白皮书中讲，中国是国际体系的参与者、建设者和贡献者，我想中国在联合国当中是不是可以充当建设性的引领者，引领主要体现在三个层面：第一，从思想、理念和原则层面提出引导性的、比较先进的、能体现发展趋势的观念和概念、思想和理念，甚至一些准则。第二，从规范、规则和机制方面，可以提出引领性的东西。第三，具体从外交政策行动当中起一些引领作用。

这三个层面是互相关联的。现在的主要问题是，我们提出过一些思想、理念和原则，但是这些思想和理念没有或很难体现到联合国和其他国际组织当中，转变成为一种规则、规范和机制；我们采取的一些外交、行为和政策的经验，也很难转化成为机制。

我们提出过很多新的理念，包括三个世界、国际新秩序、和谐社会、和谐世界，在此之前还提出过和平共处五项原则，提出过反帝反殖反霸、新安全观、共同但有区别的原则，现在中国和平发展白皮书又提出六种发展，但这些思想、理念、原则怎样体现到联合国和其他国际组织的规范和机制当中？

如何把理念的东西变成规范的东西，然后再转化成国际社会共同的一种行为和政策；同时，我们在外交实践过程中采取的一些政策、行动，特别是受到发展中国家欢迎、支持的东西，如何提炼、总结、归纳转化成为规则、规范和机制，这三个层面我们都应该起一些引领的作用。

三、哪些领域可以尝试

在联合国框架下，具体在哪些领域、哪些问题当中起引导或引领的作用，我想至少在以下这些领域我们可以做一些尝试。

一是减贫，或者扶贫。在实现联合国千年发展目标方面，中国已经成为全球唯一提前实现贫困人口减半的国家，这是重大的成就，当然这与我们以前太贫困，之后发展非常快分不开。我们是否可以以联合国为平台，明确一些关于贫困的理念和原则，制定减贫的规则和机制，落实减贫的政策和行动，特别是重点帮助周边国家、非洲国家减贫。

在减贫方面，我们可以通过召开一些国际会议，设置一些议程等措施来加以推动。到底贫困怎么来定义？路线图怎么样？近期或长期的目标是什么？我想这些我们是否是可以来做？然后再上升到更高的理念层面。

二是对外援助，这个外援涵盖很多方面，包括减免最不发达国家的债务，免除一些关税，或者零关税，包括对第三世界国家进行人员培训，还有一些救灾、救援、护航等活动。

关于援助，可以更深入一些，例如可以把双边援助变为多边援助，可以变分散援助为制度性援助。可以通过联合国来指定或落实一些有关原则，如上个世纪70年代发达国家承诺将GDP的0.7%援助发展中国家，目前只有四五个发达国家能够做到，对此我们是否要引领发展中国家来推动，向发达国家施加压力，来遵守这个承诺。甚至是否可以自愿提出，我们拿出GDP的百分之多少来援助最不发达国家，条件成熟的时候，这个是不是也可以考虑，这样我们可以在对外援助方面引领世界的发展。

三是核武器方面，中国现在是唯一公开承诺不首先使用核武器，不对无核国家和无核武器区使用，或者威胁使用核武器的国家。这是消极安全保证，我不对你使用。但是积极方面，能否在核裁军，以及无核世界的理念和行动方面更有所作为，不是跟在美国或者俄罗斯后面，而是能够主动、积极地先做一步。

四是维和，中国派遣维和人员方面，是安理会5个常任理事国中最多的，这个方面是不是可以做得更好呢？是否可派遣一些成建制的部队，如果有条件、可能的时候，对维和人员进行一些培训，这方面印度就做得比较好，为维和提供一些物资的生产和运输。维和结束后的后续性工作，在建设和平、在重建方面能够长期化，这方面是不是能够做得更好。

五是减排，中国发展非常快，但是环境污染、能源结构不合理，不过同样挖潜的余地也很大。比如说在节能减排、新能源和可再生能源研发方面，我们可否推动联合国在资金、技术、人员的援助上面有一些倾斜，在这些领域当中的发展可以实现多重目标，如科技创新、可持续发展、环境保护等，所以我们这方面是不是能做得更好一些。我们在发展中国家当中，技术相对来说比较先进，一些发展中国家好的技术转移到比较落后的地区，要有这么一个平台。

六是公共领域，像外空、极地、海洋、网络，这样一些新的领域，这些领域当中还没有规则、机制，还没有治理的一些架构。这方面的和平的利用、和平的开发、和平的使用，我们是不是可以提出一些主张，因为是空白，我们可以提出。可以推动联合国这些领域立法方面有所作为，我们先进行调研，提出一些方案，之后相关国家进行协商，之后在国际会议当中提出。

安南：七次访华　各有主题*

联合国秘书长科菲·安南于2006年5月19日下午抵达北京，开始对中国进行为期5天的正式访问。这是安南秘书长的第7次访华，也是他任期内的最后一次。

自1997年1月1日上任以来，安南秘书长曾6次来华。1997年5月7日至11日，安南上任不久便来华进行他的中国“处子之旅”，首次与中国领导人会面，第一次访问西安和上海。在上海，安南参观了浦东开发区和东方明珠电视塔，并在上海社会科学院发表了演说。1998年3月31日至4月2日，安南秘书长第二次来华开展其“政治和外交之旅”。安南在中国政协发表演讲时针对当时的伊拉克危机指出，“对联合国来说，没有比避免武装冲突更高的目标、更深的承诺和更大的理想，避免冲突、确保人类安全是联合国的崇高使命”。1999年11月14日至17日，安南的第三次访华是一次“对话之旅”。秘书长与中国政府官员和学者就广泛的议题进行了对话。在由中国联合国协会主办的“21世纪的联合国”研讨会上致开幕词时，秘书长对“主权原则与人权价值之间的紧张关系”和“文明之间的对话”发表了看法。2001年1月20日至22日，安南来北京进行了一次短暂的“周末轻松之旅”。秘书长对中国即将批准《经济、社会和文化权利国际公约》及与联合国在人权问题上的合作表示赞赏，并饶有兴趣地观看了京剧《宰相刘罗锅》。2002年10月13日，安南从纽约

---

* 原载《解放日报》2006年5月21日。

飞抵杭州，开始了在中国为期 4 天的“反艾滋病之旅”。在接受浙江大学授予名誉博士的仪式上，安南指出，“年轻人是对付艾滋病的关键”。2004 年 10 月 9 日，在庆祝新中国成立 55 周年和联合国在中国开展活动 25 周年之际，安南来到北京开始其“科学和发展之旅”。安南在会见中国科学院院长路甬祥时提出，欢迎中科院为联合国的科学和发展事务出谋划策。在清华大学发表演讲时，安南呼吁中国帮助世界实现千年发展目标。

安南在 6 次中国大陆之行期间，不仅分别会见了中国两代领导人和历任外长，讨论了联合国维和与改革、伊拉克和阿富汗的国内冲突、伊朗和朝鲜的核危机这样的“高级政治”问题，也与中国的科学家、企业家、教师学生、工人农民见面，交流对发展、环境、卫生等“低级政治”问题的看法；既访问了西安和北京这样的历史文化名城，也参观了上海和杭州这样的改革开放前沿城市，对中国留下了深刻和美好的印象。

安南秘书长此次是在联合国改革面临诸多困难，下任秘书长竞选形势尚不明朗之际访华的，是一次“改革之旅”。在安南这次因“改革”而推迟了半年的亚洲五国之行的日程中，中国被安排在中间站，这可能不仅仅是因为地理的因素。在前两站韩国和日本，安南表示，“按照联合国惯例，下一任秘书长的确应该出自亚洲。不过，这也不是一条法律。”在北京，安南认为中国在联合国扮演着特殊的角色、担负着特别的责任、发挥着独特的作用。在接下去的越南和泰国，安南将继续在联合国改革问题上寻求各方的支持，并努力协调亚洲国家在秘书长竞选问题上的立场。

安南一直赞赏中国在联合国发挥的积极作用和对他本人工作的大力支持，也多次代表联合国表示坚持“一个中国”的立场。我们看到，在实现“加强国际合作、维护世界和平、促进共同发展”的目标过程中，联合国具有不可替代的作用，中国和联合国完全有理由互相支持以发挥更重要的作用。

中国的联合国外交*

一、历史考察

第二次世界大战结束以后，以联合国为中心的国际组织在世界政治经济和国际关系中的作用越来越大。中国作为联合国的创始会员国和安理会五大常任理事国之一，与联合国的关系经历了60多年的历史。从联合国集体安全体制的创建者到新中国成立后合法席位被剥夺，再到20世纪70年代初合法席位得到恢复；从最初的观望适应，到80年代的积极主动，再到冷战结束后的全面深入参与，中国与联合国的关系充满了曲折。由于国际环境的变化和我国外交政策的调整，中国对待联合国的立场和态度也经历了一个复杂的过程。

（一）中国是联合国的创始会员国

1942年1月，中国政府代表在标志着反法西斯统一战线形成的《联合国家宣言》上签字，这是中国第一次以大国身份参与国际事务。1943年10月，应美、苏、英的邀请，中国参加了在苏联进行的莫斯科会议，共同签署了关于建立普遍性国际组织的《普遍安全宣言》，从而开始参与联合国的创建工作。在随后举行的开罗会议、敦巴顿橡树园会议和旧金山

* 原题“中国的联合国外交初探”，《国际问题论坛》2008年夏季号。

制宪会议上，中国作为一个亚洲国家和被压迫民族的代表，对联合国的组建提出了许多建设性的方案和建议。中国是旧金山制宪会议的发起国和第一个在宪章上签字的国家。

中国能成为联合国的创始会员国，根本原因是中国自己在第二次世界大战中所做出的重大贡献和巨大牺牲，得到了国际社会的尊重与承认。当然，美国总统罗斯福出于制约苏联的需要，拉中国进入五常，也起到了非常重要的作用。

（二）新中国为恢复在联合国的合法席位而开展的外交活动(1949—1971年)

这一时期，中国的联合国外交主要围绕三个问题：一是新中国在联合国的代表权问题；二是朝鲜战争问题；三是台湾问题。这三个问题又是密切相关的。

新中国成立后，中央政府为取代国民党政权在联合国占据的席位而积极开展外交活动。周恩来总理兼外长两次致电联合国秘书长和联大主席，申明中华人民共和国中央人民政府是代表全中国人民的唯一合法代表，“要求立即取消‘中华民国政府代表团’继续代表中国人民参加联合国的一切权利，并由我中央人民政府任命的合法代表出席联合国会议和参加联合国各机构的工作”。[①] 但是，美国出于冷战的战略需要，操纵联合国，先后通过“延缓讨论”（1950—1960年）和“重要问题”（1961—1971年）提案，对新中国在联合国的代表权进行阻挠，致使中国代表权问题被拖延了22年之久。

中国当时致力于恢复在联合国的合法席位，并非认为联合国在维护世界和平与安全方面能够真正发挥多大的作用，而是将恢复新中国在联合国的合法席位视为赢得国际社会承认、增加国际威望的重要行动。然而新中

① 《中华人民共和国对外关系文件集1949—1950》，世界知识出版社1985年版，第92页。

国恢复联合国合法席位的努力一直受到了以美国为首的西方国家的阻扰，在相当长一段时期内被排斥在联合国之外。美国学者也承认，“这种孤立局面，是在美国的胁迫下，发达的民主国家对其进行孤立遏制的结果”。[①]

1971 年 10 月 25 日，第 26 届联大以 59 票反对、55 票赞成、15 票弃权否决了所谓“重要问题”提案。接着以 76 票赞成、35 票反对、17 票弃权的压倒多数通过了阿尔巴尼亚、阿尔及利亚等 23 国的提案，决定恢复中华人民共和国在联合国的一切合法权利，并立即把国民党集团的代表从联合国及所属一切机构中驱逐出去。这就是联合国历史上著名的联大 2758 号决议，它从政治上、法律上、程序上公正彻底地解决了中国在联合国的代表权问题。这是中国联合国外交的重大胜利，是中国外交工作一次重大突破。“联大第 2758 号决议的通过，纠正了联合国的一个重大失误，具有里程碑的意义。”[②] 它标志着联合国成员国的多数已从西方世界转变为广大发展中国家，也标志着中国国际地位有了提高，并获得了大多数国家的承认。这使得中国对联合国性质有了新的认识，认为联合国“由超级大国控制世界的工具变成第三世界国家反帝反殖反霸的舞台”。[③] 作为联合国的成员国，中国陆续加入了联合国下属的国际开发署、贸发会议组织、粮农组织、教科文组织等重要机构。

（三）中国最初在联合国的观望和适应（1971—1978 年）

中国虽然恢复了在联合国的合法席位，但由于对联合国事务缺少了解，当时中国还处在文革时期，对多边外交还没有一个明确的认识，因此对联合国的有些问题采取了观望的态度，中国的联合国外交还处在适应的

---

① ［美］伊丽莎白·埃克诺米，米歇尔·奥克森伯格主编：《中国参与世界》，新华出版社 2001 年版，第 3 页。

② 李铁城、钱文荣主编：《联合国框架下的中美关系》，人民出版社 2006 年版，第 35 页。

③ 何春超主编：《国际关系史》下册，武汉大学出版社 1983 年版，第 416 页。

过程。一方面，以世界革命的思想指导我国的联合国外交，认为战争不可避免，因此对裁军谈判、和平解决国际争端、不使用武力等问题的看法和主张并不能得到多数成员国的认同。另一方面，对联合国的作用认识不足，因而影响了在联合国的投票行为。据安理会的会议记录，从1971年到1976年安理会的158次表决中，中国有46次选择了不参加表决。[①] 这在一定程度上影响了中国在联合国的外交形象。

这一时期的中国联合国外交也有几个亮点，如支持发展中国家提出的维护200海里海洋权的要求；动用否决权支持来自第三世界国家的德奎利亚尔当选为联合国秘书长；成功地将香港和澳门从殖民地名单中删除，从而维护了国家领土主权的完整；积极推动联合国建立国际政治经济新秩序、促进南北对话、加强对不发达国家的援助，在1974年召开的第6届特别联大通过《建立新的国际经济秩序宣言》和《行动纲领》。

（四）中国对联合国事务的积极和主动参与（20世纪70年代末—80年代末）

随着改革开放政策的实行和外交政策的调整，中国对联合国事务采取了"积极主动，逐步深入"的方针，积极主动地参与联合国的各项活动。首先，对联合国的维和行动采取了更为积极的政策。1982年，中国开始承担联合国维和费用；1984年，中国全面阐述了对维和行动的原则立场；1988年，中国正式成为联合国维和行动特别委员会成员国；1989年，中国首次参加联合国维和行动。其次，开始重视军控和裁军问题。1978年，中国参加了联合国第一届关于裁军问题的特别大会，随后派出专职裁军事务大使常驻日内瓦；1986年，中国系统地阐述了在裁军问题上的九项基本原则和主张，明确宣布中国政府的裁军政策。第三，按照"有给有取"的方针，积极主动地参与联合国多边经济与社会领域机构的活动。1980

---

① 转引自王杰主编：《大国手中的权杖——联合国行使否决权纪实》，当代世界出版社1998年版，第448页。

年，中国恢复在国际货币基金组织和世界银行的合法地位；1984 年，成为国际原子能机构的正式成员国；1986 年，被接纳为亚洲开发银行的正式成员，并开始就恢复在关税及贸易总协定的缔约国地位进行谈判。

（五）中国对联合国事务的全面和深入参与（20 世纪 90 年代初至今）

冷战结束后，随着经济全球化和世界多极化的发展，以及中国改革开放的深入和综合实力的提高，中国已全面和深入地参与到联合国维和、发展、人权、裁军、环保等多个领域的活动中。

在安全问题上，多年来中国在推动在联合国框架内解决地区冲突、支持和加强联合国的维和行动、积极促进全球反恐合作、参与国际军控裁军和防扩散进程等方面都发挥了建设性的积极作用。1988 年，中国成为联合国维和特委会成员。1990 年中国首次参加联合国维和行动。迄今，中国共参与 16 项联合国维和行动，派出维和人员 8000 余人次，目前有 1900 多人参加 13 项维和行动，派遣维和人员数量居世界第 12 位。

在发展方面，2000 年 9 月在联合国总部召开的千年首脑会议上，191 个国家通过了具有里程碑意义的《联合国千年宣言》，具体制定了到 2015 年要实现的千年发展目标。中国作为世界上最大的发展中国家，把发展视为首要任务。中国不仅关注自身的发展，还把实施本国发展战略与落实联合国千年发展目标有机结合起来，特别是在提高营养水平和大规模植树造林方面得到了较高的评价。①

在人权领域，2006 年，中国成功当选新成立的人权理事会成员。中国本着积极和建设性态度参与人权理事会的建章立制工作，包括确立普遍定期审议、人权特别机制、专家咨询委员会、来文申诉机制，以及制定人权理事会议程、工作方法和议事规则等，并在平等和相互尊重的基础上积

① 联合国《千年发展目标报告》（2007），http：//www. un. org/chinese/millenniumgoals/mdg2007. pdf。

极开展国际人权领域对话与交流。中国倡导“以人为本”的科学发展观和构建和谐社会理念，主张以公正、客观和非选择性方式处理人权问题，避免重蹈人权委员会政治对抗的覆辙，在国别人权、人权机构改革、发展权、消除种族歧视等问题上积极支持发展中国家的合理主张。

二、现实分析

作为最具普遍性、代表性和权威性的政府间国际组织，联合国是实践多边主义的最佳场所，是集体应对各种威胁和挑战的有效平台，应该继续成为维护和平的使者，促进发展的推力，实现人权的先导。中国的联合国外交面对诸多挑战，如在联合国如何处理好与美国的关系，如何在联合国维护中国国家利益的同时促进国际秩序和正义，如何为维护联合国的权威和提高联合国的效率做出贡献等。

近几年，中国在国际舞台上的声音也越来越响亮，正向全世界展示中国作为一个崛起中的和负责任的大国形象。联合国外交是中国多边外交的核心和基础。这几年我国的联合国外交可谓有声有色，以下是其中的几个亮点：

（一）体现公正和平等，发出具有亚洲和发展中国家特色的强音

首先，中国坚持地区轮换制度，支持来自亚洲的联合国新秘书长人选，反映了亚洲国家的呼声。联合国宪章规定，秘书长是联合国的首席行政长官，由安理会推荐、大会任命，但宪章没有对秘书长的选拔标准做出具体规定。关于秘书长的选举，联合国在几十年的实践中形成了两个惯例：一是秘书长一职由欧洲、亚洲、非洲和拉美 4 个地区的国家轮流担任，即地区轮换制度，二是安理会 5 个常任理事国不担任秘书长，而一般由中小国家的人担任。这些惯例得到了绝大多数会员国的接受。自 1971 年后，来自欧洲、拉美和非洲国家的秘书长已先后有 4 任，因此中国坚持

应继续按地区轮换的制度，新一任秘书长应来自亚洲国家。美国曾提出“能力标准”，但发达国家和发展中国家对“能力”有不同的评判标准，也不易操作，很难达成一致意见。因此，至多在地区轮换的“大标准”下，考虑能力这一“小标准”。

其次，中国成为人权理事会的成员，提出改善全球人权的新路，表达了发展中国家的心声。2006 年 5 月 9 日，第 60 届联大举行新成立的人权理事会的首次选举，通过“海选”从 64 个候选国中选出 47 个成员国，中国以 146 票的高票当选，并在随后的抽签中幸运地抽到了 3 年的任期。这次理事会成员的选举主要有两个“标准”：一是在保护和促进人权方面所做的贡献；二是在这方面自愿做出的承诺。在前一方面，近年来中国在人权领域取得的进步有目共睹，并已加入 22 项国际人权公约；[①] 就后一方面，中国在报名文件中表示，“中国政府一贯致力于促进和保护人权及基本自由，并积极参与国际人权对话与合作。中国政府支持人权理事会以公正、客观和选择性方式处理人权问题，加强不同文明、文化、宗教间的建设性对话与合作。”我们相信，中国在和平发展和人权进步的同时，在国际人权领域也将发挥更积极的建设性作用。

（二）突出贡献和责任，为联合国的和平与发展事业写下浓重的一笔

首先，中国对联合国维和行动做出了新的贡献。据我国国防部维和事务办公室提供的数据，自 1990 年第一次向中东地区派出军事观察员以来，中国迄今共参加了 16 项联合国维和行动，共派遣维和人员 8000 余人次。而据联合国维和网站公布的资料，截至 2008 年 1 月底，中国共有 1963 人在执行 13 项维和任务，其中军人 1714 名、军事观察员 70 名、警察 179

① 国务院新闻办公室：《中国的法治建设》白皮书，2008 年 2 月。

名，是联合国安理会5个常任理事国中派出维和人员最多的国家。[①] 中国部署在黎巴嫩南部地区的中国维和工兵营182名官兵曾被联合国授予了联合国维和勋章。中国还支持和平建设委员会的工作，向建设和平基金捐助100万美元。

其次，中国为联合国的发展事业承担了更大的责任。2003年，中国首次发布关于中国在实施千年发展目标方面所取得进展的报告。2005年的报告显示，到2015年，多数千年发展目标都可能在中国实现，但同时指出我国在贫富差异和地区间差距、性别差距、老龄化、城市贫民窟、艾滋病毒/艾滋病扩散等方面面临严峻的挑战。[②] 中国在实现自身发展的同时，也加强对发展中国家发展的援助。在2006年11月中非合作论坛北京峰会上，中国宣布促进中非在更大范围、更广领域、更高层次上合作的八项政策措施。[③] 这是中国对联合国发展事业所作贡献的一个缩影。

（三）多位中国人当选国际组织的领导人，实现中国多边外交的新突破

自1972年恢复联合国席位到2005年的33年间，中国除因政治因素非竞选就任过联合国副秘书长等职位外，从未参与联合国及其专门机构的高层职位竞选。但从2005年10月开始，中国人逐渐走上了国际组织领导人的角逐场，每年都有中国公民出任联合国专门机构的最高决策层。这表明我国的多边外交正经历重大的转变，即从低调到活跃、从过去的被动参与到现在的积极主导。

2005年10月24日，中国教育部副部长章新胜竞选获胜，就任联合国教科文组织（UNESCO）执行局主席。2006年11月9日，来自中国香港的陈冯富珍女士被任命为世界卫生组织的第七任总干事。据悉，这是首

---

① 联合国维和网站：http：//www. un. org/chinese/peace/peacekeeping/contributors/index. htm。

② MDGs：*China's Progress* 2005，http：//ch. undp. org. cn/downloads/mdgs/MDGrpt2005. pdf.

③ 中国外交部政策研究司编：《中国外交》，世界知识出版社2007年版，第44页。

次有中国人在联合国专门机构担任最高职位，由华人主政一个国际组织也是历史上的第一次，中国政府全力支持和“高调”推荐本国公民成功角逐国际组织的第一把手，也是一个零的突破。难怪有媒体称“这是一个历史性的时刻，一件历史性的大事”，更有人认为这是“香港的光荣”、“中国的荣誉”、“世界华人的骄傲”。就在陈冯富珍被任命为世卫组织总干事的第二天，国际电联（ITU）选举中国籍的赵厚麟为副秘书长。2007年11月27日，世界贸易组织任命中国律师张月姣为该组织负责裁决贸易争端的最高机构——上诉机构的成员，成为中国首位世界贸易组织大法官。2008年2月4日，世界银行行长佐利克正式任命中国经济学家林毅夫为世界银行副行长兼首席经济学家。这是世行首次任命发展中国家人士出任这一要职。

全球化既给世界带来了繁荣和进步，也给我们留下了诸多问题和危机。无论是繁荣和进步的持续，还是问题和危机的处理，联合国和国际组织的作用越来越突出。建设和平委员会的设立、千年发展目标的制订和实施、人权理事会的成立，表明联合国在安全、发展和人权三大领域的工作平衡地得到加强。在这一过程中，随着亚洲特别是东亚经济的迅速发展，亚洲人在国际事务中的作用也越来越突出。在联合国秘书长竞选中，7位候选人有6位来自亚洲，在世卫组织总干事的角逐中，5位候选人中有3位是亚洲人。潘基文和陈冯富珍的当选，既是亚洲崛起的体现，也是亚洲实力的证明。此外，亚洲文化的包容、多样和开放，亚洲人的谦逊、温和、低调也起到了积极作用。可以相信，随着亚洲经济的崛起和文化的传播，亚洲人在联合国和国际组织担任领导职务的前景也会越来越好。而作为亚洲最大的国家，中国除了为世界经济增长提供动力和经验外，还可以为国际社会提供人力资源的支持。随着中国国力的加强、国际地位的提升以及和平外交的拓展，在联合国和国际组织中会显现越来越多的中国人面孔。

从中国联合国外交的现实表现来看，有几大特色：第一，联合国外交是中国多边外交的核心和基础。我国的多边外交表现在多个方面，如参加首脑会议、参与重大国际热点问题的解决、参与多边经济和发展领域的活动、参与地区多边领域的活动、开展人权方面的交流与合作、参与国际社会在非传统安全问题方面的合作、参与国际军控和防扩散领域的对话与合作、参与国际法规的制定和修改、对非政府组织的管理工作、应对多边领域的台湾问题等。这其中大部分是在联合国的框架内进行的。第二，强调联合国在国际事务中的主导作用。不同于其他大国，中国始终坚持在联合国框架内通过和平谈判和合作方式解决重大国际问题，反对任何绕开联合国的单边主义军事行动，不鼓励对成员国轻易采取经济制裁和禁运等措施。第三，体现和维护发展中国家的利益。在安全问题上，中国坚持主权平等和不干涉内政原则；在发展问题上，主张发达国家落实对发展中国家援助的承诺，通过南北对话、南南合作，建立公正、合理的经济秩序；在人权问题上，强调发展权和生存权。这些主张和要求都体现和维护了中小国家的愿望和利益。

三、理论透视

联合国机构和活动的基本原则是主权平等、集体安全和大国一致等，这些原则在指导联合国活动中仍然有效，但已远远不够。面对世界全球化和多样化的特征、力量对比变化的现实、非传统安全威胁上升的趋势，联合国需要倡导新的治理理念和活动准则。

（一）联合国需要新思维

第一，推行新多边主义。联合国是多边主义的象征、代表和体现。安南卸任前在总结其10年工作时提出了五大原则，其精神就是多边主义。[①]但以国家间关系为中心的旧多边主义在全球化时代日益显示出局限性。作

① “秘书长在杜鲁门总统博物馆和图书馆的讲话”，2006年12月11日，http://www.un.org/chinese/aboutun/sg/2006/truman.htm。

为最广泛的政府间国际组织，联合国应及时地把其他国际组织、跨国公司、非政府组织等新兴力量整合进来，建立适当的利益表达机制，共同致力于全球治理。

第二，倡导全球治理。很难想象一个没有联合国的世界是什么样子，但联合国不是万能的。全球治理意味着联合国要团结和联合世界公民社会的智慧、力量和责任，共同治理国际社会面临的贫穷、疾病、灾害、污染、教育、犯罪等全球问题的挑战。全球治理要求多种行为体通过谈判和协商等方式，制订并监督执行国际行为准则，共同承担解决全球问题的任务。联合国成员的普遍性和工作的广泛性决定了其在全球治理中独一无二的地位。

第三，建设联合国文化。倡导全球治理的理念需要联合国文化的支持。潘基文提出要把建设联合国的工作文化作为其机构内部工作的三大重点之一。从全球治理的角度看，联合国文化不应是某一个或某一类国家的文化，而是一种世界公民文化。联合国的原则、规范、程序、组织形式和运作方式都要体现这样一种文化。

第四，加强能力建设。联合国的贡献和成就有目共睹，但不可否认，联合国依然在许多安全问题上无能为力、在很多发展问题上力不从心、在诸多人权问题上吃力不讨好，一个重要的原因是联合国系统机构庞大而能力建设不足。因此，提高联合国机构的行政和执行能力、加强联合国组织与主权国家和非国家行为体的协调和沟通能力、改进联合国系统的管理和监督能力，从而全面提升联合国的全球治理能力，应成为联合国的一项重要任务。

第五，重塑联合国威信。美国绕开联合国发动科索沃战争和伊拉克战争带来的“外伤”和联合国机构的腐败和低效现象造成的“内伤”，使联合国的威信受到严重损害。潘基文当选后即指出：“联合国必须正视和消除分歧，努力在成员国、秘书处、主要利益相关方之间重建信任。”[①] 因

① “候任秘书长在新闻发布会上的发言”，2006 年 10 月 13 日，http：//www. un. org/News/Press/docs/2006/sg2117. doc. htm。

此，联合国面临的重要任务是改善联合国机构的管理和效率，重树各国对联合国的信心。同时，正确处理好联合国与美国的关系，重建美国对联合国的信任。而更重要的是，致力于安全、发展和人权三大问题的治理，重振联合国在国际社会的威信。

（二）中国联合国外交的革新

适应联合国改革和发展的需要，中国的联合国外交同样需要革新，特别是加强理念建构和能力建设。中国应在联合国倡导以下三种理念：

第一，和谐世界的理念。联合国已确立了安全、发展和人权三大支柱。“没有发展，我们就无法享有安全；没有安全，我们就无法享有发展；不尊重人权，我们就既不能享有安全，也不能享有发展。”[①] 和谐世界的理念应体现在安全、发展、人权三个方面，即和谐的安全、和谐的发展、和谐的人权，它意味着一种可持续性的安全、均衡的发展和建设性的人权。

第二，国际民主的理念。为了应对全球化时代新的安全威胁，人们提出了“保护的责任”和“建设性干预”等观点。[②] 但是，主权平等仍然是现有国际关系体系的基本原则。为了更好地坚持主权平等原则，我们需要推动国际民主理念的传播和机制化，如扩大联大的职权，提高安理会的代表性，非政府组织作为联大的观察员等。

第三，安全治理的理念。集体安全理念是联合国宪章的灵魂和联合国机构及其活动的基础，其核心是以集体的力量保障成员的安全，强调安全同享、风险共担。今天的世界与60多年前联合国成立时集体安全的倡导者们所处的世界相比已发生翻天覆地的变化，世界所面临的威胁的性质、

---

① 秘书长报告：《大自由：实现人人共享的发展、安全和人权》（A/59/2005），http：//www. un. org/chinese/largerfreedom。

② 参阅联合国威胁、挑战和改革问题高级别小组报告：“一个更安全的世界：我们的共同责任”（A/59/565），http：//www. un. org/chinese/secureworld/reportlist. htm。

类型和特点也已大不相同。集体安全理念需要根据时代的变化进行相应的更新和补充，如倡导有效的多边主义、外交优先、命运共同体、相对安全等理念。在治理理念更新的基础上，还要致力于治理机制的完善和治理能力的培养。

与此同时，中国要大力提升三种能力：

第一，注重向联合国机构输送人才的能力。这不仅体现一个国家的软力量和人才的国际竞争力，也是树立良好国家形象和扩大国家影响力的重要途径。世界上有几千个政府间国际组织、几万个非政府间国际组织，我国公民在其中的数量恐怕还相当有限，与我国的综合实力和国际地位还不太相称。其中很重要的原因是我们的意识、宣传和组织工作还不到位。因此有必要加强这方面的工作。

第二，培养设立议程的能力。多年来，我们在人权问题、台湾问题等方面比较被动，原因之一是我们在议题设置方面缺乏经验和能力。可尝试在中国有力量和道义优势的问题，如能源、外空非军事化等方面取得突破，从而积累经验和能力。2008 年 2 月，中国和俄罗斯在联合国裁军谈判会议上共同提出“防止在外空放置武器、对外空物体使用或威胁使用武力条约”的草案，就是一个很好的尝试。

第三，加强联合国问题的研究能力。鉴于联合国的广泛性、权威性和重要性，将联合国研究学科化，创建一门联合国学已成为必要和可能。应加快联合国研究的队伍建设和资源整合，尽快培养一批专门研究联合国问题的人才。同时，就联合国和中国与联合国关系的重大问题开展研究，如我国联合国地位和作用的演变，我国多边外交的继承和创新，如何平衡主权原则和保护的责任之间的关系，在联合国如何应对做一个负责的大国，新世纪国际格局的演变与联合国改革，如何在联合国推行“和谐世界”理念等。

China's UN Diplomacy*

I. A brief review

The 26th session of the UN General Assembly in 1971 restored all the lawful rights to the People's Republic of China. Over the past 40 years, UN – centered multilateral diplomacy has been an important part of China's independent foreign policy. China's UN diplomacy consistently supports the authority of UN, while maintaining a comprehensive balance between national interests and international responsibilities.

China is one of the founding members of the United Nations

As a founding member of the United Nations and one of the five permanent members of the UN Security Council, China made important contributions to the founding of the United Nations.

As early as in November 1939, China proposed to establish an effective collective security organization after the end of the war. On 1 January 1942, the representative of Republic of China signed the UN Declaration, which symbolized its entry in international affairs as a major power. On 30 October 1943, the Chinese ambassador was invited by the US, British, and

* 原文"China's UN Diplomacy: 1971 – 2011", 发表于 *Strategic Analysis*（印度）, Vol. 35, No. 6, November 2011, pp. 970 – 978, 与冯玉乔（Feng Yuqiao）合写。

Soviet foreign ministers to attend the Moscow Conference and draw up the Declaration of Four Nations on general security, also known as the Moscow Declaration, which laid the foundation for the establishment of a new world body to replace the League of Nations. As a representative of Asian countries and oppressed nations, China contributed to the creation of the United Nations with many constructive opinions and suggestions during the Dumbarton Oaks Conference in 1944. For example, Chinese delegates proposed the inclusion of three principles in the charter—known as 'China suggestion': (1) fairness and justice; (2) the role of international law; and (3) economic and social development. More importantly, as one of the sponsors of San Francisco Conference, China was the first country to sign the Charter of the United Nations.

The main reason for China's becoming a founding member of the UN was the Chinese people's great contribution and huge sacrifice during the Second World War. Of course, President Roosevelt's consideration to maintain the balance of power also played an important role.

New China was denied admission to international organizations including the UN

After the founding of the People's Republic of China (PRC), however, owing to US hostility, China's seat in the United Nations continued to be occupied by the Chiang Kai – shek clique overthrown by the Chinese people. The government of the People's Republic of China made unremitting efforts to regain China's lawful seat in the United Nations. However, the just demand of the Chinese people was met with deliberate obstruction, mainly from the United States.

Since the United States and other Western countries recognized the Republic of China led by KMT, instead of the People's Republic of China led by the CCP, Chinese leaders adopted the foreign policy of 'leaning – to – one – side' and became the outlier and the challenger of international institutions.

Nevertheless, China tried to engage with the different international organizations. For example, China sought admission to the World Health Organization, the World.

Meteorological Organization, International Civil Aviation Organization, International Labor Organization, the International Monetary Fund, the International Bank for Reconstruction and Development, and the Universal Postal Union. Meanwhile, China participated in the various organizations and agencies led by the Soviet Union, such as the World Democracy Federation, International Association of Students, International Women's Union, and also became part of the Warsaw Pact as an observer. The main reason for these efforts was to gain international acknowledgement and not be isolated.

The restoration of PRC's lawful seat in the UN

On 25 October 1971, the 26th UN General Assembly rejected the 'important question' resolution with 59 votes against, 55 votes for and 15 abstentions. It proceeded to pass with an overwhelming majority of votes (76 votes for, 35 votes against and 17 abstentions) a resolution sponsored by Albania, Algeria and 21 other countries, which decided to restore all the lawful rights of the People's Republic of China in the United Nations and immediately expel the representatives of the Kuomintang clique from the United Nations along with its affiliated agencies. This is the famous UN General Assembly Resolution No. 2758, which brought about a thorough and fair settlement of China's representation in the United Nations politically, legally and procedurally.

The restoration of China's lawful rights by the 26th UN General Assembly represented a major victory. It was a major breakthrough in China's diplomacy and marked the complete failure of the anti – China forces in their attempt to block the restoration of the lawful rights of the People's Republic of China in the United Nations.

China's participation in the UN

China's participation in the UN can be divided into four phases under the four generations of collective leadership, namely: Mao Zedong, Deng Xiaoping, Jiang Zemin and Hu Jintao.

Phase I: passive participation under the leadership of Mao Zedong (1971 – 1976)

In the very early period after China's restoration in UN, because of a lack of understanding of UN affairs, as well as the domestic Culture Revolution, China adopted a wait – and – see attitude. According to the meeting record of the UN Security Council, China chose not to vote 46 times out of 158 between 1971 and 1976.

However, China still made efforts to promote the interests of developing countries. For example, China supported the developing countries in their demands for 200 nautical mile maritime rights; China used its veto to enable Javier Perez de Cuellar of Peru to become the UN secretary general; China prompted the United Nations to build a new international political and economic order, to advance the North – South dialogue and to increase assistance to undeveloped countries.

Right after China resumed its seat in the UN it gradually joined UN specialized and affiliated agencies, such as the UNDP, UNCTAD, UNFAO, UNESCO, etc. The normalization of diplomatic relations with developed countries further provided China with the opportunity to gain access to other international organizations as well.

Phase II: selective participation under the leadership of Deng Xiaoping (1978 – 1990)

Along with reforms and its opening up policy, China regarded its participation in international organizations as an important means of influencing international affairs and promoting international democratization. China started to actively participate in the activities of UN subsidiary and specialized agencies, and selectively joined US – led multilateral organizations, particularly economic ones. For example, China joined the IMF and World Bank Group in 1981, IAEA in 1984 and the Asian Development Bank (ADB) in 1986. China's willingness to receive economic and technical assistance from such agencies as the UN Development Programme was a significant departure from its previous stress on self – reliance. In 1986 China renewed its application to regain its seat as a signatory country and one of the founding members of the General Agreement on Tariffs and Trade. China has also participated in the UN Conference on Disarmament and Human Rights since 1980, and took part in UN Peace Keeping Operations (PKO) for the first time in 1989.

By the late 1980s, China had become a member of several hundred international and regional organizations, including the International Atomic Energy Agency, the World Intellectual Property Organization, and the International Olympic Committee, among others. Besides providing China with a forum from which to express its views on various issues, these memberships gave Chinese foreign affairs personnel wider knowledge and valuable international experience.

Phase III: comprehensive and deep participation under the leadership of Jiang Zemin (1991 – 2001)

After the end of Cold War, Chinese top leaders advocated the new security concept (mutual trust, mutual benefit, equality and collaboration) and paid moreattention to multilateral diplomacy, given the trend of economic globalisation and political multi – polarization. Besides the increased participation in international economic organizations, China also participated in international security and human rights mechanisms. For example, China joined the Nuclear Non – proliferation Treaty (NPT) in 1992, signed the Comprehensive Test Ban Treaty (CTBT) and ratified the United Nations Convention on the Law of the Sea in 1996, signed the International Convention on Economic, Social and Cultural Rights in 1997, and the International Convention on Civil and Political Rights in 1998. More importantly, China became more active in the regional organizations. For instance, China joined APEC in 1991, the ASEAN plus one mechanism in 1997, and initiated Shanghai Cooperation Organization (SCO) in 2001.

Accordingly, China regarded the participation in the UN and other international organizations as a positive, useful tool, and an important condition for domestic economic and social progress, as well as a better image and greater voice in international society.

Phase IV: positive and constructive participation under the leadership of Hu Jintao (2003 - present)

When the fourth generation of collective leaders came to power in the new century, China no longer regarded the UN and other international organizations only as a means and a tool to promote its national interests, but started to identify itself with the values and ideas of these international organizations. Thus, China attached more importance to justice and equality, and focused more on duty, contribution and responsibility. For example, according to the new arrangement of contribution, China contributed 3.189 per cent of the UN's regular budget, and 3.939 per cent of the UN peace-keeping budget in 2010 - 2012, ranking eighth and seventh respectively among member states. China is a major troop-contributing country for UN peace-keeping missions and its troop numbers top the list among the Security Council's five permanent members.① As the largest developing country, China combined its national development strategy with the implementation of UN millennium development goals, and has contributed to poverty reduction

① As of 31 May 2011, China dispatched 2,036 (92 police, 48 military experts on mission and 1,896 troops) for the implementation of UN peacekeeping operations, see http://www.un.org/en/peacekeeping/resources/statistics/contributors.shtml.

in East Asia. ①

Furthermore, with its rising influence in international affairs, more and more Chinese are taking the leadership position in UN organs, which indicates an important transition in China's multilateral diplomacy. In 2006, Margaret Chan from Hong Kong was elected the Director – General of the World Health Organization—the first Chinese to head a UN specialized agency. In 2008, Justin Yifu Lin was appointed as Vice President and Chief Economist of the World Bank, the first person from a developing country to take this position. It is believed that more and more people from China and the rest of Asia are set to hold leadership positions in the United Nations system.

II. The characteristics

From the 40 years of Chinese participation in the UN and its current foreign policy, it is evident that China needs the United Nations. China's UN diplomacy ischaracterized by: first, the UN as the centre of China's multilateral diplomacy; second, the emphasis on the UN's leading role in international affairs; and third, to protect the interests of developing countries. Given China's rising role in international society, the UN will also increasingly need China in the future.

China is a permanent member of UNSC with veto

As a permanent member of the United Nations Security Council, China remains firm in its commitment to expanding international cooperation, promoting international peace, world development and human rights, and opposing unilateralism. China holds that the UN Charter and its principles

---

① United Nations, *Millennium Development Goals Report*, 2010, http: //www. un. org/millenniumgoals/reports. shtml.

should be observed conscientiously by all member states to safeguard the authority of the UN and its Security Council. China also supports necessary reforms for improving the functions and efficiency of the UN.

China is a representative of developing countries in the UN Security Council

China is the largest developing country in the world, and the only developing country among permanent members of the Security Council. China has a shared experience and many other commonalities with developing countries. China insists on the principles of sovereignty equality and non – interference in internal affairs, the implementation of aid commitments by developed to developing countries, and stresses the right to develop and exist.

The success of China's economic development in the last 30 years is significant for the developing countries.

China is a partner of the UN

In 1981, China for the first time voted for the extension of UN peacekeeping in Cyprus. In 1982, China paid for the operation in Lebanon. In 1988, China officially became a member of the UN Special Committee on Peacekeeping Operations.

In the 1990s, China started to participate in UN – led peacekeeping operations by sending a total of 522 military observers, liaison officers and military advisors, and an 800 strong engineeringcontingent. Since this modest beginning, Chinese participation in UN peacekeeping operations has surged over the past six years. Financially, China now shares about 2 per cent of the total annual PKO budget, ranking ninth, and is the biggest contributor among the developing countries.

China is a strong supporter of the UN

The United Nations plays an indispensable role in international affairs. China holds that, as the most universal, representative, authoritative inter –

governmental international organization, the UN is the best platform for multilateralism, and for collective action to cope with various threats and challenges.

It should continue to be a messenger for the maintenance of peace, and a forerunner for the promotion of development. A reformed UN with a bigger role to play will serve the common interests of humanity.

China's UN diplomacy needs to be innovated in terms of ideas and capabilities to reform the UN to fulfill twenty – first century requirements.

The UN is based on the three pillars of security, development and human rights.

As Kofi Annan, former secretary – general stated: 'We will not enjoy security without development, we will not enjoy development without security, and we will not enjoy either without respect for human rights. '① The concept of a harmonious world involves sustainable security, balanced development and protection of human rights.

Some new concepts such as the 'responsibility to protect' and 'constructive interference' have been formulated to address current security threats. ②However, the equality of sovereignty remains the basic principle of international relations. For better observance of this principle, it is necessary for it to be institutionalized in terms of a bigger role for the General Assembly, a more representative Security Council, and the enhanced participation of NGOs in the UN.

Collective security constitutes the soul of the UN Charter and is the ba-

---

① *In Larger Freedom – Towards Security, Development, Human Rights for All*, Report of the Secretary – General of the United Nation for decision by Heads of State and Government in September 2005, thhp: //www. un. org/larger freedom/.

② "A more secure world: our shared responsibility"', Report of the Secretary – General's High – level.

sis for all UN activities. Considering that the nature and types of current threats to the world are quite different from those in the period following the Second World War, there is a need to update the concept of collective security, by promoting effective multilateralism, diplomacy and the human community etc. An improvement in governance mechanisms and governance capability are also necessary.

Meanwhile, China also needs to improve its influence at the UN by sending more talent to the UN, which would not only be a means of exercising soft power and international competitiveness, but also build a better image and expand national influence. Second, it should set the agenda in areas in which it has the advantage and expertise, as for example, the peaceful use of outer space and no first use nuclear capability. Third, it should promote UN studies as an academic discipline by integrating the resources and the experts.

III. China and UN Reforms

While the necessity for UN reform is widely acknowledged in the international community, there is still a long way to go for member states to reach an agreement on the issue. What is the priority of the reform? Is it possible to formulate a road map or timetable? How many new permanent and non-permanent members should be added to the most powerful council? What kind of country is qualified to be a member of the reformed Security Council? Do the new permanent members of the Security Council have the power of veto? All of these questions need to be discussed among the 192 members in a formal manner. Thus, any reforms should be gradual, comprehensive and consensus-based. Any changes to the UNSC should improve the productivity and legitimacy of the organization, rather than lead to radical and potentially destabilizing changes.

The UN Security Council has hardly changed since its establishment in 1945. At the end of the first wave of decolonization in 1963, the number of UN member states swelled from 51 to 114. More than half of those were developing countries from Asia and Africa, amongst whom only six were founding members of the organization. As a result, the newly admitted member states demanded better representation in the UN system, leading to the first and only reform of the Security Council in 1965, when the General Assembly voted in favour of increasing the UNSC membership from 11 to 15 and the majority from 7 to 9. Since then and particularly after the end of Cold War, great changes have taken place in international relations. With new challenges and threats appeared new emerging economies like the BRIC who play a more important role in global economic governance, as seen in the aftermath of the two financial crises of 1998 and 2008. Furthermore, some emerging regional powers demand a greater voice in international forums including the United Nations.

China's interests and principles of the UN reforms

To maintain the authority of the UN and the Security Council in particular is not only in China's interest but also its responsibility.

The reform of UN economic institutions and the regulation of governance will be of great importance both for China, a new emerging and fast-growing economy with great potential, and other developing countries which though large in numbers, are weak in terms of power within the UN's governance structure.

China's Position Paper on UN Reforms was released on 8 June 2005. This was the first time that China stated its position on UN reforms.

In the document, China stated that UN reforms should be based on the following principles.

First, reforms should be in the interest of multilateralism, and enhance the UN's authority and efficiency, as well as its capacity to deal with new threats and challenges.

Second, reforms should safeguard the purposes and principles enshrined in the UN Charter, especially those of sovereign equality, non – interference in internal affairs, peaceful resolution of conflicts and strengthening international cooperation, etc.

Third, reforms should be multi – dimensional and multi – sectoral, and address both security and development. Especially, reforms should aim at reversing the trend of 'UN giving priority to security over development' by increasing inputs in the field of development and facilitating the realization of the Millennium Development Goals (MDGs).

Fourth, reforms should reflect the concerns of all UN members, especially those from the developing countries.

Fifth, reforms should be based on democratic and thorough consultations and the most broadly based consensus.

Sixth, reforms should proceed gradually from tackling more manageable problems to thornier ones and be carried out in a way that will maintain and promote solidarity among members. For those proposals on which consensus has been reached, decisions must be made promptly for their implementation; for important issues where division still exists, prudence, continued consultations and consensus building are called for. It is undesirable to set a time limit or force a decision.

These principles give prominence to the three aspects of UN Security Council reforms: justice—priority to be given to developing countries; democracy—more seats for medium and small countries; solidarity—regional consensus on reform designs.

China seeks to achieve the following balance through the reform.

The balance between the responsibilities of maintaining international justice, peace, stability and national interests; the balance between promoting the interests of developing countries and the requirement of solving global issues; the balance between the principles of state sovereignty and non-interference in internal affairs and the right and duty of the international community to undertake necessary peacekeeping operations, suitable interference and pre-emptive measures in the certain situations; the balance between the support for international security measures like countering terrorism and non-proliferation, and the multilateral efforts to maintain international economic order, to promote the economic and social development of developing countries, and to reduce regional poverty.

The reform of the Security Council is not simply about expansion—on the top of our list of objectives should always be the improvement of UNSC's efficiency. Any adjustment/adaptation of the UN's structure and working style should be to preserve and enhance the credibility of the organization, rather than the radical modification of its organizing principles, rules and procedures.

Expansion is even not the only way to reform the UNSC. Since the enhancement of the UN's authority and efficiency are the major objectives of the reform, there are other more relevant and effective measures that can be taken. Examples include making the non-state actors more visible in the UN system, revitalizing the General Assembly as the principal deliberative organ of the UN, improving the efficiency of UNESCO and so on. It would make sense to address these more urgent issues first and then discuss the expansion of the UNSC after a wider consensus is reached.

Positions on India's case

India's desire for greater visibility in the UNSC and to play a more active and important role in both regional and global affairs is understandable. India is the seventh largest country geographically, the second most populous nation, and one of the fast growing economies in the world. A GDP growth average of 5.8 per cent over the past two decades is very impressive. Indeed, India has emerged as a regional and world power and has the potential to make a greater contribution to the world economy and international politics. In a word, India's ambition is justifiable to a certain extent and it should by no means be ignored by other members of the UN.

Furthermore, India has a proud historical legacy and a very good record ofinternational service, which will enable it to fulfill its responsibilities in the UN. As a member of the UN since 1945, India has contributed to shaping a peaceful international system. It not only led the Nonaligned Movement from the 1940s, but also established good relations with other powers as well as a lot of smaller countries. India's longstanding participation in UN peacekeeping missions is also an asset for its future role in the UN. Having sent more than 100, 000 highly professional soldiers for various UN peacekeeping missions, the Indian government has proved its commitment to world peace and stability. As a developing country with an ancient tradition and global aspiration, India should be given credit for being a practicing democracy and participating actively in world affairs.

Nevertheless, India is not yet fully prepared to assume responsibility as a permanent member of the UNSC. India, historically, has not played a very constructive role in maintaining South Asia's regional peace and stability. Its constant rivalry with Pakistan has been a source of concern for many UN member states. The Indo – Pakistan wars in 1947, 1965, 1971 and 1999 have seriously impeded the entangled peace – building process in the region. Besides, India is also only one of the four UN member states that have refused to sign the Nuclear Non – Proliferation Treaty. Its nuclear tests in 1998 and ongoing pursuit of stronger nuclear capability not only troubles its neighboring countries, but also undermines international efforts for a world free of nuclear weapons.

Domestic problems have also seriously undermined India's capability to assume heavier duties on the world stage. Indian democracy is far from stable, with more than 600 parties contending for power and fragmenting the country. Additionally, the leftovers of the caste system jeopardize social equality, and the mode of economic development enlarges the gap between the rich and the poor.

If India wishes to be a truly responsible and constructive world power with greater visibility in the UN, it should first address its domestic problems and take serious measures to improve its regional image. As a decolonized country, India is also in the position to preserve and practice the Asian values and perspectives its founding fathers so profoundly cherished, and contribute to the world from an Oriental perspective.

The permanent membership of the UNSC is indeed more about responsibility and contribution than privileges and power. The five current permanent members made tremendous sacrifices in the Second World War and showed an unparalleled dedication to peace and liberty. The new candidates should, instead of demanding the rights and privileges they believe they deserve, seriously contemplate better ways to contribute to the cause of peace and take up the same responsibilities—that are in no way light and easy.

As per my understanding, what India should do to gain permanent membership of the UNSC is, apart from solving its domestic problems, contribute more to promoting regional and world peace, and in particular resolving its tensions with Pakistan. China will not be an obstacle and is always open to discussions about India's permanent membership in the UNSC, but China and rest of the world would first like to see improvements in its international conduct that would demonstrate India's serious determination and preparedness to assume the responsibilities permanent membership in the UNSC requires.

Conclusions

Ever since China resumed its seat in the United Nations in 1971, China has actively and comprehensively participated in UN security and development activities. This participation ranged from the passive and selective in the first 20 years (from 1971 to 1991), to the deep and constructive in the next 20 years (from 1991 to 2011) . This process also reflects the changes and transition in China's domestic politics, including foreign policy and international environment. With its rising influence and role in international affairs, China's UN diplomacy is becoming more confident, more constructive and more responsible.

As a permanent member of the UN Security Council and the largest developing country, China is a partner and strong supporter of the UN.

China will never be opposed to India's bid for membership of the reformed Security Council, but the process of UN reform is so complicated that it needs not only national efforts but also regional consensus and global compromise.

“一带一路”与联合国南南合作*

2013 年 9 月和 10 月，习近平主席在访问哈萨克斯坦和印度尼西亚时先后提出构建“丝绸之路经济带”和“21 世纪海上丝绸之路”的战略倡议。这一倡议得到国际社会的广泛关注和响应。中国一直将自己视为发展中国家的重要一员，支持、参与和推动南南合作是中国对外关系的重要组成部分。长期以来，中国本着“平等互利、注重实效、长期合作、共同发展”的原则，通过实际行动和不断创新合作模式在南南合作中扮演着重要推动者的角色。

“一带一路”沿线的东南亚、南亚、中亚、西亚、北非、中东欧大部分国家为发展中国家，建设“丝绸之路经济带”和“21 世纪海上丝绸之路”是探索中国与广大发展中国家南南合作新模式的战略构想和重要实践。习近平主席在哈萨克斯坦纳扎尔巴耶夫大学发表演讲时就曾明确指出：“为了使我们欧亚各国经济联系更加紧密、相互合作更加深入、发展空间更为广阔，我们可以用创新合作模式，共同建设丝绸之路经济带。”① 2015 年 3 月 28 日，国家发改委、外交部和商务部联合发布的《推动共建丝绸之路经济带和 21 世纪海上丝绸之路的愿景与行动》文件中指出：

---

* 原题“‘一带一路’建设与南南合作创新”，《一带一路与国际合作》（《复旦国际关系评论》第十六辑/2015 年），上海人民出版社 2015 年版，第 3—15 页。与邱昌情合写。

① 2013 年 9 月 7 日，习近平主席在哈萨克斯坦纳扎尔巴耶夫大学发表题为《弘扬人民友谊 共创美好未来》的演讲，见外交部网站：http：//www. fmprc. gov. cn/mfa_ chn/ziliao_ 611306/zyjh_ 611308/t1074151. shtml。

“共建一带一路是国际合作以及全球治理新模式的积极探索。”① 以沿线广大发展中国家为战略依托，充分利用南南合作的框架和机制，有利于国际社会对“一带一路”的理解和支持，也有利于化解“一带一路”建设所面临的各种风险和挑战。同时，沿线地区各发展中国家也可以充分利用“一带一路”建设的开放平台，探索新时期南南合作的新模式，构建南南命运共同体，建设合作共赢的新型国际关系。

一、“一带一路”建设面临的挑战与定位

“一带一路”是中国提出的面向亚、非、欧广大发展中国家和地区的战略构想。该倡议提出以后，得到多方的高度关注与积极响应，诸多沿线发展中国家表示支持和参与，但也有一些国家对“一带一路”倡议持担忧和怀疑的态度，更有某些大国出于战略考虑试图阻挠和反对，因此该战略在实施过程中肯定会面临诸多风险、障碍和挑战。

（一）误解误读

“一带一路”沿线地区和国家的政治、经济、社会、文化差异较大，利益诉求各异，对“一带一路”存在支持和参与、担忧和怀疑、阻挠和反对等多种态度。虽然中国政府已发布《推进共建丝绸之路经济带和21世纪海上丝绸之路的愿景与行动》的文件，系统阐述了“一带一路”的时代背景、共建原则、框架思路、合作重点、合作机制等，但部分国家对“一带一路”的目标和意图仍然存在各种误解和误读，如认为“一带一

① 2015年3月28日，国家发改委、外交部和商务部联合发布《推动共建丝绸之路经济带和21世纪海上丝绸之路的愿景与行动》，全文见外交部网站：http://www.fmprc.gov.cn/mfa_chn/ziliao_611306/zt_611380/dnzt_611382/ydyl_667839/zyxw_667918/t1249574.shtml。

路”是为了转移中国的“过剩产能”，重建“宗藩体系”，对抗《跨太平洋伙伴关系协议》（TPP）和《跨大西洋贸易与投资伙伴协议》（TTIP），更有媒体和评论将“一带一路”看作是中国版的“马歇尔计划”和“门罗主义”，是一种“新殖民主义”，认为“一带一路”反映了中国试图在周边地区扩展势力范围，制定游戏规则，重新划分世界经济和地缘政治版图，目的是建立中国主导的国际秩序。这些误解误读有的是因为对“一带一路”不够了解或缺乏沟通，但也有一些是有意抹黑。

（二）大国竞争

“一带一路”倡议辐射欧、亚、非广大地区，日本、印度、俄罗斯、美国在相应地区都有重大利益和影响，中国必然与这些地区大国相遇，形成竞争，甚至遭到各种阻挠、排斥、搅局、干扰和反对。在东亚，日本长期以来在经济和金融上处于领导和主导地位，中国的崛起取代或动摇了日本在东亚的大国地位，因此对中国提出的“一带一路”、亚投行等倡议非常消极，甚至采取一些反制措施，与中国开展竞争，试图削弱中国的影响。在南亚，中国拓展与南亚中小国家的合作往往被印度视为针对印度的“珍珠链战略”。由于作为“一带一路”一部分的中巴经济走廊穿越有争议的克什米尔地区，更主要是因为担忧中国在南亚和印度洋不断上升的影响，印度对“一带一路”一直没有明确表示支持。正因为感受到某种压力和威胁，印度自己也推出“香料之路”和“棉花之路”计划，与中国的“一带一路”战略存在着竞争。[①] 在中亚，尽管中国与俄罗斯通过上海合作组织等多边机制有较好的战略协作，但俄罗斯仍警惕和避免“一带一路”把中亚纳入中国的发展轨道和势力范围。美国的反应更为复杂，一方面不能公开反对“一带一路”，另一方面不仅视为对美国“亚太再平衡”战略和 TPP 的反制和回击，更意识到对美国主导的地区秩序和格局

---

① 林民旺：“印度对‘一带一路’的认知及中国的政策选择”，《世界经济与政治》2015 年第 5 期，第 53 页。

的重大威胁和挑战。除了早已提出的“新丝绸之路计划”，美国必然会出台一系列战略和行动，以应对“一带一路”。

（三）政治风险

近几年，中国在墨西哥、缅甸、泰国、斯里兰卡的一些项目因为所在国家的政治动荡、政权更迭、领导更换、政策调整等因素而受到挫折和损失，说明“一带一路”将面临许多政治上的风险。“一带一路”沿线国家内部政治的不确定性主要源于两方面：一是因为某些国家处于民主转型期，自身具有“脆弱性”，缺乏政治稳定性，如缅甸和泰国；还有一些国家如巴基斯坦、吉尔吉斯斯坦和阿富汗，地方势力强大，分裂主义和极端主义势力盛行。二是有些沿线国家由于其重要的战略位置，长期成为大国争夺的焦点，因此其政权容易受到外来势力的介入和影响，如南亚的斯里兰卡和某些中亚国家。可见，加强对“一带一路”沿线国家内政、执政党和在野党、民族宗教文化因素、民间和社会力量的研究，扩大相应的交流、接触和影响，非常必要。

（四）机制重叠

“一带一路”沿线已经存在诸多地区和跨地区经济合作机制，并且由不同的地区大国倡议和主导。这些地区合作机制包括东南亚国家联盟（ASEAN）、区域全面经济伙伴协议（RCEP）、跨太平洋经济伙伴协议（TPP）、南亚区域合作联盟（SAARC）、海湾合作委员会（GCC）、东非经济共同体（EAEC）、上海合作组织（SCO）等。一些批评者认为“一带一路”是对现有地区合作机制的挑战，将削弱其作用，并引起地区合作的混乱。“一带一路”与这些地区合作机制确实在地理和内容上有交叉和重合之处。如何与既有机制协调关系，寻求机制对接和互补是“一带一路”建设必须正视的现实问题。

面对上述挑战，中国可以分别采取一些针对性的措施和行动，如做好与沿线国家政府和人民的沟通与解释工作，消除误解误读；加强与其他大国的协调与平衡，争取大国合作；开展对沿线国家的深入研究和细致工作，减少政治风险；理顺与现有地区合作机制的关系，实现机制对接。

但从根本和长远来看，对“一带一路”的正确定性和定位非常重要。“一带一路”倡议由中国提出和倡导，在实施过程中中国将发挥主导作用，但如果把“一带一路”仅定性和定位为中国的国家战略，将不利于“一带一路”的开展。从中国领导人的讲话和《推动共建丝绸之路经济带和21世纪海上丝绸之路的愿景与行动》文件中可以看出，“一带一路”完全可以发展和打造成为跨地区的治理机制和全球发展议程的一部分，更可以通过南南合作的框架和模式加以推进。

党的十八大报告中强调：“加强同广大发展中国家的团结协作，维护发展中国家的正当权益，支持广大发展中国家在国际事务中的代表性和发言权，永远做发展中国家的可靠朋友和真诚伙伴。”如何在推进“一带一路”建设中加强与发展中国家的关系，切实处理好各方面的问题和挑战，是中国与发展中国家外交的重要课题。中国应把沿线广大发展中国家作为“一带一路”建设的战略依托，在南南合作的理念和原则引领下创新合作模式，使“一带一路”建设获得沿线广大发展中国家的认同和支持。尤其是需要把“一带一路”建设与南南合作框架和机制进行对接，以有效化解“一带一路”战略所面临的各种风险与挑战。

二、“一带一路”是南南合作的新模式

南南合作是发展中国家在经济、技术、贸易等多领域的合作，是发展中国家自力更生、谋求发展的重要途径，也是确保发展中国家参与国际体系的有效平台。南南合作至今已经走过了半个多世纪的发展历程，成为促进发展中国家多边合作不可或缺的重要组成部分。进入21世纪以来，特别是2008年金融危机以来，发展中国家之间的合作方式和内容正在发生诸多新的变化。新兴国家的群体性崛起与外交政策的新调整对南南合作产

生了重大影响，使南南合作超越了过去穷国之间互通有无的传统互助模式，开始涵盖贸易、金融、产能乃至全球治理领域的多元化合作。[①] 此外，以联合国为代表的国际组织也成为助推南南合作的重要力量。在此背景下，如何在新的历史条件下创新南南合作模式已经成为推动新时期南南合作的重要内容。[②]

正如联合国南南合作办公室主任、联合国秘书长南南合作特使周一平指出的，“一带一路”建设将为沿线60多个国家和地区的人民带来新的发展机遇，是第三世界发展新政。[③] 从中国政府发布《推动共建丝绸之路经济带和21世纪海上丝绸之路的愿景与行动》的文件来看，“一带一路”战略涉及外交、经济合作、区域治理、互联互通，突破了传统南南合作仅局限于经贸合作的固有形式，凸显通过加强与发展中国家合作模式的转变来培育全球共赢性合作的新思路，契合了中国扩大开放、区域合作共赢的外交理念。具体就合作模式创新而言，主要是通过区域治理，加强对沿线国家的互联互通战略，促进中国与沿线广大发展中国家和地区的互利共赢，最终打造发展中国家的命运共同体。

（一）将经济合作上升为区域治理，构建跨区域合作新格局

长期以来，中国对外经济合作的重点和对象主要是发达经济体以及周边地区的新兴经济体，这些合作没有形成有机的整体，更没有上升到区域治理的高度。随着全球化的深入以及区域经济竞争的加剧，深化和拓展区

① Sean Burges, “Developing from the South: South - South Cooperation in the Global Development Game”, *Austral Brazilian Journal of Strategy & International Relations*, Vol. 1, No. 2, 2012, p. 225.

② Tatjana Chahoud, “South - South Cooperation: Opportunities and Changes for International Cooperation”, German Development Institute, Briefing Paper, No. 9, 2007, pp. 1 - 5.

③ “习主席战略思想是第三世界发展新政——联合国秘书长南南合作特使周一平访谈”，《管理观察》2015年第5期，第14页。

域合作，形成协同发展、合作共赢的发展共同体，成为中国参与和推动区域治理的重要路径。“一带一路”倡议是中国在全球治理体系转型形势下，提升对外经济合作水平，推动周边区域治理的需要，体现了中国与广大发展中国家扩大互利互补和深化区域合作的客观要求。

“一带一路”建设是在中国成为区域经济增长中心、周边大国竞争加剧及地区安全问题日益凸显的背景下，提出重点发展与东亚、中亚和南亚等周边地区发展中国家关系的区域治理战略。① 中国周边的地区和次区域合作有了长足的发展，但如何深化合作，加强区域间的合作，是各地区机制共同面临的问题。“一带一路”倡议有利于各国和各地区发展战略之间的对接，有利于地区之间和跨地区的合作，有利于实现从经济合作到区域治理的转型和升级，为地区合作和治理提供了广泛的可能和潜力。

（二）以“发展合作”构建“南南命运共同体”

中国与广大发展中国家存在共同利益，这一共同利益的基础就在于发展，而南南合作的目的就是为了实现共同发展。进入 21 世纪以来，全球发展格局和中国发展环境发生了新的变化。一方面，随着中国与广大发展中国家在全球发展中的重要性上升，全球发展开始向有利于新兴经济体与发展中国家的方向转移。另一方面，中国与广大发展中国家经济联系的增强，发展中国家在中国对外经济合作中的地位进一步提升。对沿线广大发展中国家来讲，“一带一路”倡议是一种发展中求合作、合作中谋发展的南南合作模式。中国已成为世界第二大经济体，在发展领域积累了大量经验、优势和资源。同样，东南亚国家、印度等南亚国家、中亚地区国家也有发展的比较优势。通过“一带一路”建设，沿线国家互相学习发展的理念和经验、共享发展的政策和机制，可以实现从技术、资金、项目的合作上升到发展议程和发展战略上的合作。

---

① 郭树勇：“区域治理理论与中国外交定位”，《教学与研究》2014 年第 12 期，第 51 页。

“一带一路”建设可以通过互联互通战略促进沿线各国共同受益、共同发展，打造发展中国家的发展共同体、利益共同体和命运共同体。“一带一路”战略契合广大发展中国家的发展需求，将成为新时期南南合作的重要纽带和桥梁。中国作为最大的发展中国家，在实现自身经济社会可持续发展的同时，也让沿线国家共同受益，共享“一带一路”建设所带来的巨大利益，真正走出一条互惠互利和共同发展之路，实现沿线各国多元、自主、平衡和可持续发展。

（三）以开放、包容的合作机制实现沿线国家发展战略的对接

2015 年 3 月，国家主席习近平在博鳌亚洲论坛的开幕式发表主旨演讲时强调，“一带一路”不是要替代现有地区合作机制和倡议，而是在现有基础上推动沿线国家实现发展战略对接。① “一带一路”作为推动发展合作的大平台，以推动沿线国家的发展为要义，与沿线国家的战略规划进行对接，及时把“一带一路”建设成果与沿线国家共同分享，使中国与沿线国家的经济互补性转化为发展互助力。在“一带一路”规划中，凡是有意愿参与合作的国家和地区都可以成为“一带一路”的成员。在合作机制方面，在平等协商、互利共赢的前提下，积极推动与沿线国家签署“一带一路”合作谅解备忘录或编制双边合作机制，细化共建“一带一路”的方案和路线图，搭建符合沿线国家目前发展要求和未来发展方向的合作机制与平台。这种区域性的合作机制与欧亚经济联盟（EEU）、上海合作组织（SCO）、东盟（ASEAN）、亚太经济合作组织（APEC）、亚欧会议（ASEM）、亚信（CICA）、中阿合作论坛（CASCF）、大湄公河次区域经济合作（GMS）等既有多边合作机制相互衔接，并与成员国的战略对接，从而形成制度化南南合作的网络。

---

① 习近平：“迈向命运共同体开创亚洲新未来——在博鳌亚洲论坛 2015 年年会上的主旨演讲”，2015 年 3 月 18 日，见外交部网站 http：//www. fmprc. gov. cn/mfa_ chn/ziliao_ 611306/zyjh_ 611308/t1249640. shtml。

2015年5月，中国与俄罗斯发表《关于丝绸之路经济带建设与欧亚经济联盟建设对接合作联合声明》，标志着中俄两国推动的两大地区经济合作战略构想实现对接，为“一带一路”的推进奠定了坚实的战略基础。中国与哈萨克斯坦也同意在平等互利的基础上推进丝绸之路经济带建设同“光明之路”经济发展战略的对接，实现共同发展繁荣。“这种对接的前提在于主权平等的基础上相互尊重和相互理解；对接的内容在于不同国家在发展观念、体制机制、基础设施和优势产业等多方面的相互融合；对接的基本途径在于在合作的过程中相互支持；对接的主要目标在于发现和扩大彼此领域的交汇点，以实现共赢。”[①] “一带一路”倡议与沿线发展中国家发展战略的对接不是强制别人接受中国的倡议与标准，而是在双方相互尊重的基础上，找到共同点，进而制定共同接受的标准。可以预见，“一带一路”将与更多的沿线国家实现发展战略的对接。

（四）推动“一带一路”建设纳入联合国可持续发展议程和南南合作框架

“一带一路”倡议与联合国2015后发展议程非常契合。自联合国千年首脑会议以来，广大发展中国家都在为实现千年发展目标而努力。中国是千年发展目标的积极参与者和贡献者，已经基本提前实现了大部分千年发展目标。近年来，中国在实现千年发展目标的过程中，积累了丰富的发展经验，在政治、经济、文化、社会特别是减贫等方面取得了举世瞩目的成就。1990—2011年间，中国贫困人口减少了4.33亿，提前5年实现了减贫目标。[②] 中国还在南南合作框架下支持其他发展中国家落实千年发展目标。

---

① 王海峰：“在道路探索中构建中国学术话语体系”，《中国社会科学报》2015年6月1日。

② Kishan Khoday, Leisa Perch, “China and the World: South－South Cooperation for Inclusive, Green Growth”, International Policy Centre for Inclusive Growth, *Working Paper*, No. 95, 2012, pp. 1－21.

当前，联合国以及会员国都在评估自身千年发展目标实现情况，并在积极制定2015年后可持续发展目标。中国可以引导2015年后发展议程谈判重点关注解决发展中国家面临的困难和挑战，使“一带一路”建设的内容转型成为联合国2015后发展议程中的重要组成部分。2015年4月，在印度尼西亚雅加达召开的亚非领导人会议和万隆会议60周年纪念活动系列会议，其主题就是“加强南南合作，促进世界和平繁荣”，会议通过了呼吁携手消除贫困，通过发展中国家互相帮助的“南南合作”加强经济合作的文件。因此，在推进“一带一路”建设和拓展南南合作的过程中，可以将“中国经验”、“中国方案”和“中国价值”等无形资产与沿线广大发展中国家共享。

制度化南南合作已经成为当前新南南合作的重要趋势。[①]“一带一路”建设不仅是沿线国家的区域性公共产品，更是巩固中国与发展中国家关系的全球性公共产品。“一带一路”战略构想的提出为中国与广大发展中国家的创新南南合作提供了新的动力和模式，未来中国可以战略性利用南南合作的多边框架，从而有利于国际社会更好地理解和接受“一带一路”倡议的理念和思路，并获得沿线国家的支持，推动“一带一路”倡议成为中国与广大发展中国家合作的共识。

三、以创新南南合作推动“一带一路”建设

“一带一路”建设的顺利推进，为推动中国与广大亚非欧发展中国家关系向纵深发展提供了历史机遇。“一带一路”建设需要在南南合作框架下加强政策对话，促进发展中国家之间广泛的发展经验和成果共享与知识技术的交流。通过创新的南南合作，可以更有效地推动“一带一路”建设。

---

① Oliver Stuenkel, “Institutionalizing South – South Cooperation: Towards a New Paradigm?”, *Background Research Paper*, May, 2013, pp. 1 – 26.

（一）充分利用南南合作基金，为“一带一路”的项目合作争取更多资金支持

“一带一路”沿线国家在基础设施建设、资源开发、产业发展等方面的项目均需要巨额的资金投入。据亚洲开发银行测算，2020 年之前亚洲地区每年的基础设施投资需求高达 7300 亿美元。[①] 如何弥补在基础设施建设等领域存在的巨大资金缺口，成为“一带一路”推进中首先遇到的问题。

为此，中国积极筹划建立“金砖国家开发银行”、“亚洲基础设施投资银行”和“上海合作组织开发银行”等多边金融机构，为“一带一路”建设提供强大的金融支持。2014 年 11 月，中国政府宣布出资 400 亿美元成立丝路基金，为“一带一路”提供专门的金融支持。这不仅为“一带一路”战略的实施搭建了新的融资平台，而且有利于打破发达国家对现有国际金融体系的垄断，充分发挥发展中国家的自身优势和能力，推动国际金融体系的改革。

另一方面，也可以借鉴中国在应对气候变化过程中对南南合作的重视。自 2011 年以来，中国政府累计安排了 2.7 亿元人民币用于帮助发展中国家提高应对能力，培训了来自 120 多个发展中国家的 2000 多名官员和气候人员。从 2015 年开始在现有基础上把每年的南南合作的资金支持再翻一番，建立气候变化南南合作基金。中国还将提供 600 万美元，支持联合国秘书长推动应对气候变化南南合作。

在单边（如丝路基金）和多边（如亚投行）金融机构支持的基础上，“一带一路”建设还需要在全球层面上获得金融支持。南南合作基金是联合国系统用于推动和资助南南合作项目的信托基金，它的特点是全球动员，又面向全球。充分利用南南合作基金，意味着“一带一路”建设的某些项目可以申请南南合作基金的支持，更重要的是动员国际社会利用联合国大会、七十七国集团、亚非领导人会议等途径，就扩大南南合作基金

① 转引自张丽平：“亚投行，助力亚洲互联互通”，《人民日报》2014 年 11 月 13 日。

的规模，提高其等级、信用和效率达成共识、采取行动，把“一带一路”项目建设作为南南合作基金的工作重心之一。中国也可以把对外援助的一部分用于南南合作基金，加强对南南合作基金的支持力度，或者成立专门的“一带一路”南南合作基金。

（二）实现南南技术产权交易的转型和升级，为“一带一路”的技术合作服务

“一带一路”建设在项目合作的同时还要开展技术合作，即在联合国系统的南南合作框架内开展跨地区的发展中国家技术合作，形成发展经验和技术共享的市场化机制，推动国际层面的技术转移。

南南全球技术产权交易所（South - South Global Assets and Technology Exchange，SS - GATE）① 在促进中国与其他发展中国家的经济和技术交流方面做了大量富有成效的工作，为创新发展中国家合作模式开辟了新的路径。通过南南全球技术产权交易所的全球伙伴关系网络，成员国的最新科技成果可以在这里实现产权交易，推动技术与资本的融合。目前，南南全球技术产权交易所已经建立了辐射全球的专业技术产权网络交易系统，提供全球范围内的技术转让、项目评估、产权交易等服务。“一带一路”建设为南南技术产权交易的转型和升级提供了必要性和可能性。中国需在同沿线广大发展中国家开展项目合作的同时，加大我国在发展中国家的高科技产品市场，提升“一带一路”技术产业及其互补，助推发展中国家之间的技术转移，把项目合作与技术合作结合起来。为此，一方面要加强科技交流与合作，加强对人才的培养；另一方面，要组织相关的专家学者深入到“一带一路”沿线广大发展中国家开展实地调研，将中国发展成为区域的资本和技术中心。由于中国在劳动密集型和资源密集型产品的生产技术上领先于很多发展中国家，与发达国家相比又具有实用性强

① 南南全球技术产权交易所是由联合国在2008年11月发起倡议，在中国国际技术交流中心和上海联合产权交易所共同努力下成立的，其总部设在中国上海。

的优势，[1] 这就为南南技术合作奠定了坚实的基础。

此外，在与“一带一路”沿线国家开展具体项目合作的可行性评估方面，中国可以寻求与联合国相关机构的合作与技术支持。比如，联合国工业发展组织可以帮助进行相关国家工业发展项目的评估与指导，国际电联可以为电信项目提供协助，联合国环境规划署可以帮助进行公路、铁路、交通、港口等基础设施建设项目的环境影响评估。以联合国等多边框架为媒介，可以在一定程度上缓解国际社会对中国“一带一路”相关项目合作的质疑，消除项目当地人民的误解，提升中国政府的国际形象。

（三）发挥全球南南发展博览会的作用，可作为展示和交流“一带一路”建设成果和经验的平台

全球南南发展博览会是联合国系统为支持发展中国家开展南南合作提供的一个平台，是为了展示发展中国家为实现联合国千年发展目标经济成就而每年举办，是唯一来自南方和为了南方的博览会。它不仅是发展中国家之间经济和技术合作的交流平台，还是展示来自南方的发展成果、成功经验和解决方案的机制。自 2008 年以来，已经在纽约、华盛顿、日内瓦、罗马、维也纳、内罗毕举办过七届博览会。

随着“一带一路”的推进，加之项目和技术合作的开展，一系列成果、经验和方案将陆续形成。中国应适时、择机举办全球南南发展博览会，同时包括峰会、论坛、研讨会等，以“一带一路”建设为主题，以经济、旅游、环境、城市、文化等为议题，邀请政、学、商，以及国际组织和非政府组织代表，集中和系统地就“一带一路”建设和发展交流经验、展示成果，为沿线各国提供一个超越传统西方视野的跨国交流的渠道，这有助于中国“一带一路”建设成果的共享与国家形象传播。

---

① 朱洪：“中国参与南南合作的比较优势”，《国际经济合作》2009 年第 11 期，第 15 页。

（四）建设南南合作智库，为“一带一路”提供解决方案

可考虑设置中国主导的南南合作智库联盟，协助“一带一路”沿线各区域的发展中国家设立协同智库，建立完整的智库跨国网络。这些南南合作智库可协助本国政府，为全球多边体制与国际经济秩序的改革、发展中国家多边合作机制的设计进行顶层设计，提供政策规划与方案评估。联合国南南合作办公室主任周一平就曾呼吁设立“南方达沃斯”和“南方发展研究院”等南方发展模式的交流平台，可以在经济、科学技术、发展合作、社会和谐等多层面进行讨论。[①] 同时，还可以成立一个面向所有发展中国家的“跨国人才培训机制”，为各国训练与培育公共治理、经济发展规划等领域的人才。内容包括留学培训、海外培训等，让“一带一路”沿线各国政策精英有机会全面深入了解中国的独特发展经验，让各国共同探索适合各国国情的改革策略和政策选择。

近年来，随着中国经济的高速发展，中国已经成为全球第二大经济体，中国与广大发展中国家的南南合作已经进入一个全新的发展阶段。“一带一路”战略的实施为创新南南合作提供了新的发展动力，战略性利用南南合作框架是实施“一带一路”战略构想的重要路径和政策创新，未来中国需要以沿线广大发展中国家为战略性依托，通过创新南南合作助推“一带一路”建设，实现“一带一路”战略与南南合作的完美对接。

四、结论

随着《推动共建丝绸之路经济带和21世纪海上丝绸之路的愿景与行动》的发布和亚投行的成立，“一带一路”正从中国倡导的一项战略倡议

① “从授人以鱼到授人以渔——专访联合国开发计划署南南合作特设局局长周一平”，《上海国资》2006年第6期，第41页。

发展成为地区合作和治理模式的创新实践。

“一带一路”建设的推进，一方面需要与沿线国家和地区的发展战略进行对接，另一方面也应该与联合国 2015 年后可持续发展议程对接，而南南合作可以成为这两种对接的桥梁和纽带。

联合国倡导的南南合作与中国倡导的“一带一路”尽管起点不同，但面临许多共同课题，可以实现互补和互相支持。“一带一路”建设将有效地加强、深化、充实和创新南南合作，而南南合作也可以为“一带一路”提供经验，使“一带一路”从一个中国倡导的战略倡议成为新时期南南合作的新模式，成为“南南版”的 2015 年后发展议程。

第三部分

联合国强大，世界更美好

我们需要一个怎样的联合国*

1945年10月24日，《联合国宪章》开始生效，联合国正式成立。

回顾过去，联合国为和平、发展和人权事业付出了巨大努力，做出了巨大贡献。从51个创始成员国到现在的193个会员国，联合国成为最具有普遍性、代表性和权威性的政府间国际组织。当然，联合国也做过一些不应该做的事，没有做一些应该做的事，还有一些做得不够好的事。

审视当下，联合国和国际社会正面临大量新挑战、新问题。世界上每天都在发生着大量冲突，全球还有8.36亿极端贫困人口。恐怖主义、气候变化等全球性问题威胁着人类社会的生存和发展。联合国自身也面临改革的考验，人们对联合国大会的效率、安理会的代表性、秘书长的推选方法、经社理事会的治理能力等多有不满和批评。托管理事会“有名无实”，维和人员的性丑闻，第68届联大主席因腐败指控正接受调查，等等，都形成了较大的舆论压力。总之，联合国的权威需要通过改革得到加强。

展望未来，国际社会对联合国充满期待。联合国刚刚召开过发展、维和、妇女等一系列峰会。各国领导人就和平行动、新发展议程、南南合作、妇女在和平与安全中的作用等提出一系列目标和承诺，这些都需要联合国及其会员国采取行动，切实履行。联合国的机构、资源和能力能否适

---

* 原载《环球时报》2015年10月24日。

应国际安全、世界发展、全球治理和未来国际秩序的要求，仍充满不确定性。

可以说，联合国不是万能的，但没有联合国是万万不能的。那么，我们需要一个什么样的联合国？

首先，我们需要一个更民主的联合国。联合国大会193个会员国所体现的普遍性和代表性是联合国权威性的基础。除倡导人类共同尊崇的价值和理念，制订全球性议程和方案外，联大在和平与安全、秘书长的推选等方面的作用也有待加强。安理会组成的代表性和工作方法的民主性需要通过改革得以提高。在重大国际政治和安全问题上，要尊重中小国家的主权和发言权；在全球发展和治理中，要考虑和照顾中小国家的利益和关切；在推进人权事业中，要多倾听民间社会、非政府组织和弱势群体的声音。尽管有大量的多边组织和机制，但只有联合国为我们提供了实现国际社会民主的最有效途径。

其次，我们需要一个更有效的联合国。联合国是一个系统，其效力和效率，包括大会和安理会的决议、经社理事会和秘书处的工作、国际法院的管辖等，既取决于联合国内部的能力建设和工作协调，也有赖于会员国提供支持和配合。

最后，我们需要一个更强大的联合国。《联合国宪章》是国际社会的宪法性文件，是国际秩序的基础。维护好宪章的权威、弘扬好宪章的精神、发挥好宪章的作用，是联合国强大的前提。通过改革，增强安理会的代表性，提高联合国机构的行动能力和工作效率，是联合国强大的根源。加强国际法治建设，强化以法治为基础的国际秩序，提高通过政治和法律途径处理解决国际争端的能力，是联合国强大的保障。

联合国70华诞踏上新征程*

70 年前的 10 月 24 日，《联合国宪章》开始生效，联合国正式成立，10 月 24 日成为“联合国日”。

一、世界和平“压舱石”

70 年来，联合国在维护国际和平与安全方面做出了巨大贡献。

非殖民化是联合国最重要的政治成就。联合国成立时，世界人口的 1/3 生活在附属于殖民国家的非自治领土上，联合国为 80 多个国家的独立发挥了作用。从 51 个创始成员国到现在的 193 个会员国，联合国成为最具有普遍性、代表性和权威性的政府间国际组织。

维和行动是联合国在和平方面最重大的贡献。自 1948 年来，来自 120 多个国家的超过 12. 5 万名维和人员开展了 71 项维和行动。联合国通过预防性外交和行动，避免了许多将要发生的战争。联合国还向走出战争的国家提供和平支持，联合国建设和平基金为全球 22 国的 222 个项目提供了资金。

防扩散、裁军和军备控制是联合国在国际安全领域取得的突出工作成绩。191 个国家成为《不扩散核武器条约》的缔约国，国际原子能机构与

* 原载《解放日报》2015 年 10 月 24 日。

180 多个国家签署了安全保障协定，确保核能的和平利用。190 个国家批准了《化学武器公约》，162 个国家批准了《禁雷公约》，69 个国家批准了《武器贸易条约》。

二、减贫发展“推进器”

70 年来，联合国在促进世界发展与人权方面取得了巨大成绩。

发展是联合国的工作重点。联合国开发计划署在 170 多个国家实施 4800 多个项目，以减少贫困、促进善治、应对危机和保护环境。世界银行为发展中国家提供贷款和赠款，在 170 多个国家开展 1.2 万多个项目。非洲是联合国发展工作的重点，联合国系统 36% 的发展开支用于非洲大陆。自 1960 年来，联合国连续实施 4 个发展十年战略，支持发展中国家的经济和社会发展。2000 年制订和实施的千年发展目标，成为国际社会最全面、权威、系统的发展目标体系，帮助欠发达国家的人们提高生活水平，帮助 11 亿人摆脱贫困。

人权是联合国的三大支柱之一。1948 年联大通过《世界人权宣言》后，联合国制定了几十项有关政治、公民、经济、社会和文化权利的公约和协定。联大制定了有史以来第一个针对灭绝种族罪的国际公约。联合国已为 6000 多万难民提供援助。此外，在联合国的努力下，国际社会就人权、恐怖主义、跨国犯罪、难民、裁军等缔结了 560 多项国际条约。

三、迎难而上“正当时”

但是，联合国的和平、发展与人权事业仍然任重道远。

联合国和国际社会正面临大量新问题、新威胁和新挑战。世界上许多地方每天还发生着大量冲突，全球还有 8.36 亿极端贫困人口。恐怖主义、跨国犯罪、气候变化、毒品、网络、移民、难民等全球性问题威胁着人类社会的生存和发展。联合国自身也面临改革的考验，包括扩大安理会代表性的改革等等。

在联合国成立 70 周年之际，联合国召开发展、维和、妇女等一系列峰会。联合国发展峰会通过的 2015 年后可持续发展议程，将指导未来 15 年的各国发展和国际发展合作。联合国维和峰会对维和行动进行了新的评审，将完善维和行动体系，形成统一的和平行动，建立维和能力待命机制，优化维和行动授权，提高维和行动效率。2016 年，联合国还将召开世界人权峰会，进一步推动人权事业。这些目标和承诺需要联合国及其会员国采取切实的行动来实现。

从这天起，联合国将踏上和平与发展新的征程。

联合国与国际秩序*

2015年是联合国成立70周年。在过去的70年里，联合国一直是国际秩序和全球治理中的积极因素和建设性力量。然而，近年来，国际秩序的去中心化和全球治理的碎片化越来越明显。美国的领导能力和意愿在下降，欧洲忙于处理内部危机，俄罗斯复兴之路艰难。中国的力量和影响快速上升，但与周边和外部世界的关系还没有理顺，其他新兴大国还在学习如何在国际舞台上扮演更重要的角色。

未来国际秩序的形态是重回单极，还是（中美）共治，抑或多元，仍有很大不确定性。但有一点是肯定的：多数国家认可和支持联合国发挥更大的作用。作为国际社会最具普遍性、代表性和权威性的政府间国际组织，联合国有独特的条件、优势和资源重塑在国际秩序和全球治理中的核心地位和主导作用。

与350多年前建立的威斯特伐利亚体系、200年前建立的维也纳体系、100年前建立的凡尔赛—华盛顿体系相比，战后70年国际体系的最大不同和进步是建立了以联合国为核心、以《联合国宪章》的宗旨和原则为基础的国际秩序。

《联合国宪章》的签署、生效和联合国的成立确立了战后国际秩序的基本原则和框架。联合国六大主要机关、16个专门机构和大量基金、方案，组成联合国系统，围绕安全、发展、人权三大领域开展大量工作，是

* 2015年8月28—29日在缅甸仰光举行的“联合国70周年与东南亚的发展”国际会议交流论文。

战后国际政治、经济、安全秩序建立和发展的基础性、稳定性和建设性力量。但由于战后国际社会形成以东西方对抗、北约和华约对峙为代表的战后国际政治和安全结构，以及以国际货币基金组织、世界银行和关税及贸易总协定/世界贸易组织为支柱的世界经济和金融结构，联合国未能成为战后国际秩序的主导性力量。

联合国对战后70年国际秩序的贡献和作用主要体现在以下几个方面：

第一，《联合国宪章》奠定了战后国际秩序的法理基础。联合国是世界反法西斯战争胜利的成果，也是大国合作的产物。联合国是在国际联盟的基础上成立的，更是依据《联合国宪章》诞生的。

《宪章》提出“免战、人权、正义、民生”等目标（序言），“和平安全、友好关系、国际合作、协调行动”等宗旨（第一章第一条），“主权平等、和平解决、不使用武力、不干涉内政”等原则（第一章第二条），并提出“预防、斡旋、调解”（第六章）、“武力”（第七章）等维护国际和平与安全的手段。[①]《宪章》不仅是联合国的组织章程，也成为战后国际社会的宪法性文件。

《宪章》对战后国际关系的影响广泛而深刻。“《宪章》建立了以联合国为核心的多边主义国际秩序，确立了以安理会为核心的集体安全机制，形成了战后国际关系的基本行为规范，确认了现代人类社会的共同价值观念。”[②] 在《宪章》基础上形成的多边国际秩序、集体安全机制、基本行为规范、共同价值观念是战后和平与安全的基本保障，避免了大国之间的战争，又保证了中小国家的参与。《宪章》奠定了战后国际秩序的法理基础。

但是，联合国成立后，世界很快陷入冷战，联合国和安理会在很多时候、在很多问题上成为东西方对抗的工具和舞台。《宪章》规定的军事参

---

① 联合国官网：http：//www. un. org/zh/documents/charter/。

② “维护《宪章》权威，共促合作共赢”，外交部副部长刘振民在“《联合国宪章》与战后国际秩序”国际研讨会上的主旨发言，2015年4月14日。外交部官网：http：//www. fmprc. gov. cn/mfa_ chn/wjbxw_ 602253/t1255141. shtml，2015年8月25日访问。

谋团并没有有效地开展工作。美国甚至利用、挟持、控制安理会，组成和指挥“联合国军”参加朝鲜战争。《宪章》倡导的宗旨和原则并未能够得到全面的遵守和有效的实施，甚至被践踏。在战后国际关系实践中，以战争手段解决国家间争端、使用武力达到目的、干涉内政甚至大国入侵小国的现象很严重。安理会未能就美国发动的越南战争、入侵巴拿马和格林纳达、苏联入侵阿富汗等采取有效行动。冷战结束后，通过军事手段改变一国政权、改变领土版图、捕杀国家领导人的事例也不少见。

第二，联合国缓和地区冲突，维护了世界和平与安全秩序。联合国建立的集体安全机制是战后和平的基本保障，并创造性地通过维持和平、建设和平等行动缓和地区冲突，保障世界和平。

《宪章》对战后国际秩序最重要的影响之处是成立安理会并赋予维护国际和平与安全的主要责任。《宪章》规定在国际关系中禁止使用武力，除非得到安理会的授权或会员国行使自卫权（保护其政治独立和领土完整）。因此，《宪章》废除战争作为国家推行政策的工具，联合国的授权成为国际行为是否合法的象征和依据。通过建立安理会，实行大国一致原则，国际社会有效地避免了大国之间的直接军事对抗。因此，尽管东西方对抗、北约华约对峙，地区冲突和局部战争（印巴、阿以、中苏中印中越、美越、苏阿、两伊等）频发，但总体上处于可控范围，没有上升为世界范围内的战争，实现了战后70年的总体和平。

冷战时期（自1948年首次实施维和行动至1990年冷战结束），联合国共实施了18项维和行动，冷战结束至今则实施了51项。联合国通过预防冲突、创造和平、维持和平、建设和平等方式，通过调停、制裁、强制等手段维护和实现世界和平和安全秩序。联合国还通过防扩散、裁军、反恐、反海盗等领域的国际合作，应对各种传统和非传统安全威胁。70年来，联合国及其专门机构和工作人员共11次获颁诺贝尔和平奖。

第三，联合国确立了以民主和平等为目标的国际政治和法治秩序。二战后，联合国完成非殖民化进程，加强国际社会法治，促进和保护人权，努力实现主权平等和国际关系的民主化。

联合国建立托管制度。通过推动民族自决，帮助实现独立，结束了殖民统治和殖民制度。随着亚非拉大量民族独立国家的出现并加入联合国，这些新兴发展中国家成为独立的国际政治力量，成为国际关系民主化的主要力量，改变了联合国的政治生态。从 51 个创始会员国，到 1990 年会员国达到 159 个，目前则为 193 个。

联合国加强国际社会法治。发展和尊重国际法、推动和实现国际法治是联合国的一项重要工作。联合国通过众多途径，包括联合国大会、安理会、国际法院等机构和大量国际法和国际条约推进国际法治建设。《宪章》确立了会员国的基本行为准则，国际法院依照国际法裁决会员国提交的法律争端，为联合国机关和专门机构提交的法律问题提供咨询意见。[①] 联合国还设有其他国际法院和国际法庭处理国际争端。[②] 众多国际条约、联合国大会和安理会决议、宣言、声明等涵盖大量国际关切，规范全球公域，规定了会员国应承担的法律责任和义务。通过国内、国际以及联合国自身三个层面的法治，国际社会在人权、发展和争端解决方面的国际法治取得了长足的进步和丰富的成果。

联合国促进和保护人权。《宪章》以“我联合国人民”名义制定，把“人权”列为仅次于“免战”的第二大目标，并七次提到人权。1948 年公布的《世界人权宣言》是第一份保护世界人权的法律文件，与《公民权利和政治权利国际公约》和《经济、社会与文化权利国际公约》（1966 年联大通过，1976 年生效）共同构成国际人权宪章。人权高专办和人权理事会是联合国系统负责促进和保护人权的主要机构。冷战结束后又提出“保护的责任”和人的安全，并且加强了人道主义援助和平民保护。

第四，联合国推动建立更加公平的国际经济和发展秩序。联合国通过实施 4 个发展十年、千年发展目标，制订 2015 年后发展议程，为促进世

---

① 目前有 70 个国家（不含中国）依照《国际法院规约》承认国际法院的管辖权具有强制性。此外，约有 300 项双边或多边条约或公约规定法院在解决关于这些条约或公约的适用或解释的争端方面具有管辖权。至 2014 年 12 月 30 日，共有 161 个案件进入法院总表。

② 主要有国际刑事法院、国际海洋法法庭、前南问题国际刑事法庭、卢旺达问题国际刑事法庭、塞拉利昂问题特别法庭、柬埔寨法院特别法庭、黎巴嫩问题特别法庭。

界经济发展和社会进步做了大量工作。

战后国际经济秩序主要以布雷顿森林体系为代表，通过国际货币基金组织、世界银行、关税及贸易总协定/世界贸易组织而建立。[①] 战后国际经济秩序由西方国家主导，存在大量不公正和不合理，造成南北差距和不平衡。

发展是联合国的三大支柱之一。联合国发展系统[②]开展了大量基础性工作，推动南北对话和南南合作，致力于建立公正、合理、平等的国际经济和发展秩序。联合国通过国际开发计划署、人口基金、儿童基金实施大规模发展援助，从1960到2000年连续实施4个发展十年战略，通过了一系列的纲领和行动计划，为联合国发展活动和业务提供战略指导。2000年联合国千年首脑会议通过《千年宣言》，据此制定的千年发展目标成为国际社会最全面、权威、系统的发展目标体系。联合国于2015年9月举行发展峰会，评估千年发展目标进展，并通过2015年后发展议程，推动可持续发展，积极应对气候变化等全球性挑战。

但是，国际秩序中联合国的中心地位面临重大挑战。与70年前联合国成立时相比，甚至与25年前冷战结束时相比，国际力量对比和国际格局已发生巨变，国际社会面临大量全球性问题和新威胁。2008年世界金融危机以后，国际秩序面临重大调整和变革。联合国面临的挑战，最主要的有两个方面：一是内部挑战，主要是缺乏民主和效率。最突出的是发展中国家和新兴大国的代表性和发言权不足，联合国在安全、发展、人权领域都存在工作效率不高的问题。二是外部挑战，主要是治理边缘化。比如国际安全治理，联合国在重大地区热点问题上往往靠边站，大国和地区组织往往扮演主角；又如世界经济治理，联合国在应对金融危机、制订经济规则方面的作用也不突出。

---

① 国际货币基金组织和世界银行是联合国的专门机构，属于联合国系统。关税及贸易总协定/世界贸易组织是独立于联合国的国际组织，但与联合国有工作关系。

② 联合国发展系统主要包括大会第二委员会、经社理事会、秘书处经社部、国际开发计划署等。

70年过去了，联合国依然是国际社会最具普遍性、代表性和权威性的政府间国际组织。未来国际安全和发展秩序，联合国理应维护核心地位和发挥主导作用。为此，联合国任重而道远，路径是三点：改革、治理、法治。

冷战后，中国积极参与维和行动。进入新世纪，中国积极参与和推动地区和跨地区国际组织的建立和发展。近年来，中国推出一带一路、亚投行、丝路基金等倡议和议程。2014年中国举办亚太经合组织峰会和亚信会议，提出亚太自由贸易区和亚洲新安全观等主张和建议。中国还提出共同体观、新安全观和新发展观，构建以合作共赢为核心的新型国际关系。这些倡议和主张，既是对《宪章》宗旨和原则的继承，更是重要的创新和发展，也是中国为地区和国际社会提供公共产品的一种努力。

联合国与新兴多边机制*

冷战结束后，特别是进入新世纪以来，国际社会出现大量新兴多边机制，其中比较有影响的包括二十国集团、金砖国家、亚太经合组织、上海合作组织、亚信会议、亚洲基础设施投资银行等。这些新兴机制在地区（包括跨地区和次区域）层面开展治理活动，应对国际社会出现和面对的新威胁和新挑战。

新兴多边机制的发展，一方面丰富了全球治理的内容，弥补了联合国在全球治理方面的不足；另一方面也对联合国在全球治理中的地位和作用形成挑战。加强联合国与新兴多边机制的合作，通过互动和互补，发挥各自的优势，将有利于全球治理机制的均衡发展。

一、新兴多边机制形成的背景

全球治理的转型为新兴多边机制的出现提供了环境和时机。新兴大国的崛起是新兴多边机制兴起的主要推动力。地区事务的嬗变是新兴多边机制蓬勃发展的重要条件。

---

* 原载中国联合国协会编：《联合国70年：成就与挑战》，世界知识出版社2015年版，第401—413页。

（一）全球（经济）治理的转型

长期以来，发达国家在贸易、投资、金融、技术等世界经济各领域居支配地位，一方面在经济总量上大大超过发展中国家，另一方面在世界经济治理中占有主导权。2008 年开始的美国次贷危机以及随后的欧洲主权债务危机是欧美发达国家经济和社会矛盾的一次总爆发，对西方国家的经济和社会发展带来很多负面影响，同时凸显现有全球治理机制存在的矛盾和缺陷。与此同时，以中国、印度和巴西等为代表的新兴经济体和发展中国家在经济和社会发展中表现抢眼，在世界经济中的份额和贡献不断提高，在世界经济治理中的影响和话语权也相应提升。发达国家与发展中国家的力量对比发生转折性变化，全球治理“从‘西方治理’向西方与非西方‘共同治理’转变”。①

全球治理转型主要包括三种方式：一是改革，如联合国、国际货币基金组织和世界银行已进行和有待进行的改革；二是转制，如二十国集团取代七国集团/八国集团成为世界经济治理的重心，又如关税及贸易总协定转变为世界贸易组织，欧洲共同体扩大为欧洲联盟，非洲统一组织转变为非洲联盟；三是创建，主要包括亚太经合组织、金砖国家、上海合作组织、亚洲基础设施投资银行等。

从全球治理转型的发展过程和趋势来看，治理主体将从单一向多元转变，即从国家和政府扩展到社会和市场，从政府间国际组织扩展到跨国公司和全球公民社会；治理方式从西方主导向全球共同治理转变；治理重心从安全治理向经济治理转移，一方面安全治理严重滞后，另一方面经济治理方兴未艾；治理层面从全球向国际和地区治理转变，特别是亚太地区成为治理热点；金融领域正成为全球和地区治理的突破口。

全球治理的转型一方面是新兴多边机制产生的客观环境和时机，另一

① 黄仁伟：“全球经济治理机制变革与金砖国家崛起的新机遇”，《国际关系研究》2013 年第 1 期。

方面也为新兴多边机制的产生提供了有利的条件和基础。

（二）新兴大国的崛起

冷战后尤其是新世纪以来，新兴国家的经济发展成为世界经济的亮点，在经济增长、总量和增量等方面都有大幅提升。在这一过程中，中国、印度和巴西这 3 个新兴经济大国的表现尤其突出。这些国家采取不同于西方发达国家的发展模式和道路，同时将本国的经济发展与全球经济紧密联系在一起，单独或联合发挥重要的地区和全球影响力。中国积极推动上海合作组织、东盟 +3、东亚峰会、亚信会议等地区和跨地区机制的建立和发展，提出“一带一路”倡议，并牵头组建亚洲基金设施投资银行和丝路基金等，通过这些多边机制和公共产品，中国的影响力持续上升。印度和巴西则寻求通过成为区域性领导者的途径来增强其全球雄心，如印度加强了南亚区域合作联盟的作用，提出“季风计划”，试图在南亚和印度洋地区确保其主导地位。在巴西的倡导下，相继成立了南方共同市场和南美国家共同体。

与此同时，新兴大国因为在全球治理的重大议题和议程上有共同或相似的利益，一方面对现有全球经济治理体系提出温和的改革要求，如在国际货币基金组织和世界银行要求增加份额，在联合国提出入常要求；另一方面积极参与或创立新兴治理机制，如通过二十国集团峰会与发达国家共同治理，建立金砖国家合作机制、印巴南对话论坛等从而开展跨地区南南合作治理，并在世界贸易组织多轮贸易谈判和国际气候变化谈判中组成“南南联盟”协调立场。

（三）地区事务的嬗变

冷战结束后，亚非欧美 4 个大陆的地区国际关系都发生重大变化，但经历了各不相同的发展轨迹，其中亚洲地区的变化最为迅猛、复杂、多样。

亚洲地区国际关系的一大特点是次区域众多，碎片化严重。由于各次区域力量格局、安全挑战、发展特点各异，东北亚、东南亚、南亚、中亚因此形成各有特色的多边框架、机制和安排。

东北亚地区由于冷战遗留的固有结构和传统问题（如朝鲜半岛分裂、岛屿主权争端、美日美韩同盟等）依然存在，区内国家利益诉求差异大，冷战后未能形成本地区专属的多边机制。东北亚核心国家（中国、日本和韩国）参加的亚太经合组织、东亚峰会、东盟地区论坛、“10+3”等更广泛和官方的多边机制并不主要涉及东北亚地区相关议题，半官方和非官方的亚太安全合作理事会、东北亚合作对话会、香格里拉对话等机制，或议题广泛，或力所不及。专门解决半岛核问题的六方会谈本来最有希望发展成为东亚地区安全合作机制，但经过六轮会谈，自2009年朝鲜退出后一直未能复会。在东北亚地区安全合作机制难以短期内建成的情况下，中日韩在经济贸易、人文交流或安全领域某些议题上形成多边机制将是更可能的前景。

东南亚地区国家的规模、力量和发展水平总体上相近。与东北亚地区未能建立多边机制相比，东南亚地区被认为是多边机制发展比较成功的地区。冷战结束后，东南亚国家联盟（东盟）不仅成员扩大至区内所有国家，[①] 启动自由贸易区，提出东盟共同体目标，而且成立东盟地区论坛、“10+3”、对话伙伴关系等以东盟为中心和主导的一系列地区合作机制，并积极参与亚太经合组织、亚欧会议、东亚峰会、亚信会议等跨地区的多边合作平台。东盟在多边合作方面取得的积极进展除了因为在内部创造条件和积极推动，也与整个东亚地区缺少有效多边机制的环境和利用大国平衡的外交有关。

南亚地区国际关系的基本特点是印度独大、印巴对立、安全和发展难题众多。南亚地区的主要多边机制是南亚区域合作联盟（南盟），以及印度和斯里兰卡加入的环印度洋区域合作联盟。南盟自1985年成立以来发

---

① 2002年独立的东帝汶尚未加入东盟。

展缓慢，但近些年加快了合作和开放步伐，如通过《南亚自由贸易区框架协定》，吸收阿富汗为新成员国，接纳中、日、韩等9个国家为观察员国。南亚地区多边机制的发展主要取决于两个因素：一是印度是否积极推动，承担起作为南亚主导国家的领导责任，并对区外国家的参与持开放态度；二是印巴关系能否得到改善。

中亚地区又是一番景象。从上海五国会晤机制发展而成的上海合作组织（上合组织），从最初的加强边境地区信任和裁军谈判发展为新型地区合作组织，从开始重点开展打击三股势力的合作发展为安全、经济、文化的多方位合作。上合组织倡导和坚持的互信、互利、平等、协商、尊重多样文明、谋求共同发展的“上海精神”开启了新型地区合作模式。上合组织很好地在扩大和深化之间保持平衡，有利于中俄两个大国之间的战略协作，也有利于中亚地区的安全稳定和务实合作。

总体来说，在亚洲，东北亚和南亚地区多边机制发展相对落后和困难，东南亚和中亚地区则较为顺利和成功。

二、主要新兴多边机制的发展

近年来出现的新兴多边机制具有几个明显特点：一是发展中的大国和中等国家在其中的地位和影响上升，与西方国家共同开展全球经济治理；二是新兴大国加强合作，建立起自己的跨地区合作和治理机制；三是亚洲地区开始探索地区和全球治理的新途径和新方法。

（一）二十国集团（G20）与集体协调治理

G20现已成为全球经济合作的主要平台，努力从危机应对的短期行为转变为全球经济治理的长效机制，其目标是要成为世界经济的稳定器、全球增长的催化器、全球经济治理的推进器。

G20全球经济治理的主要特点是通过集体协调实现全球治理。这种协调主要体现在几个方面：第一，政治协调，即发达国家与新兴发展中国家之间的协调。G20 拥有全球 2/3 的人口，经济总量占全球 GDP 的 90%，贸易规模占全球总额的 80%。G20 中发达国家和发展中国家各占一半。G20 是第一个让发达国家和发展中国家能够相对平等地进行协商对话的机制和平台，通过财政、货币、汇率、贸易等方面开展宏观经济政策协调，共同促进世界金融稳定、推动国际金融体系改革、维护多边贸易体制、确保世界经济增长。第二，跨地区协调。G20 协调在广泛性上处于全球协调和地区协调之间。联合国和三大世界经济组织因其成员的广泛性，具有全球协调的特点，但因成员广泛、利益分散、机制滞后，已越来越显示出其协调和治理的局限性。以欧盟、亚太经合组织、北美自由贸易协定为代表的地区协调，其效力和影响主要局限于所在地区。G20 成员来自各个大陆，成员只占全球的 1/10，但因其在全球经济、贸易、金融中的份量，其协调和治理对世界经济增长和国际金融稳定无疑具有指导性意义和决定性作用。第三，非机构性协调。G20 目前仍然是布雷顿森林体系框架内的非正式对话机制，但它的影响和作用不断上升。不同于国际货币基金组织（IMF）、世界银行（WB）、世界贸易组织（WTO）、经济合作与发展组织（OECD）等正式机构，G20 没有正式条款和永久性机构，它主要通过公报或宣言的形式发表首脑会议、财长或央行行长会议达成的协议和承诺。G20 没有正式的执法机制，不能强制实施，因此这些协议和承诺没有约束力，但会在下次峰会之前进行审议。

中国是 G20 的创始成员、2005 年的 G20 主席国，并将担任 2016 年主席国。历届峰会上中国都提出了全球经济治理的理念以及中国政府采取的相关措施。在 2014 年布里斯班峰会上，中国领导人提出创新发展、联动增长、利益融合等理念，创新发展方式、建设开放型世界经济、完善全球经济治理等建议，以及包括一带一路、亚投行、丝路基金等措施。①

① “推动创新发展实现联动增长”，习近平在二十国集团领导人第九次峰会第一阶段会议上的发言，2014 年 11 月 15 日布里斯班，外交部网站 http：//www.fmprc.gov.cn。

（二）金砖国家合作的政治与战略意义

金砖国家以经济合作起步，但它的意义和影响不仅在经济领域，甚至主要不在经济领域。随着金砖合作的深入，它的政治意义和战略影响将越来越显现。

金砖合作对于国际秩序的重建和国际格局的重组具有重要的政治和战略意义。以金砖国家为代表的新兴经济体和发展中大国的崛起，对长期以来美欧主导的国际秩序和国际格局形成很大的冲击。第一，国际经济秩序形成改革之势。新兴经济体在扩大世界经济中比重的同时，谋求更重要的国际经济地位，在国际经济规则制定、话语重建、议程设置等方面开始施加更大的影响，从而对长期以来美欧主导的国际经济秩序形成冲击。金砖国家对国际货币基金组织的份额、世界贸易组织的领导人选提出了自己的要求。金砖国家开发银行和外汇储备库的建立意味着发展中的大国开始谋求国际金融的自主权、独立性和主动权。第二，全球治理机制形成革新态势。国际社会面临恐怖主义、金融危机、气候变化、环境保护、国际能源等全球性问题、威胁和挑战，美欧国家无力单独或通过自己的方式应对和解决，而需要金砖国家这样的发展中大国的配合、帮助和支持。金砖国家在全球贸易体制、国际金融秩序、国际气候变化、地区安全问题、联合国改革方面提出的主张和采取的行动，将给现有全球治理机制的革新带来动力和压力。第三，国际力量格局加快转型进程。发展中国家的群体性崛起使国际力量对比发生重大变化，这一变化与20世纪60—70年代亚非拉国家独立和兴起相比更具有根本性的意义。国际政治、经济/金融、安全力量对比更不平衡，国际格局向多元化、地区化的方向发展，多极化和民主化更加深入，更注重对规则、议程和话语权的争夺和控制。

金砖合作对于构建新型南北关系具有重要的政治和战略意义。金砖国家的兴起改变了传统南北关系的形态，发展中国家与发达国家的关系出现新的特点：第一，发展中国家成为世界经济增长的主要动力。长期以来，美欧等发达国家是世界经济的支配性力量，但随着金砖国家的兴起，发展中国家在国际分工中的地位和国际市场中的份额不断提高，特别是中国和印度持续和强劲的增长势头成为世界经济的亮点，也在美欧经济面临危机和衰退时为世界经济的增长提供了动力。第二，发展中国家的资源和增长优势与发达国家的结构和制度优势形成既竞争又合作的态势。发展中国家是世界上原料和资源的主要产地和供应者，在生产和贸易领域的优势越来越明显。但发达国家仍掌握着核心技术和国际金融的主导权，拥有人才和制度优势，是现有国际经济秩序的主要受益者。在国际生产、贸易、投资等传统领域，双方仍以合作为主，但金砖国家正对美欧国家在国际金融、贸易规则、发展议程、治理话语等领域的主导权提出挑战，竞争的态势更加明显。第三，发展中国家努力摆脱发达国家的控制，寻求适合自己的发展模式，独立性增强。许多发展中国家在摆脱殖民统治实现政治独立后，在经济上仍依赖于发达国家。随着经济上的自主性和独立性的增强，大量发展中国家在社会上仍受发达国家的影响。经过长期的探索，越来越多的发展中国家不是照搬而是开始寻求适合本国国情和特点的发展道路和模式，正从政治独立向经济和社会独立发展。

作为新兴经济体和发展中国家的集团，金砖国家不仅需要在全球经济治理领域协调彼此的利益和立场，更重要的是在国际和平与安全问题上开展全面合作，实质性地推进国际关系的民主化和多极化，把民主化和多极化理念转化为国际关系的规范和原则，把经济力量转化为一种政治和战略力量。

（三）亚洲新兴多边机制的包容、开放和创新发展

亚洲除了冷战后在东北亚、东南亚、南亚、中亚等次区域形成和发展的大量多边机制外，近年来，主要涉及亚洲的若干多边机制在中国的推动下取得新的和长足的发展，其中表现最为突出的是丝绸之路经济带和海上丝绸之路（“一带一路”）、亚洲相互协作与信任措施会议（亚信会议）和亚洲基础设施投资银行（亚投行）。

这些多边机制的显著特点是包容性、开放性和创新性。包容性是指多

边机制发展的利益和好处能惠及所有国家，让不同制度、不同文化、不同发展水平的国家在多边机制内获得共同发展。开放性就是允许区域内外的国家通过不同方式参与多边机制的活动，并且与其他多边机制实现互补，而不是互相排斥。创新性就是根据本地区的特点，以不同于其他多边机制的理念、模式和机制开展合作，实现互利共赢。

中国提出“一带一路”的理念和倡议，就是希望把中国的发展经验和优势与沿线60多个国家的发展特点和要求结合起来，通过基础设施的互联互通、发展战略的相互对接，坚持共商、共建、共享，共同打造政治互信、经济融合、文化包容的利益共同体、责任共同体和命运共同体。“一带一路”是一个跨地区的合作倡议，对沿线所有国家和地区开放，并且可以与现有的地区合作机制对接和共存。“一带一路”是区域合作和南南合作的新模式，把国家战略与南南和可持续发展议程相结合，从经济合作提升为区域治理，以互联互通打造发展共同体和南南命运共同体。

中国倡议成立的亚投行是一个多边开发机构，重点服务于“一带一路”的基础设施建设。亚投行具有很强的包容性和兼容性，其创始成员国包括亚洲37个国家和域外20个国家，以亚洲发展中国家为主，但也涵盖了美国、日本和加拿大之外的主要发达国家，并且继续向其他国家开放，通过各种方式参与。亚投行的业务与亚洲开发银行、世界银行的工作存在竞争，但也可以互补和协作，共同为亚洲基础设施建设服务。亚投行也是亚洲发展中国家在金融合作领域的一个创新发展，开创了地区金融合作和治理的新模式。

中国担任2014年至2016年亚信会议轮值主席国。亚信会议的26个成员国横跨亚洲各区域，涵盖不同制度、不同宗教、不同文化、不同发展阶段，具有广泛的代表性和包容性。亚洲地区安全威胁和挑战多样，各国的利益诉求和安全关切不同，一些次区域还存在这样那样的安全难题。因此，亚洲特别需要一种包容、开放和创新的理念和机制，即通过积极倡导共同、综合、合作、可持续的亚洲新安全观，推动亚信成为覆盖全亚洲的安全对话合作平台，并在此基础上搭建地区安全和合作新架构，努力走出一条共建、共享、共赢的亚洲安全新路子。

三、联合国与新兴多边机制的互动

联合国是最具普遍性、代表性和权威性的政府间国际组织，也是多边主义和全球治理的核心机制。以二十国集团和金砖国家为代表的跨地区新兴多边机制和以亚投行、亚信会议为代表的亚洲地区新兴多边机制充满活力，反映了全球和地区治理的客观要求和发展趋势。联合国与二十国集团、金砖国家、亚洲新兴多边机制的合作，可以为多边主义带来新的发展动力，使全球治理机制更趋合理和完善。合作共治、发展共享、秩序共建是联合国与新兴多边机制互动的关键。

（一）合作共治

联合国与二十国集团在全球经济治理中既有竞争，更有合作。它们反映了全球经济治理中两种不同的取向和特性，即联合国体现全球经济治理中的普遍性和平等性，而二十国集团则强调全球经济治理中的效率和效力。二十国集团代表了世界经济的主流和主体，是世界最重要经济体之间进行非正式对话的一个新机制，但它并不具有普遍性，其结构和组成将大部分国家排除在外，其决策过程也缺乏透明度和问责制。联合国是全球经济治理的传统机制，其成员具有普遍性和代表性，其治理主要通过联合国系统内的相关组织、机构、项目和活动进行。

联合国特别是联合国大会是建立在主权平等原则基础上的机制，每个国家的声音都会被给予平等的分量。联合国大会可以成为二十国集团和非二十国集团的联合国会员国之间加强互动、协调行动的场所和平台。为了使二十国集团与其他国家在联大的互动更加有效和正规化，第 67 届联大主席耶雷米奇曾提出以下建议：邀请联合国秘书长出席二十国集团峰会；邀请联合国官员出席二十国集团筹备会议；二十国集团轮值主席国的筹备官员在峰会前后向联大通报情况；在联大全会就二十国集团的工作重点举行主题辩论；联合国秘书长及筹备官员与联大会员国在二十国集团峰会前后举行公开磋商。[①]

二十国集团峰会为国际社会合作应对国际金融危机、推动世界经济复苏发挥了重要和积极作用。联合国是最具权威和代表性的多边机构。加强二十国集团与联合国的协调合作，有助于加强全球经济治理体系的平衡，有助于世界经济的可持续增长，有助于反映中小国家的合理关切，从而也有助于实现对全球经济的合作共治。

（二）发展共享

联合国与金砖国家可以共享发展理念、经验和议程。2014 年金砖国家启动新一轮合作，将“致力于继续建设性应对全球经济和金融挑战，在促进可持续发展、包容性增长、金融稳定、更具代表性的全球经济治理方面发出强有力的声音”。[②] 2015 年联合国发展峰会启动 2015 年后发展议程，有望“凝聚政治共识，用新型发展观指导全球发展方向；推动构建全面、均衡的国际发展合作架构，完善全球发展伙伴关系；推动南北合作，加强南南合作，实现共同发展”。[③] 因此，这是联合国与金砖国家实现共享发展的重要契机。

一方面，金砖国家可以借助联合国的机制和平台，加强在全球性问题上的协调配合，提高在全球治理中的地位和影响。特别是联合国贸易和发展会议，作为联合国系统唯一综合处理发展和贸易、投资、金融、技术和

---

① 第 67 届联大主席在“联合国与全球经济治理”主题辩论会上的开幕致辞，2013 年 4 月 15 日，纽约，http：//www. un. org/en/ga/president/67/statements/statements/April/governance15042013. shtml。

② 《金砖国家领导人第六次会晤福塔莱萨宣言》，2014 年 7 月 15 日，外交部网站，http：//www. fmprc. gov. cn。

③ “2015 年后发展议程中方立场文件”，2015 年 5 月 13 日，外交部网站，http：//www. fmprc. gov. cn。

可持续发展领域相关问题的核心机构，在应对发展挑战方面的工作具有独特性和必要性，是金砖国家在联合国可以积极利用并发挥集体影响力的重要机制。

另一方面，联合国可以通过金砖国家合作的示范效应，积极推动可持续发展和新时期的南南发展合作。联合国可以利用其全球性、代表性和权威性的优势，发挥其统筹协调的作用，调动以金砖国家为代表的新兴多边机制和变革力量与联合国发展系统、各专门机构、基金和方案的发展资源，加以整合，推动国际发展合作，提高全球发展治理架构的合法性和有效性。

（三）秩序共建

亚洲地区具有发展多样性和安全复杂性的特点。在亚洲 4 个主要次地区，即东亚、南亚、西亚和中亚，发展和安全的环境、问题、挑战各不相同，因此地区合作机制需要升级、整合和创新，以形成次地区、地区和跨地区的亚洲秩序。在这一过程中，联合国可以与亚洲新兴多边机制合作，共同致力于建设亚洲安全和发展新秩序。

以“一带一路”为例。作为一个沿线以亚洲国家为主，其他大陆国家参与的跨地区发展合作倡议，有可能塑造亚洲发展的新秩序，可以通过联合国的机制和平台更好地推动。一是在联合国大会讨论“一带一路”，达成共识，成为联合国大会的议程和决议，从而得到更多会员国的认可、支持和参与。二是与可持续发展议程对接，使“一带一路”建设更好地为沿线国家和地区经济、社会、生态的可持续发展和协调发展服务。三是把“一带一路”打造成南南合作的典范，把“一带一路”建设的倡议和构想提升为新南南合作的政策和方案。

又以亚信会议为例。亚信峰会是哈萨克斯坦总统纳扎尔巴耶夫于 1992 年 10 月在第 47 届联合国大会上提出的地区性安全对话和合作论坛，联合国作为观察员参加亚信峰会。作为亚洲覆盖范围最大、成员数量最多、代表性最广的地区安全论坛，亚信会议积极倡导共同、综合、合作、可持续的亚洲安全观，搭建地区安全和安全新架构，走共建、共享、共赢的亚洲安全之路，亚信会议有希望发展成为亚洲安全新秩序的基础。亚洲国家可以在理念和行动上为联合国主导的全球安全治理做出贡献，同时，联合国也可以为亚洲安全秩序的构建提供平台和途径。以维护和平行动为例，派遣维和人员最多的是3个南亚国家（孟加拉国、巴基斯坦、印度），分摊维和费用最多的10个国家中，有3个东亚国家（日本、中国和韩国）。在联合国框架下，亚洲国家（特别是东亚国家和南亚国家）加强在维和行动中的合作，将是增进互信也是建设地区秩序的有效途径。

四、结论

联合国已走过70年的路程，但依然是全球治理和多边主义的核心。二十国集团、金砖国家以及亚洲地区的新兴多边机制方兴未艾，充满活力。联合国具有的普遍性、代表性、组织性，使联合国在全球安全和发展治理中发挥着主导作用，但也面临各种挑战和问题。新兴多边机制的特点是地区性、非正式性、非组织性，在全球治理中可以发挥补充作用。联合国与新兴多边机制的合作和互动，将有利于全球治理朝着更均衡、有效的方向发展。

联合国与国际法治建设*

发展和尊重国际法、推动和实现国际法治是联合国的一项重要工作。通过国内、国际以及联合国自身三个层面的法治，国际社会在人权、发展和争端解决方面的国际法治取得了长足的进步和丰富的成果。联合国通过众多途径，包括联合国大会、安理会、国际法院等机构和大量国际法、国际条约推进国际法治建设。从 1992 年开始，联合国大会将法治纳入议程。自 2006 年以来，每年联大都会通过专门的法治决议。特别是 2012 年 9 月，第 67 届联大专门召开国际法治高级别会议，会议通过的宣言指出，“法治是各国间友好平等关系的基石”。联合国 70 年的历史表明，法治是实现持久和平、促进持续发展、有效保护人权的根本。正如前联合国秘书长安南指出的，法治是联合国的核心概念。

联合国在国际法治中的作用主要表现在以下几个方面：

第一，联合国推动国际法治的主要目标是实现国际关系的法治化和建立以法治为基础的国际秩序。在以主权国家为基础而构成的国际社会，由于力量和利益的不同，国家之间的矛盾、分歧和冲突总是难以避免，但是，从以武力和战争手段变为通过政治和法律途径解决国际争端，以国际法治制约权力政治是人类文明和进步的标志。联合国是运用政治和法律方式协调和处理国际关系的主要平台和机制。联合国一直倡导公正安全、公平发展的理念，以法治规范国家行为、约束国家权力、平衡国家利益，旨

---

* 原载《中国社会科学报》2015 年 9 月 18 日。

在推动国际关系的法治化。国际力量对比的变化、国际格局的变动导致国际秩序的变革。联合国是国际秩序的基础性、稳定性和建设性力量，有独特的条件、优势和资源在国际秩序的重建中发挥主导作用。2000 年联合国《千年宣言》等一系列有关国际法治的标志性文件多次重申要建立和维护“一种以法治和国际法为基础的国际秩序”，确立以公正和平等为核心价值、以规则而不是以权力为导向的国际秩序。

第二，《联合国宪章》（以下简称《宪章》）是国际法治的核心和基础。《宪章》不仅是联合国的组织章程，也是国际社会的“宪法”，是一份国际法文件。《宪章》提出“以和平方法且依正义及国际法之原则”维护国际和平与安全，确立了国际关系中法治的原则、价值和精神。《宪章》倡导和确立的和平解决国际争端原则和禁止使用武力原则是国际法治的出发点。在《宪章》基础上形成的多边国际秩序、集体安全机制、基本行为规范、共同价值观念成为战后和平与安全的基本保障，避免了大国之间的战争，又保证了中小国家参与国际事务。但是，《宪章》倡导的宗旨和原则未能得到全面遵守和有效实施，甚至被践踏。在 70 年国际关系实践中，以战争手段解决国家间争端、使用武力达到目的、干涉他国内政以及大国入侵小国的现象很严重。因此，在《宪章》签署和生效 70 周年之际，有必要重申国际社会弘扬《宪章》精神和维护《宪章》权威的决心和意志，呼吁成员国遵守《宪章》的宗旨和原则。同时，着手对《宪章》的某些条款进行修改，对某些机关进行改组。

第三，联合国安理会在国际法治中具有特殊的地位和作用。《宪章》赋予安理会维护国际和平与安全的首要责任，以及合法使用武力的特殊权力。安理会 5 个常任理事国是对结束二战贡献最大、当时最强大的 5 个国家，拥有否决权，因此需要从法律和政治相结合的角度来理解安理会在国际法治中的地位和作用。以法治原则维护国际和平与安全意味着安理会将依《宪章》确立的国际法原则行使权力：一方面，安理会的决议具有权威性和约束力，所有会员国有履行安理会决议的法律义务；另一方面，安理会采取的强制行动和授权采取的武力行动要符合法治要求，安理会从事的立法活动和司法活动应基于国际社会的共同利益，服从法治原则。安理会的效力取决于大国（常任理事国）通过和采取联合行动，也有赖于其他会员国对安理会合法性的认同和支持。可见，安理会体现了国际关系中法治和权力的相互作用，关于安理会改革的任何方案也应以此为出发点。

第四，编纂和执行国际法、促使会员国普遍签约和履约是联合国在国际法治中的基本功能。联合国大会的决议具有立法、立规、立德功能，在国际社会倡导全球性和普遍性的价值和理念、规范和规则、议程和方案。大会第六委员会（法律）和国际法委员会分别是大会处理法律问题的主要机构和专门机构。安理会采取的行动，包括维持和平、建设和平、特设法庭、制裁和决议等具有国际法效力，对会员国有法律约束力。国际法院是联合国的主要司法机关。联合国还建立内部司法系统以加强自身法治。联合国对会员国提供法律技术援助，特别是帮助冲突后社会重建法治。由联合国秘书长保存的560多份国际条约文书涉及人权、裁军、贸易、难民、环境、海洋法等广泛领域的国际法治。国际条约的生效和履约是联合国在国际法治方面面临的最大挑战，为此联合国自2000年开始每年在联大开幕之际举行“联合国条约周”活动，鼓励各国政府和领导人签署、批准和加入国际条约，以推动会员国对国际条约的普遍参与和执行。

第五，联合国在推动国际争端的司法解决方面不断取得进展。通过法律解决国际争端是《宪章》规定的和平解决争端的方式和途径之一。作为联合国的主要司法机关，国际法院依国际法对当事国提交的争端做出有法律约束力的判决，即诉讼管辖，并对联合国机关和专门机构提交的法律问题提出没有法律约束力的咨询意见，即咨询管辖。目前约70个国家依照《国际法院规约》承认法院的管辖权具有强制性，约300项双边或多边条约或公约规定法院在解决关于这些条约或公约的适用或解释的争端方面具有管辖权。截至2014年12月30日，共有161个案件进入法院总表，涉及领土和海洋争端、侵犯领土完整、灭绝种族、核军备竞赛等。由安理会设立的众多国际法院、国际法庭、特别法庭从事司法活动。国际刑事法院、国际海洋法法庭、世界贸易组织争端解决机制都是独立于联合国的司法实体，却体现了司法管辖在范围和效力上的发展趋势。

未来，联合国在国际法治中的作用将主要体现在国际秩序和全球治理两个方面，即致力于建立法治为基础的国际秩序和实现全球治理的法治化。

自2014年以来，中国政府和领导人多次强调要坚持国际法治。2014年6月28日，习近平主席在和平共处五项原则发表60周年纪念大会上指出“我们应该共同推动国际关系民主化、法治化、合理化”。同年9月27日，王毅外长在第69届联大一般性辩论会上发言，题为“共谋和平发展，共守法治正义”。10月24日“联合国日”时，王毅外长又在《光明日报》发表题为“坚持推进国际法治，促进国际公平正义”的文章，指出“中国是国际法治的坚定维护者和积极建设者”，认为推进国际法治，一要强国际法治之基，二要固国际法治之本，三要弘国际法治之义，四要立国际法治之信。

中国的发展需要联合国，联合国的强大也需要中国。无论是全面推进依法治国，还是积极倡导新型国际关系，都需要中国与联合国合作，在国际法治建设中不仅做维护者和建设者，更要做贡献者和引领者。

重塑核心地位，联合国应全面改革*

2015年是联合国成立70周年。在过去70年里，联合国一直是国际秩序和全球治理中的积极因素和建设性力量。然而，近年来，国际秩序的去中心化和全球治理的碎片化正变得越来越明显。作为国际社会最具普遍性、代表性和权威性的政府间国际组织，联合国若想重塑核心地位，变得更加民主、高效、强大，需要全面、平衡地推进改革。

一是回归《联合国宪章》的精神，重树《宪章》的权威。《宪章》是国际社会的“宪法”，联合国大会应利用《宪章》签署和生效70周年之际，通过决议，重申国际社会维护《宪章》精神和权威的决心和意志，呼吁成员国遵守《宪章》的宗旨和原则。同时，着手对《宪章》的某些条款进行修改，对某些机关进行改组。

二是机构改革。联合国改革的重心是6六个主要机关：要加强联合国大会的立法、立规、立德功能，倡导全球性和普遍性的价值和理念、规范和规则、议程和方案；安理会要增加代表性，提高工作效率，关键是提高行动能力；经社理事会应围绕发展和治理，整合现有机构和功能，更好地为可持续发展和全球治理服务；托管理事会已不再运作，需要加以改组；秘书处应加强竞争、透明度和责任；提高国际法院通过法律方式解决国际争端的能力。

三是与新兴多边机制合作完善全球治理体系。全球治理的转型、新兴

* 原载《环球时报》2015年8月4日。

大国的崛起、地区事务的嬗变是多边机制兴起的环境、动力和条件。以二十国集团和金砖国家为代表的跨地区多边机制和以亚投行、亚信会议为代表的亚洲地区多边机制充满活力，反映了全球和地区治理的客观要求和发展趋势。联合国与这些新兴多边机制的合作共治、发展共享、秩序共建，可以使全球治理机制更趋合理和完善。

四是发挥非政府组织和民间社会的作用。《宪章》以“我联合国人民”名义制定，把“人权”列为仅次于“免战”的第二大目标，并 7 次提到人权。最近 10 年，联合国提出“保护的责任”和人的安全，设立人权理事会，成立建设和平委员会，加强人道主义援助和平民保护，说明联合国改革取得的最大进展和成果就体现在人权方面。

五是加强国际法治，完善现有国际法体系，以平衡权力政治和国家利益。法治是实现持久和平、有效保护人权、促进持续发展的根本。在以主权国家为主的国际社会，从以武力和战争手段转变为通过政治和法律途径解决国际争端是人类文明和进步的标志。联合国倡导和确立的和平解决国际争端原则与禁止使用武力原则是战后及未来国际秩序的根本。联合国应强化以法治为基础的国际秩序，提高通过法律方式和途径处理和解决国际争端的能力。

日本在入常的道路上正越走越窄*

联合国秘书长潘基文代表联合国出席2015年9月3日在北京举行的“中国人民抗日战争暨世界反法西斯战争胜利70周年”纪念活动，日本政府官员对此多次无端发出批评、指责和抗议，这只能说明日本一些人对二战、对联合国、对战后国际秩序的无理和无知。日本是唯一对潘基文来华出席纪念活动表示不满的国家，这也反映了日本一种失败和失衡的心态。近年来，日本一直在努力争取入常，如果连联合国的性质和使命都缺乏正确的理解和态度，试图入常岂不是滑天下之大稽。

联合国是二战胜利的成果和体现，也是战后国际秩序的基石。中国为取得抗日战争的胜利付出了巨大牺牲，为赢得世界反法西斯战争做出了重大贡献。正因如此，中国成为联合国安理会常任理事国，与其他安理会成员国一起担任起维护世界和平与安全的首要责任。中国举行纪念活动，就是为了同世界各国人民一道，铭记中国人民抗战和世界反法西斯战争的历史、缅怀先烈、珍爱来之不易而更加需要加倍维护的和平、开创更加和平光明美好的未来。如果说日本领导人缺席纪念活动，从而失去了一次反省历史和获得重生的良机，那么日本指责联合国秘书长出席纪念活动，则只能说明日本对二战为何发生和如何结束、对联合国的宗旨原则和使命、对战后70年国际和平与安全秩序的一种无知和无理。

联合国秘书长是联合国的行政首长，其职责是实践联合国的理想和信

---

* 原文题为“日本知道什么是联合国吗”，《环球时报》2015年9月9日。

念、遵行联合国的宗旨和原则、维护联合国的价值观念和道德权威。潘基文秘书长出席纪念活动正是为了和平与正义而来，也是履行其职责。

二战结束70年了，但作为战败国的日本，未能像另一个战败国德国那样深刻认识教训，真诚忏悔，从而获得昔日受害国和国际社会的谅解，相反，日本甚至在二战历史问题上屡次挑战人类良知和国际公理。潘基文秘书长参加包括阅兵在内的纪念活动，正是为了国际社会能够吸取历史教训，创造光明未来。在纪念胜利、防止再战、开创未来这样的重大原则和大是大非问题上，潘基文秘书长选择了和平、正义和公平，而不是中立。

长期以来，日本是世界第二大经济体，在联合国的会费和维和费用分摊上排第二位，日本据此提出入常要求。但是，交纳会费和维和费用是会员国根据有关原则进行测算而应尽的义务，而且应该看到，日本的分摊率在不断下降，未来3年（2016—2018年）将首次低于10%。

更为重要的是，日本要明白：安理会是历史和时代赋予的一种特别责任，作为安理会常任理事国，需要有对国际社会的政治责任和担当，有维护和平与安全的责任和能力，更要在人类良知和国际公理上做表率。如果日本对联合国的性质和使命没有一个基本的理解、对联合国的宗旨和原则没有一个真正的认同、对联合国秘书长的工作和职责没有一个正确的态度，那么日本意图入常只能是天方夜谭。

日本入常为时尚早*

2015 年是联合国成立 70 周年，联合国改革特别是安理会改革再成热门话题。不久前，由日本、印度、德国和巴西组成的四国集团向联合国大会提交安理会改革新方案，提出将常任理事国从目前的 5 国增至 11 国，非常任理事国从目前的 10 国增至 14 国或 15 国，新常任理事国的否决权可以先冻结 15 年。围绕安理会改革的新一轮角逐拉开了序幕。

10 年前，四国集团曾"抱团取暖"，希望推动在联合国大会投票表决安理会改革方案，但因为预估到没有足够多成员国的支持，四国集团的方案在联合国大会"无疾而终"。10 年间，联合国改革有所进展。安理会改革已从联合国秘书长的推动，转移到联合国大会成员国政府间谈判。

联合国需要改革，安理会需要更有权威性和代表性、更富效力和效率，这是国际社会的共识。但如何改革，是否增加新的常任理事国，即使要增加新的常任理事国，哪些国家有资格，席位如何分配，是否拥有否决权，什么时候拥有否决权，成员国之间远未达成一致意见。从谈判进展来看，扩大安理会规模，更现实和能够得到多数国家支持的是增加非常任理事国，或设立长任理事国（任期更长的非常任理事国）。

在"入常"问题上，日本则是最富争议性的国家。日本于 1956 年加入联合国，在过去的 59 年中，日本对联合国做出了多方面的贡献：日本是联合国会费和维和费用的第二大捐助国，占 10.8%；日本还自愿捐助

* 原载《环球时报》2015 年 5 月 19 日。

联合国的一些项目和活动，如抗击埃博拉病毒；日本已 10 次当选非常任理事国等等。日本为联合国所做的贡献，我们应该看到，也值得肯定和赞赏，但这些还远不足以证明日本现在有资格和能力担任安理会常任理事国。

联合国是二战胜利的产物，安理会负有维护世界和平与安全的主要责任，5 个常任理事国及其否决权既是因为它们在结束二战过程中的杰出贡献和巨大牺牲而给予的一种特殊权力，更是历史和时代赋予它们的一种特别责任。作为安理会常任理事国，需要有对国际社会的政治责任和担当，有维护和平与安全的意愿和能力，有外交上的自主性和独立性，还要在人类良知和国际公理上做表率。日本是二战的发起国和战败国，从日本领导人对二战历史问题的认知和外交上的表现来看，日本显然还有很大的差距。

虽然冷战时期的东西方对抗使安理会的权威和功能受损，但冷战后，安理会的活力和权威得到加强，在避免冲突、防扩散和裁军、维护和平、建设和平、保护平民、制裁、反恐等多方面积极履行责任。

具体就联合国改革而言，联合国 2005 年峰会的成果文件指出，要通过改革使安理会有更广泛的代表性、效率和透明度，以进一步加强其效力和合法性。安理会需要增加代表性，主要是增加来自发展中国家特别是非洲发展中国家的代表。亚洲的力量和影响已得到极大提升，在安理会中增加亚洲国家的代表的呼声也很高。目前在安理会中，亚洲国家有一个常任理事国，两个非常任理事国，而在亚洲，有在人口、面积、外交等方面比日本更能代表亚洲的国家。

无论是联合国改革，还是安理会改革，都有广泛的议题，不能把两者等同，也不能把后者简化为增加安理会常任理事国。2015 年联合国大会总结千年发展目标，并重点讨论和制订 2015 年后发展议程，希望条件还不成熟的安理会改革问题不要冲淡和削弱这一更为重要的议程。比起安理会改革，可持续发展更能团结成员国，实现联合国 70 周年口号提出的“联合国强大，世界更美好”这一目标。

潘基文的“三把火”*

俗话说新官上任“三把火”。联合国新秘书长潘基文上任已经“满月”，他三方面的工作给世人留下了深刻印象。

一是搭建新班子。潘基文上任伊始，即致函30多位联合国高官，要求其主动辞职、提前“下岗”，意在尽快实现联合国机构的“大换血”。随后他做出了几项重要的人事任命：先是确定秘书长“台前幕后”的两位“左右帮手”，由海地人蒙塔斯和印度人南威哲分别担任秘书长首席发言人和秘书长办公室主任；接着又任命了几位副秘书长；随后，又对有关机构进行调整，把维和事务部一分为二，分别负责维和行动和维和支援，把裁军事务部改为由他本人直接领导的裁军办公室。

二是会晤美国总统布什。2007年1月16日，潘基文离开纽约前往华盛顿对联合国总部的东道国进行“礼节性访问”。在与布什的会谈中，他表示“联合国与美国有共同目标”，希望得到美国的支持和合作，共同应对多样化的国际挑战。

三是出访欧非七国。1月23日至2月2日，潘基文先后在布鲁塞尔会见欧盟官员，在巴黎出席黎巴嫩重建国际会议。在日内瓦裁军谈判会议上发表致辞，在非洲视察维和部队、参加非盟首脑会议、接见联合国驻非洲总部的工作人员，在海牙访问国际刑事法院和国际法院。

从组建新团队、访问东道国、再到首次海外之旅，秘书长治“国”

---

* 原载《解放日报》2007年2月13日。

的基本思路和构想已初露端倪。

第一，改善联合国机构的管理和效率，重树各国对联合国的信心。潘基文打造的新团队具有几个鲜明的特点。一是提拔来自发展中国家的人选。秘书长最初任命的几位高官多数来自发展中国家；二是器重女性官员。秘书处的几个主要职位如秘书长首席发言人、常务副秘书长等都是女性；三是注意国家间平衡。如把维和事务部一分为二，分别由美国和法国负责。

第二，正确处理好联合国与美国的关系，重建美国对联合国的信任。回顾联合国的历史，我们不得不说“没有美国就没有联合国的今天”，美国是联合国最重要的创始会员国、联合国总部的东道国、联合国会费和维和费用的最大分摊国。同样，我们也可以说“没有联合国就没有今天的美国”，因为联合国已经成为美国实现其国家利益的基本手段之一。但是，冷战结束以来，美国与联合国之间的矛盾时隐时现，而美国在没有获得联合国安理会授权的情况下悍然发动伊拉克战争，更使两者的关系跌至低谷。美国现在已经认识到，与联合国合作可以更好地实现自己的利益和目标，而潘基文也深知，离开美国的支持，联合国难有作为。作为一个“美国通”和联合国历史上第一位来自美国盟国的秘书长，潘基文在协调联合国与美国的关系上具有先天的优势。

第三，致力于解决世界的安全、发展和人权三大问题，重振联合国在国际社会的威信。在安全问题上，秘书长通过机构调整，决心使秘书长本人在裁军和核不扩散领域发挥更大的作用：一是要推动实现防扩散和销毁核武器两大裁军目标；二是要提高维和行动效率。在发展问题上，潘基文强调非洲在实现千年发展目标上的特殊性。在人权问题上，新秘书长的主要挑战是能否促进世界人权事业上一个新台阶和落到实处，包括各理事国如何超越国家利益和区域利益，兑现“维护最高人权标准”的承诺等。

潘基文：丝绒手套里的铁拳？*

联合国秘书长潘基文正式上任已两月有余。他先是按惯例拜访了5个常任理事国，上任后立马组建潘氏团队，接着又出访海外七国，其足迹已遍布欧亚美非4个大陆。

可以说，潘基文是在世界充满动荡和不安中上任的。2006年10月9日，就在安理会正式决定推荐潘基文担任新一任秘书长的当天，朝鲜宣布进行核试验。12月30日，在潘基文正式上任的前两天，伊拉克前总统萨达姆被处以绞刑。这两个“下马威”预示着潘基文的工作不会轻松，他必须面对从安理会改革到非洲发展、从反恐防扩到建设和平等诸多挑战。

一、联合国：能威而有信吗

联合国是世界上最普遍、最广泛的政府间国际组织，有192个成员国。同时，联合国是一个庞大的系统，除了6个主要机构，还有12个附属机构和18个专门机构，其活动涉及到人类生活的各个方面。当前，世界面临多样化和跨国界的挑战。作为国际社会多边主义的主要体现和载体，联合国能否协调成员国政府共同应对这些挑战，将直接关系到联合国的前途。

---

* 原载《21世纪经济报道》2007年3月12日。

联合国的威信已受到一定程度的损害。美国在伊拉克的军事行动是在没有联合国的授权下进行的；在黎以冲突等地区热点问题上联合国难有所为；在反恐、防扩等重大国际安全问题上联合国并没有发挥主导作用；联合国未能防止南北差距的进一步扩大，也未能避免内部出现的腐败现象。

重树联合国的威信是一个系统工程，也许是潘基文面对的最大挑战。

二、联合国秘书处：能成为一个廉洁而高效的机构吗

安南秘书长于2006年3月7日发表《着力改革联合国：构建一个更强有力的世界性组织》的报告。这份报告勾勒出今后3年至5年秘书处管理改革的宏大愿景，就加强人力建设、提高领导能力、提升信息和通信技术、探索提供服务的新方式、理顺预算和财政、改进决策机制等6个方面的改革提出了23条建议。2006年下半年又出台3份报告，对上述愿景做出了详细论述和建议。此外，秘书长于8月9日发表题为《着力加强人力建设》的报告，就人力资源管理提出了综合性的一揽子改革措施。

但是，这些改革涉及秘书长权限的扩大和秘书处与大会的关系，发达国家与发展中国家之间有较大分歧。广大中小国家担心个别大国通过秘书长权限的扩大加强对联合国事务的控制，因此坚持维护大会对秘书处人事和财政等方面的决策权；而西方国家特别是美国把秘书处改革作为联合国改革的一个重点，并把改革的进展与是否按时交纳会费挂钩，这就增加了秘书处改革的难度。因此，如何弥合发达国家与发展中国家之间的分歧，使秘书处的行政改革“去政治化”和“去权力化”，是新秘书长遇到的一个老问题。

潘基文上任伊始即带头公布个人财产情况，以身作则招聘其办公室工作人员，为秘书处带来一股清新之风。但以提高效率、实现廉洁为目标的秘书处改革因为触及既得利益，难度不小，要真正消除腐败和滥用职权现象，谈何容易。

三、安理会改革：会增常吗

以增加席位为主要内容的安理会改革，涉及到权力、利益的分配和观念、秩序的重构，各方分歧较大，因此改革步履艰难，往往是“雷声大、雨点小”。尽管各方对安理会需要进行必要和合理的改革有一个基本共识，但在如何改革的问题上存在严重分歧。自2005年3月安南秘书长在《大自由》中提出安理会改革的两个方案后，各种争论不断，特别是“四国联盟”（日本、印度、德国和巴西）与“团结谋共识”运动（又称“咖啡俱乐部”，形成于20世纪90年代中期，反对四国入常，运动共有70多个成员国，主要是发展中国家）两大集团之间形成对抗。2006年年初，日本决定单独争常，四国联盟正式瓦解，“团结谋共识”运动也趋于平静。

安理会改革的困难之一是如何兼顾各方的利益和关切，做到大国与中小国并重。由于国际力量对比的变化，一些大国因为实力较强，对联合国的财政贡献较多或地区影响较大，因此希望成为安理会的常任理事国，扩大在国际社会的发言权，这是可以理解的。但目前安理会常任理事国中，发展中国家的代表过少，非洲大陆还没有一个常任理事国。因此，在安理会中增加发展中国家，特别是非洲国家的代表同样值得优先考虑。

安理会改革不应成为一次“分赃”，而要做到权力和责任并存。现有5个常任理事国是二战后期和结束时国际力量对比的一种反映，也是对这些国家在反法西斯战争中所做出贡献的一种“奖赏”，更是对其在战后承担国际安全更大责任的一种“期待和信任”。新增的常任理事国在被赋予权力的同时，更要承担维护世界和平、推动世界发展、促进世界人权的责任。这就要求新的常任理事国不仅有一定的硬实力，更重要的是需要软实力，如国际威信、外交独立、道义力量、地区代表性等。

四、千年发展目标：能在任内实现吗

2000 年 9 月，在联合国千年首脑会议上，世界各国领导就发展问题商定了一套有时限和能够测量的目标和指标，即到 2015 年实现以下 8 项目标：消灭极端贫穷和饥饿；普及初等教育；促进男女平等并赋予妇女权利；降低儿童死亡率；改善产妇保健；与艾滋病毒/艾滋病、疟疾和其他疾病做斗争；确保环境的可持续能力；全球合作促进发展。这些目标和指标被置于全球议程的核心，统称为千年发展目标。

长期以来，联合国给世人留下了“重维和、轻发展”的印象。其实，从 20 世纪 60 年代开始，联合国就制定和实施了 4 个“发展十年”计划，但都没有实现预期目标，特别是多数发达国家的官方援助至少要占其 GDP 0.7% 的承诺至今未能履行（只有丹麦、卢森堡、荷兰、挪威和瑞典 5 个国家达到这一目标）。1994 年秘书长加利在《发展纲领》的报告中提出，发展是一种基本人权，是和平最稳固的基础。现在，千年项目已过去 1/3 多的时间，虽然取得了一些成绩，但并不平衡且进展缓慢。特别是撒哈拉沙漠以南非洲地区和控制疾病、保护环境、发展援助等领域，按现在的速度很难达到预期目标。

按正常情况，潘基文会连任到 2016 年。如果千年发展目标要在潘基文任内实现，联合国必须在指导、帮助和监督成员国推动千年发展目标上采取更强有力的行动，尤其是要促使发达国家切实履行承诺，改善发展中国家的国内政治环境和国际经济环境，对环境、卫生、气候等全球性问题通过跨国治理实现可持续发展。

五、反恐：能有所作为吗

反恐是联合国安全领域的一项新任务。“9・11”事件后，联合国采取一系列行动反对恐怖主义，安理会成立反恐怖主义委员会，大会通过《制止核恐怖主义行为国际公约》。2006 年 9 月，联大正式通过《联合国全球反恐战略》，其核心是 5 个支柱（或 5 个“D”），即说服（dissuading）人们不要诉诸恐怖主义或资助恐怖主义；剥夺（denying）恐怖主义分子实施攻击的手段；制止（deterring）各国资助恐怖主义；发展（developing）各国的反恐能力；捍卫（defending）人权。

事实证明，美国领导的反恐战争偏离了方向，结果是“越反越恐”。重要原因是手段单一、治标不治本，没有团结国际社会的集体力量。

联合国有必要和可能在反恐领域起主导作用。恐怖主义的根源复杂，形式多样，面对这种主要以非国家行为体和非传统的威胁，任何单个国家或几个国家都无法独自应对，只有通过国际社会的协调行动，在国家、地区和全球 3 个层面共同应对。《联合国全球反恐战略》的特点是治标又治本，但能否顺利实施则取决于各成员国的配合和支持。

六、建设和平委员会：和平之路能建好吗

2005 年 12 月 20 日，联合国大会和安全理事会同时通过决议，成立“建设和平委员会”。2006 年 6 月 23 日，该委员会正式运行。作为一个政府间的咨询机构，建设和平委员会的主要目的是就冲突后建设和平及复原工作提供咨询意见和提出综合战略，集中关注刚摆脱冲突国家的重建、体制建设和可持续发展问题。建设和平委员会的成立，被认为是联合国改革进程中一个具有历史意义的重大步骤，反映了成员国在面对 21 世纪的新挑战时，联合国决心承担维护和平与安全的责任。

建设和平委员会包括一个常设组织委员会和若干针对具体国家的委员会。常设组织委员会 31 个成员国的组成比较复杂，主要来自安理会、经社理事会、联合国财政和维和主要贡献国，同时适当考虑地区平衡。目前，组织委员会把塞拉利昂和布隆迪作为建设和平委员会第一批审议的国家。建设和平委员会的主要问题是如何建立和完善工作机制。由于建设和

平委员会是一个咨询部门，而不是决策机构，因此就是只有建议权而没有执行权。

联合国认识到，对冲突后的局势未能做出有效国际反应的主要原因是缺乏资金。为此，联合国在成立建设和平委员会之后不久，于2006年10月11日启动“建设和平基金”。目前，该基金已收到1.4亿美元，但离2.5亿筹款目标还有很大距离。国际货币基金组织和世界银行是两大主要捐助者，但这两个机构都有自己的援助和重建项目，能在多大程度上与建设和平委员会合作，还有很大的不确定性。

七、人权理事会：人权之事能理好吗

建立新的人权理事会，是2005年安南秘书长在关于联合国改革的《大自由》报告中首次提出的，并得到世界首脑会议的赞同。2006年3月15日，第60届联大通过决议，设立有47个席位的人权理事会，作为联大的下属机构，以取代已经运作了50多年的人权委员会。自成立以来，人权理事会主要关注和讨论了苏丹、黎巴嫩、伊拉克、阿富汗、柬埔寨、斯里兰卡和尼泊尔等国的人权状况。

人权理事会的成立表现出一些新的和积极的因素。人权问题已受到成员国前所未有的重视，所有国家都要做到“阳光下的人权”。人权理事会将充当联合国关于人权问题对话和合作的主要论坛。

但是，人权理事会的政治和行政地位有待进一步提高。人权理事会能否从联大的附属机构上升为与安理会和经社理事会并列的宪章机构，将主要取决于人权理事会今后几年的工作情况。一方面，人权理事会的47个理事国是否以身作则，实行一个标准，接受普遍定期审查；另一方面，人权理事会能否少说多做，通过对话、能力建设和技术援助，帮助会员国改善人权状况。

八、伊朝核问题：能走出困境吗

伊朗和朝鲜核问题是国际安全领域的两大热点，它们既有相似之处，又有不同特点。朝鲜已公开宣布进行了核试验，并已退出《不扩散核武器条约》和国际原子能机构。朝鲜发展核武器的理由是为了保障国家安全，症结在于美朝关系。解决朝鲜核问题的主要机制是六方会谈。虽然朝鲜已声称拥有了核武器，但弃核的可能性依然存在，军事冲突的可能性变小。伊朗是《不扩散核武器条约》的缔约国和国际原子能机构的成员，一直否认发展核武器，其核开发的理由是作为主权国家的权力和缔约国的权利。伊朗核问题中美国是一个重要因素，但可以说不是最主要的。由于伊朗未能履行安理会的决议，加上中东地区的复杂性和美国的战略利益，发生军事冲突的可能性始终存在。

联合国在伊朗和朝鲜核问题中的地位和作用因此有所不同。自朝鲜退出国际原子能机构后，联合国就一直没有介入朝鲜核问题。但朝鲜宣布进行核试验后，安理会立即进行谴责，并通过制裁决议。联合国决议的目的是促使朝鲜重新回到谈判桌上，维护朝鲜半岛无核化目标的严肃性。朝鲜核问题的特点决定其解决主要是通过六方会谈，但联合国也可以通过国际原子能机构核查人员重返朝鲜而发挥监督作用。欧盟和俄罗斯与伊朗都有谈判渠道，但伊朗核问题的解决将主要在联合国的框架内进行，一方面要促使伊朗执行安理会的决议，另一方面要确保国际原子能机构在伊朗的正常工作。因此，相对于朝鲜核问题，联合国在伊朗核问题上要做的工作更多，承担的责任也更大。

九、核裁军和防扩散：能否“两条腿走路”

大规模毁伤性武器的扩散是当今世界面临的又一重大威胁。以核扩散为例，除了5个核大国，印度、巴基斯坦、朝鲜先后进行了核试验。人们普遍认为以色列也拥有核武器。更多的国家则掌握制造核武器的能力。核扩散的威胁还来自核武器和核材料流入非国家行为体手中。正因为如此，冷战后美国把防扩散作为其主要的战略目标之一。但对无核国家来说，一方面，其威胁感来自其他无核国家拥有核武器，即核扩散；另一方面，其安全感有赖于有核国家不断削减其核武库，即核裁军。

因此，有关国家在核裁军和防扩散孰轻孰重、孰先孰后的问题上产生尖锐分歧。2005年联合国首脑会议在讨论核裁军和防扩散问题时，美国强调只能提防扩散，反对提核裁军。但发展中国家则认为不但要防扩散，更要核裁军，还必须反对在防扩散问题上的双重标准。由于双方坚持各自立场，未能取得一致，以致《成果文件》中未能反映核裁军和防扩散的内容。核裁军和防扩散一直是联合国努力的中心目标，但一方面受强权政治和单边主义的严重干扰，另一方面受民族主义和国家利益的严重制约。如何促使核裁军和防扩散同时进行并且相互促进，是摆在新秘书长面前又一项重大而艰巨的任务。

十、非洲大陆：能跟上世界发展的步伐而不被遗忘吗

非洲是发展中国家最集中的大陆，也是不发达国家数量最多的一个地区，特别是撒哈拉沙漠以南非洲已成为世界上最落后的地区。根据联合国《2006千年发展目标报告》，非洲地区在多数目标和指标上未能按期实现。以撒哈拉沙漠以南非洲为例：挨饿和每日不到1美元维生的人口比例不仅没有减少反而在增加；初等教育入学率只有64%；教育中的两性差距没有明显的缩小；五岁以下儿童的死亡人数占全世界的一半，达500万；只有46%的分娩妇女获得熟练保健人员的护理，以致产妇死亡人数占世界的一半；只占世界人口10%的这一地区却占全世界艾滋病毒阳性患者的64%和艾滋病毒感染儿童的90%；由于环境资源的破坏，安全饮用水的

获得变得困难，贫民窟居民的生活不断恶化；沉重的债务使得发展缺少必要的资金。

如何在任期内优先推动非洲地区的发展，可能是潘基文最艰巨的一项任务。

架桥梁还是走钢丝*

韩国外交通商部长官潘基文2007年1月1日就将接替安南成为联合国第八任秘书长。在充满变化和不确定的当今世界，几乎同龄的联合国及其新秘书长将面临诸多新课题，其中之一就是新秘书长在未来5年或者10年内如何处理联合国这一世界上“最大的多边权力机构”与美国这一地球上“唯一的超级大国”之间的关系。

过去10年，联合国与美国之间出现了一些裂痕，秘书长与美国也曾关系紧张。那么，新秘书长是以其独特的个人魅力、资历和才智以及得到的普遍支持，在各成员国之间特别是美国与联合国之间架起一座沟通和协调的桥梁，建立起一种比较和谐与平衡的关系；还是深陷于国际关系中的利益和权力之争，在美国和联合国之间走钢丝，这值得我们关注。

应该看到，潘基文的个人经历和背景确实为其在美国和联合国之间发挥一种桥梁作用提供了不少有利条件。

首先，潘基文既是“美国通”，又是“联合国通”。他在美国生活了十多年，又直接从事联合国相关工作长达10年，这有利于他在美国与联合国之间起到某种桥梁作用。潘基文在任韩国外长时积极修补美韩同盟关系、协调朝核问题六方会谈，从而得到美国的信任。潘基文深知，没有美国的积极参与和支持，联合国很难顺利运转。同样，美国也已认识到，在许多问题上，通过与联合国合作能更好地实现自己的利益和目标。

---

* 原载《解放日报》2006年10月10日。

其次，潘基文是联合国历史上第一位来自美国盟国的秘书长，又是35年来第一位来自亚洲和历史上第一位来自东亚国家的秘书长。因此，在联合国内部，他能在美国等西方发达国家和广大发展中国家之间起某种桥梁作用。南北差距和分歧、发展中国家的贫困问题等长期以来没有得到明显的改善和解决，因此新秘书长能否在发展问题上，特别是领导联合国顺利实现千年发展目标，并且促使西方发达国家切实履行对发展中国家的政府开发援助的承诺上有所作为，既需要发展中国家的支持，更取决于美国的配合。

第三，潘基文获得“五常”的一致支持，安理会也没有一国反对，并受到绝大多数国家和国家集团的欢迎，这有助于他通过联合国这一机制，弥合美国与世界之间的距离与隔阂。冷战结束后，作为西方世界领导者的美国与其盟国之间、作为唯一超级大国的美国与中俄印等正在崛起的地区大国之间、作为西方基督教文明代表的美国与伊斯兰国家之间、作为最发达资本主义国家的美国与广大发展中和欠发达国家之间存在着这样那样的问题。人们普遍认为，潘基文是一位外表温和但内心坚韧的资深外交官，他处事低调，因此非常合适做国际事务的“协调者”。

此次，潘基文赢得轻松，但这并不意味着他在联合国“仕途”一定平坦。决定国际关系发展的本质因素还是利益和权力。在利益与原则、权力与公正、单边与多边、美国的世界与世界的美国之间，新秘书长仍面临走钢丝的风险。

潘基文日前在接受采访时提出，“联合国面临的最严重的问题是言行不一”，因此，“联合国应该做到少说多做、少承诺多贡献”，当务之急是“管理改革”，使联合国重新获得成员国的信任和信心。我们完全有理由期待新秘书长既做世界安全、发展和人权的代言人，又做联合国机构的有效管理者，成为令世界满意的秘书长。

联合国需要“新思维”*

联合国新秘书长潘基文已走马上任，世人对首位来自东亚国家的这位世界大管家充满了期待。

联合国正处于一个十字路口，要推动联合国事业的进一步发展，需要一些新思维。

安全、发展和人权并行。安全问题一直是联合国工作的“重中之重”。安理会是联合国六大宪章机构中规模最小却是权力最大的一个，联合国每年的维和费用是正常预算的几倍。“发展是硬道理”，世界上的许多危机就是由欠发展引起的。同时，人权的价值越来越突出，因为安全首先是人的安全，发展最后也是为了人。近年来，联合国在传统的维持和平的基础上加强了“建设和平”，出台了“全球反恐战略”，成立了人权理事会并提出“保护责任”的概念，确立并开始落实“千年发展目标”。联合国应强调安全、发展和人权三者之间的相关性，关键是通过发展实现安全这一硬价值和人权这一软价值。

政治改革与行政改革并举。以增加安理会席位和修改宪章为主要内容的政治改革涉及权力、利益的分配和观念、秩序的重构，因此分歧较大，往往是“雷声大、雨点小”。而以提高效率、实现廉洁为目标的行政改革则因为触及既得利益，难度也不小。然而，改革是“人心所向”，也是联合国的唯一出路。当务之急是一方面要尽快确定安理会改革的原则和框

* 原载《世界知识》2007 年第 3 期。

架，另一方面加快联合国的机构改革。从长远看，人权理事会应提升为宪章机构，取代名存实亡的托管理事会。

主权和人权并重。这涉及联合国为谁服务、对谁负责的问题：是主权国家，还是各国人民?《联合国宪章》的第一句话是“我联合国人民团结起来追求更美好的世界”。冷战结束以来，发达国家与发展中国家之间围绕“主权高于人权”还是“人权高于主权”争论不休。事实上，在国际社会，主权涉及国与国之间的关系，人权关乎公民与国家之间的关系。人权至上体现的是一种目标和价值，而主权平等则是国际关系中的一种游戏规则，在制度上表现为联合国大会的一国一票。联合国应坚持主权平等的原则，同时追求人权目标的实现。

推行新多边主义。联合国是多边主义的象征、代表和体现。安南卸任前在总结其10年工作时提出了五大原则，其精神就是多边主义。以国家间关系为中心的旧多边主义在全球化时代日益显示出局限性。作为最广泛的政府间国际组织，联合国应及时地把其他国际组织、跨国公司、非政府组织等新兴力量整合进来，建立适当的利益表达机制，共同致力于全球治理。

倡导全球治理的理念。很难想象一个没有联合国的世界是什么样子，但联合国不是万能的。全球治理的理念意味着联合国要联合世界公民社会的智慧、力量和责任，共同应对治理国际社会面临的贫穷、疾病、灾害、污染、教育、犯罪等全球问题的挑战。全球治理要求多种行为体通过谈判和协商等方式，制订并监督执行国际行为准则，共同承担解决全球问题的任务。

建设联合国文化。新秘书长提出要把建设联合国的工作文化作为其机构内部工作的三大重点之一。从全球治理的角度看，联合国文化不应是某一个或某一类国家的文化，而是一种世界公民文化。联合国的原则、规范、程序、组织形式和运作方式都要体现这样一种文化。

加强能力建设。联合国的贡献和成就有目共睹，但不可否认，联合国依然在许多安全问题上无能为力、在很多发展问题上力不从心、在诸多人权问题上吃力不讨好。一个重要的原因是联合国系统机构庞大而建设能力不足。因此，提高联合国机构的行政和执行能力、加强联合国组织与主权国家和非国家行为体的协调和沟通能力、改进联合国系统的管理和监督能力，从而全面提升联合国的全球治理能力，应成为联合国的一项重要任务。

重塑联合国威信。美国绕开联合国发动科索沃战争和伊拉克战争带来的“外伤”、联合国机构的腐败和低效现象造成的“内伤”，使联合国的威信受到严重损害。因此，联合国面临的任务是改善联合国机构的管理和效率，重树各国对联合国的信心，重振联合国在国际社会的威信。

利而不害，为而不争
——评联合国秘书长潘基文*

联合国大会192个成员国代表于2011年6月21日一致通过了安全理事会对现任秘书长潘基文的连任推荐。在随后发表的就职演说中，潘基文援引中国古代哲学家老子“天之道，利而不害；圣人之道，为而不争”的名言，强调要将这种智慧应用到工作中，与各国一起共同应对当今世界的挑战。“利而不害、为而不争”是潘基文过去5年的工作作风，体现了潘基文的个人风格和他担任秘书长这一职位的特点，也将成为他今后5年的工作指南。

一、过去五年：无大功也无大过

过去的四年半时间，联合国在秘书长的领导下，在安全、发展、人权三大领域都取得了一些成绩和进展，但还谈不上多么伟大或巨大；联合国也受到一些质疑和批评，但也没有重大的过失或错误。可以说，是无大功也无大过。

2007年潘基文就任秘书长时，提出了他在任期内关注和行动的几个优先事项。四年半过去了，这些事项进展如何呢？

首先，气候变化是潘基文第一任期高度优先事项，也是他的主要成绩

* 原载《领导之友》2011年第9期。

之一，但成果有限。在秘书长的推动下，气候变化作为一个全球性的挑战，以前所未有的高度被提上全球性议程，并致力于全球性的解决办法。1994 年 3 月生效的《联合国气候变化框架公约》是世界上第一个为全面控制二氧化碳等温室气体排放，应对全球气候变暖给人类经济和社会带来不利影响的国际公约，也是国际社会在应对全球气候变化问题上进行国际合作的一个基本框架，奠定了应对气候变化国际合作的法律基础，是具有权威性、普遍性、全面性的国际框架。2007 年 12 月，联合国气候变化大会通过了“巴厘岛路线图”。2009 年的哥本哈根会议和 2010 年的坎昆会议都取得了一些进展，维护了《联合国气候变化框架公约》及其《京都议定书》确立的“共同但有区别的责任”原则，但并没有解决实质性问题或达成具体的减排目标。

其次，核裁军重新引起世界的关注和重视，但进展缓慢。2009 年 9 月，联合国安理会历史上首次专门就核不扩散与核裁军问题举行峰会。建立无核武器世界的主张得到广泛的响应和支持，美国和俄罗斯已保证削减各自的核武库。2010 年 4 月，首次核安全峰会在华盛顿召开，与会各国就防止核恐怖主义、保证核裂变材料安全做出政治承诺。2010 年 5 月，《不扩散核武器条约》第八次审议大会通过最后文件，在核裁军、核不扩散、和平利用核能方面达成某些共识。但是，1996 年签署的《全面禁止核试验条约》仍然没有生效，禁止生产裂变材料谈判停滞不前，朝鲜半岛无核化和伊朗核问题都陷入僵局，美印民用核能合作引起争议，核恐怖主义威胁并没有消除，而日本大地震引发的核电站泄漏危机又引发人们对核能安全的担忧。因此，防扩散、核裁军、核安全的形势并不乐观。

第三，应对金融危机取得某些成效，但全球经济治理任重道远。联合国是最具普遍性、代表性和权威性的国际组织，是促进国际经济合作和发展的重要机制。2009 年 6 月，联合国世界金融和经济危机及其对发展影响高级别会议通过成果文件，这是联合国针对金融和经济危机达成的首份成果性文件，呼吁发达国家和国际组织在应对危机的过程中，更多地考虑和帮助发展中国家。事实上，我们看到，二十国集团逐渐成为全球经济治理的中心，金砖国家机制的重要性和作用越来越突出，而联合国在全球经济治理中有被“边缘化”的趋势。

第四，千年发展目标取得实际进展，但贫困和弱势群体问题仍堪忧。2000 年 9 月，在联合国千年首脑会议上，各国领导人提出 2015 年前要实现的八项目标。联合国千年发展目标已成为推动国际发展合作的纲领。10 年过去了，“千年发展目标已经使成千上万的人口摆脱贫困，生命得到拯救，儿童能够上学……更多的人能够饮用干净的水，从致病、致命的困境中解救了许多人”。但是，从全球范围来看，千年发展目标实施进展很不平衡。金融危机已严重影响到全球发展进程，减贫目标在一些国家和地区可能无法实现。发展也没有能够顾及那些最穷的人和由于性别、年龄、族裔或残疾而处于不利地位的人。

第五，一些地区冲突得到缓解，但另一些冲突又在上升。联合国在预防冲突、维护和平和建设和平方面进行了持续的努力。在潘基文秘书长的努力下，2007 年联合国维和部队得以驻扎苏丹达尔富尔，2011 年通过公投，南苏丹独立。2008 年国际救援得以进入缅甸。伊拉克、阿富汗和南亚地区的安全形势有所好转。但是，2011 年初以来，北非、中东局势紧张，突尼斯、埃及、也门、利比亚、叙利亚等国出现政治动荡，甚至爆发战争。联合国安理会 1973 号决议的执行事与愿违，联合国秘书长潘基文除了关切和呼吁，似乎也无能为力。

第六，提出保护的责任，但问题是如何把概念转变为行动。2009 年 9 月，联合国大会协商一致通过了关于保护责任的第一项决议——这是国际社会在寻求加强其保护世界人民免遭种族屠杀、战争罪、种族清洗和危害人类罪的努力方面的一项重大进展。但如何把这一概念进行规范和机制化，在实践中谨慎地使用，避免干涉内政，还需要做更细致和深入的工作。

最后，联合国改革有共识无共鸣，已陷入停顿。2007 年潘基文上任伊始，对联合国机构进行了一些改革，如将维和部门一分为二，设立裁军事务办公室，成立道德操守办公室，建立新的内部司法系统，推行新的预算机制，要求高级主管公开财务，提拔更多的女性担任联合国高官，等等。2009 年 2 月，联合国大会正式启动安理会改革问题政府间谈判，但由于没有总体思路，在5个关键问题（成员类别、否决权问题、区域席位分配、扩大后安理会的规模和安理会工作方法、安理会同大会的关系）上的分歧并没有缩小。联合国官网上的“联合国改革”主页，最后更新还是2006年，那时潘基文还没有担任秘书长。

二、潘基文：以柔克刚的协调员和架桥者

在2006年竞选时，潘基文曾是个备受争议的秘书长人选。西方国家认为他“缺乏领导能力”，发展中国家指责他是美国和西方盟友的“忠实朋友”。但是，潘基文通过勤勉工作和平静外交，在处理各种国际危机中，展示出一定的领导能力，提高了联合国的地位，因此逐渐获得各方的肯定、支持和信任。作为秘书长，他将在会员国之间、联合国系统内部以及联合国与诸多国际伙伴之间，发挥一个协调员和建桥者的作用。

从第一任期来看，潘基文逐渐形成了自己以柔克刚的风格和特点。他能够顺利获得连任，主要有以下几个因素：

一是与五常保持良好合作关系。潘基文与安理会5个常任理事国均保持了良好的合作关系，特别是得到中美两个大国的支持。他虽然没能每件事都做得让大国满意，却也没有与任何一家结怨。这种“无伤害性”被认为是他获得连任的关键。潘基文曾一度考虑访问朝鲜，但看到美中两国在朝鲜问题上意见对立而取消了，避免了明显干预之嫌。潘基文支持科特迪瓦及海地的民主过渡、苏丹公投以及在利比亚问题上推动安理会通过决议，都符合美国的口味，而决定推迟正式调查以色列军方（2008年至2009年）在加沙地带的进攻行动，很大程度上也是出于对美国立场的顾虑。出于对俄罗斯的顾虑，潘秘书长并未在叙利亚问题上发挥作用。

二是亚洲和东方文化背景的优势。潘基文是第二个担任联合国秘书长的亚洲人，因此也常被作为亚洲在世界舞台上崛起的一个例证。潘基文强调自己是第一个具有亚洲价值观的秘书长。地区轮换是联合国选举秘书长的惯例，而这次亚洲没有更好的候选人挑战潘基文，他恰好凭借这种惯例

之力自然连任。他以柔克刚的特点，“温和、谦逊”的个性，“低调、幕后斡旋”的行事风格，被看成是亚洲文化在国际外交领域的一次尝试。潘基文工作勤勉，他上任第一天徒步上班，平时提前两个小时到办公室，他平均每年的旅行里程超过了历届联合国秘书长。这都为他赢得了不少口碑。

三是摆正了自己的位置和角色。在一些大国看来，联合国秘书长只是联合国秘书处的“首席秘书”，而多数中小国家则把联合国秘书长视为整个联合国的“行政首长”。根据《联合国宪章》规定，秘书长是联合国的CEO，即首席行政长官。秘书长的职责是实践联合国的理念和信念，遵行联合国的宗旨和原则，维护联合国的价值观念和道德权威。潘基文在刚担任联合国秘书长时就说过，“我是这么想的，秘书长，先是‘秘书’，然后才是‘长’。联合国秘书长其实是一位总协调员，既要懂领导，又得会协调”。潘基文深知只有安理会团结一致，秘书长才有力，因此处处维护安理会的权威，协调大国间的关系，避免与五常交恶。2009 年，潘基文曾公开批评美国拖欠联合国 8 亿多美元的会费，引起美国的不满，潘基文随后专门为此事道歉，美国则很快同意交纳拖欠的会费。显然，潘基文在处理与美国的关系上，比他的前两任安南和加利更为稳妥。在他看来，联合国需要的不是一个能言善道的政客，而是能办成实事的外交官。

三、未来五年：充满挑战和机遇

未来 5 年，潘基文面临许多课题，充满挑战，又存在机遇。潘基文的政绩如何，可能主要取决于如何应对如下这些课题。

第一，气候变化谈判能否取得实质性成果。联合国在气候变化谈判和气候治理上处于主导地位，气候变化也是潘基文主推的一项全球议程。哥本哈根会议和坎昆会议虽然坚持了“共同但有区别的责任”的原则，在资金援助等方面取得了一些成果，但在减排目标这一实质性问题上仍没有取得进展。由于《京都议定书》第一期承诺期于 2012 年到期，人们对

2011年底在南非德班举行的《联合国气候变化公约》第17次缔约方大会充满期待。如果作为温室气体最大排放国之一的美国能在《京都议定书》上签字，有关国家能完成减排温室气体的承诺，从而达成一项具有法律约束力的协议，则无疑将成为潘基文的一大政绩。

第二，千年发展目标能否如期实现。离千年发展目标的最后期限还有4年多时间。从联合国发布的4个千年发展目标报告来看，地区不平衡非常明显。千年发展目标大部分的进展发生在中国，撒哈拉沙漠以南地区的贫困人口有增无减。多数发达国家提供给发展中国家的官方发展援助占其国民收入的比例低于当初承诺的0.7%，绝大多数捐助国未能遵守援助承诺。2010年，富裕国家实际提供的援助和承诺金额相差达200亿美元。实现千年发展目标需要公平、包容的经济增长，可持续发展是关键。2012年6月，“联合国可持续发展大会”将在巴西里约热内卢举行。大会的两大重要议题是在可持续发展和减贫框架下实现绿色经济，以及建立可持续发展的机制框架。如果大会能在政治承诺、建立合作伙伴关系和采取实际行动方面取得成果，则联合国和潘基文秘书长功不可没。

第三，联合国改革能否取得突破。联合国正处于两难境地，不改革，不能反映当今世界政治力量对比的变化，安理会代表性严重不足；如强行推动改革，修改《联合国宪章》，扩大常任理事国，则可能降低效率，甚至引起联合国会员国更大的分歧。因此，如果潘基文能在第二任期推动联合国改革，缩小会员国的分歧，找到妥协的办法，达成一个各方都能接受的安理会改革的“一揽子”方案，则将在功劳簿上写上重重的一笔。

第四，在全球经济治理中能否占有一席之地。在应对金融危机的过程中，二十国集团逐渐实体化，成为全球经济治理的中心；国际货币基金组织、世界银行和世界贸易组织仍在各自的领域发挥着主导作用；以金砖国家为代表的新兴机制在全球经济治理中的影响也在上升，上海合作组织、东盟、欧盟在地区事务和地区治理中作用明显。它们在一定程度上分担、替代了联合国的某些职能。具有普遍性、代表性和权威性的联合国，能否在全球经济治理中重新定位，占有一席之地，对潘基文来说，既是一个挑战，也是一个机遇。

第五，在核安全问题上能否形成全球规范。2010 年 4 月在华盛顿召开了首次核安全峰会，以确保核材料安全、防止核恐怖主义。2012 年，第二届核安全峰会将在韩国举行。为防止核恐怖主义、维护核安全，国际社会进行了多层次的努力，包括条约、决议、项目、倡议、峰会等。如何将这些努力整合成为一种全球性机制，是联合国和秘书长可为之处。由于 2011 年 3 月日本地震和海啸引发的福岛核电站核泄漏危机，核能安全引起全球关注，2011 年 6 月国际原子能机构召开高级别会议，专门讨论加强核安全管理问题。但国际上还没有一套普遍适用并具有约束性的核安全标准及核查规则，能否建立一套具有全面约束力的核安全规范，构建一个新的国际核安全框架，是国际原子能机构的努力方向，也是联合国和秘书长应该加以推动的一项全球性议程。

联合国与文明对话*

一、从文明对话到文明联盟：联合国的作用

冷战结束后，国际关系发生深刻的变革。东西方对抗结束了，世界政治会往什么方向发展？当时有人提出了文明冲突论，认为文明冲突将取代国家间的冲突成为国际政治的新范式。20 世纪 90 年代初，国际社会团结一致采取行动恢复科威特的主权和领土完整，联合国通过加强维和行动，在维护国际和平与安全中的作用有所上升。但西方国家提出“人权高于主权”和人道主义干预等主张，特别是北约绕过联合国安理会对科索沃采取军事行动，联合国的威信受到削弱，国际社会也出现新的分裂。同时，因种族、民族、宗教和文化等因素而造成冲突越来越多，而且往往是由国内冲突而引发地区动荡。国际社会迫切需要通过加强不同文化之间的对话和理解，推广容忍、平等、多元等价值来缓和紧张、消除冲突。联合国作为唯一具有普遍性的国际组织，同时也是世界文明多样性的典型代表，是不同文明汇聚的论坛，联合国在推动不同文明间对话方面有着不可替代的作用。

1998 年 11 月 4 日，第 53 届联大一致通过决议（A/RES/53/22），决定宣布 2001 年为“联合国不同文明之间对话年”，以增进各种文明间的

* 原载张贵洪等主编：《联合国与文明对话》，时事出版社 2013 年版，第 64—73 页，此次出版时进行了修改。

了解和沟通，减少不同文明间的冲突。决议认为，“不同文明所取得的成果是人类共同的文化遗产，为全人类提供了进步的源泉”。决议承认文化多元化和人类创造活动的多样性，强调应当把对话作为实现理解、消除对和平的威胁、加强相互联系以及在不同文明间加强交流的一种手段。此后，不同文明之间的对话，包括不同信仰、不同宗教之间的平等对话，在全球广泛展开。

1999 年第 54 届联大和 2000 年第 55 届联大都将题为“联合国不同文明之间对话年”的项目列入大会的临时议程（A/RES/54/113，A/RES/55/23）。2001 年 11 月，第 56 届联大就促进不同文明之间的对话问题举行全体会议，以增进各种文明间的了解和沟通，减少不同文明间的冲突。会议在美国“9·11”恐怖袭击事件后举行，因此如何通过不同文明间对话推动各国预防和打击国际恐怖主义的斗争成为会议的重要议题之一。联合国秘书长安南就“联合国不同文明间对话年”发表报告，指出“文化和宗教多样化是力量的源泉，而不是分裂和对抗的起因”。2002 年，联合国大会一致通过决议，宣布每年的 5 月 21 日为“世界文化多样性促进对话和发展日”。

2001 年“9·11”恐怖袭击事件在一定程度上改变了世界发展的进程。美国等西方国家把矛头对准了少数伊斯兰国家和主要生活在伊斯兰国家的恐怖主义与极端主义组织和个人。2003 年 3 月，美国在没有得到联合国安理会授权的情况下单方面对伊拉克采取军事行动。2004 年 3 月马德里发生西班牙历史上最严重的恐怖袭击，在世界其他许多地方也频繁发生恐怖袭击。霸权主义和单边主义不断在国际上挑起隔阂和冲突。西方世界与伊斯兰世界之间的紧张和冲突日趋严重，文明冲突论再度兴起。文明对话不仅更加必要，而且需要更深入、更持久、更强化。正是在这样的背景下，文明联盟作为文明对话组织化和制度化的体现应运而生。

联合国文明联盟作为世界最高层次的不同文明对话组织，由联合国秘书长发起创立，旨在促进不同文化和宗教的国家和人们之间的相互理解与合作关系，帮助反对那些引发分裂和极端主义的力量。联盟通过与政府、国际性和地区性组织、民间社会团体、基金会以及私营机构的通力合作，支持一系列旨在为不同文化和共同体之间搭建桥梁的项目和活动。

文明联盟的倡议最初由西班牙前首相萨帕特罗（José Luis Rodríguez Zapatero）在 2004 年第 59 届联大上提出，并与土耳其前总理埃尔多安（Recep Tayyip Erdoğan）共同发起。2005 年 7 月，时任联合国秘书长安南宣布正式成立文明联盟，并任命一个由 20 位国际知名人士组织的名人小组指导文明联盟的活动。2006 年 11 月，该小组向安南提交了一个报告。报告指出，造成西方与伊斯兰世界隔阂的核心因素不是宗教信仰，而是冲突、恐怖主义以及过去几年里发生的各种激化矛盾的事件。报告为重建拥有不同文化和信仰的人民之间的互信提出了具体建议，如通过教育、媒体、移民和就业等手段推动文明间的交流和理解，强调国际社会必须同时致力于解决一系列悬而未决的政治问题。根据报告的建议，联盟设立了秘书处，并建立了一个信托基金，支持联盟的项目和活动。2007 年 4 月，刚刚接任联合国秘书长的潘基文任命葡萄牙前总统若热·桑帕约（Jorge Sampaio）为负责文明联盟工作的高级代表。随着名人小组工作的结束，名人小组成员被任命为文明联盟大使。

论坛是联合国文明联盟开展的一项核心活动，其宗旨是探讨如何构建跨国跨文化桥梁，促进不同国家、不同民族、不同文化之间的相互理解与交流，维护世界的和平与稳定。2008 年 1 月，联合国文明联盟首届论坛在西班牙的马德里举行，会议的主题是“不同宗教和文化开展对话，实现世界和平与稳定”。来自各国政府、基金会、国际组织、民间社会、媒体和工商界的人士齐聚一堂，共同探讨如何弥合不同国家和文化之间的分歧，并为推动跨文化交流建立伙伴关系。2009 年 4 月，第二届论坛在土耳其的伊斯坦布尔举行，就“了解差异”、“多元文化下的贸易”、“加强不同文化间的对话与理解中的重要因素”以及“加强妇女在和平文化中的作用”等议题展开讨论。2010 年 5 月，第三届论坛在巴西的里约热内卢举行，主要议题有“民主、善治和文化多样性”、“人权”、“通过教育妇女”、“新媒体”等。2011 年 12 月，第四届论坛在卡塔尔的多哈举行，主题是“文化对话，促进发展”，论坛就“促进多元文化社会融化的挑战”、“文化多样性与就业”以及“女性在现代社会中角色”等议题展开讨论。另外，论坛还将焦点对准了“9·11”十周年后的穆斯林与西方关系。2013 年 2 月，第五届论坛在奥地利的维也纳举行，主题是“多样性和对话中负责任的领导力”，就“促进多样性和对话中的领导力”和“加强我们时代的文化间对话”两大议题以及文明对话的地区战略开展讨论。2014 年 8 月，第六届论坛在印度尼西亚的巴厘岛举行，主题是“多样性中求团结”，重点讨论“尊重多样性，实现共享价值”和“了解彼此——东西方文明迫切需要加强对话和相互理解”两大议题。

联合国文明联盟在全球和联合国系统内发挥以下作用：第一，搭桥者与召集人：为那些致力于促进在各种共同体，特别是（但不局限于）穆斯林和西方社会之间的信任和理解的人们和组织建立联系；第二，催化剂和推进器：通过协作和互利的伙伴关系，为那些旨在减少国家和文化之间分裂的创新项目提供动力；第三，倡导者：提倡不同文化之间的尊重和理解，扩大克制与和解的影响，以帮助和缓解国家和人民之间的文化和宗教紧张局面；第四，平台：为那些致力于不同文化之间搭建桥梁和各种倡议提供支持；第五，资源：提供渠道以获得成功合作案例的信息和资料，反过来可为成员国、机构、组织或个人用来启动相似的过程或项目。

文明联盟的成立标志着文明对话向组织化和常态化方向发展。从文明对话 10 年，特别是文明联盟的发展过程中，我们可以看到，联合国在文明对话中起着至关重要的作用。

首先，联合国大会是文明对话的发起者。正是联合国大会及其通过的决议使文明对话成为国际社会的共识。联合国大会是国际社会广泛性和普遍性的象征。作为一个表达意见和立场的论坛、多边外交最活跃的舞台和国际合作的平台，联合国大会的一个重要功能是把少数成员国或非政府组织的倡议上升为全球议程，从而具有合法性和权威性。由于文明对话本身就是联合国的一个重要功能和使命，与联合国和平、发展、人权的事业密切相关。因此，联合国大会积极倡导和发起了具有不同文化、宗教和信仰的成员国、地区和人们之间的对话。

其次，联合国秘书长是文明对话的积极推动者。联合国秘书长为联合国不同文明之间对话年任命私人代表、成立名人小组、任命文明联盟大使、设立信托基金、出席成员国和地区/国际组织举行的各种文明对话会议和活动，并向大会提交报告。作为一个全球组织的领导人，联合国秘书长在组织和推动全球性活动方面发挥了重要作用。如同其他许多全球性活动一样，文明对话一开始是由成员国的领导人提出的，但一旦成为联合国的议程后，秘书长也就成为这一活动的牵头人，并在国际社会积极推动。

第三，联合国文明联盟是文明对话的组织者。基于文明联盟名人小组报告提出的建议，文明联盟的工作围绕以下 3 个目标：一是为那些与文明联盟分享目标的成员国、国际组织、民间社团以及私营机构发展一种伙伴网络，以增强它们与联合国系统的互动与合作；二是发展、支持并突出那些增进全球文化之间特别是穆斯林与西方社会之间理解与和解的项目。这些项目与联盟的 4 个主要活动领域有关：青年、教育、媒体和移民；三是在跨文化紧张关系加剧时期，为作为缓解和理解的一种力量的团体之间建立联系和促进对话。

第四，联合国教科文组织是促进文明对话的主要机构。联合国教育、科学及文化组织积极规划和安排不同的文化、教育和社会方案，促进不同文明之间的对话。如 2000 年 9 月 5 日，联合国教科文组织和伊朗在联合国总部共同主办了一个国家元首级的圆桌会议，讨论不同文明之间对话问题。2001 年 11 月，联合国教科文组织第 31 届会议通过了《世界文化多样性宣言》，主张将文化多样性作为一种有生命力、因而能不断发展的财富加以保护，认为不能把文化多样性视为一种一成不变的遗产，而应将其视为保障人类生存的一种进程。2009 年，联合国教科文组织发表了《着力文化多样性与文化间对话》报告。

二、文明对话是联合国的功能和使命

进入21世纪，国际社会继续发生重大的变革和调整：第一，国际关系发展变化的不确定性和复杂性更加突出。国际关系特别是大国之间的关系不断处于调整之中，新的国际格局一直没有成型。非国家行为体的作用在不断上升，跨国和跨地区的活动有加速的趋势，全球性问题越来越突出。这些变化大大增加了国际关系中的不确定性和复杂性。第二，世界和人类发展的依赖性和脆弱性越来越明显。技术的进步使人类对自然界的依赖程度有所下降，但国家之间、人们相互之间的依赖性却大大增强。技术的进步还使人、物和信息的流动加速，但人类自身的脆弱性反而更加突出。第三，国际体系的转型进入一个关键时期。经过20多年的调整，大国关系正从变革走向稳定，新兴大国的利益日益向海外扩张，其经济力量正向政治力量转化，新时期国际关系的主题逐渐明朗，从国际货币基金组织到联合国安理会，从货币体系到安理会席位，国际规则和秩序正面临重大的修改和变革。第四，国际社会的组织化和法制化趋势继续得到加强。通过组织化和法制化的方法和途径，规范国家的对外行为和国家间的利益关系，越来越成为国际社会的共识并得到大多数国家的支持。对大国和发达国家来说，可以利用其资金、技术、制度和外交的优势，在国际组织和法律中占据主导和有利地位；对发展中国家而言，则可以利用国际组织和法律保证其基本的权力和利益，并通过集体的力量影响国际关系的发展。第五，新兴国家和力量的崛起正孕育着国际秩序的某种变革。亚、非、拉一些新兴国家已在所在地区发挥主导作用，成为地区力量中心和地区新秩序的倡导者和推动者。这些新兴国家的力量和利益还不断向周边和更远的地区扩展，并提出在国际社会拥有更多发言权、参与权和决定权的要求。

面对这些调整和变革，一方面联合国具有的普遍性、代表性和权威性可能在未来不会有大的变化，联合国在某种程度上仍然具有稀缺性和不可替代性。但另一方面，联合国内外受到很多挑战，内部如联合国大会的有效性、安理会的代表性以及联合国一些机构（如托管理事会）的作用，受到质疑；外部如二十国集团的兴起，以及北约继续存在，甚至在利比亚问题上发挥主导性的作用，使得联合国在某种程度、某些方面、某些时候有被边缘化的危险。如何在新的全球治理结构中进行定位并发挥更重要的作用，是联合国面临的新课题。文明对话，可以成为联合国维护和平、实现发展、促进人权的重要抓手。

通过对话达成相互理解。文明对话的首要功能是达成相互理解。历史经验表明，在人类文明交流的过程中，不仅需要克服自然的屏障和隔阂，还需要超越思想的障碍和束缚，更需要克服形形色色的偏见和误解。通过对话，相互了解对方的利益和需要、各自的观念和思想，才有可能进行沟通、交流、协商和谈判，求同存异，达成相互理解和信任。文明对话能够在三方面发挥重要的桥梁作用。首先，通过文明对话能够推动政府、国际组织、民间社会和非政府组织之间的合作，推动社区不同文化间的对话和交流。其次，通过文明对话能够推动各国政府间就正确对待文化差异、弥合分歧而采取共同的行动。第三，通过文明对话还有助于加强联合国体系作为一个整体在防止战争、推动和平方面的工作。

通过理解推动彼此合作。理解和信任是合作的关键。意识形态、社会制度、发展模式的差异性不应成为合作的障碍，更不能成为相互对抗的理由。世界的多样性、文明和文化的差异性不应是世界冲突的根源，而应是世界交流和合作的动力与起点。文化交流是达成相互理解的基本手段和途径，但文化之间的理解和信任却需要一个长期的过程，需要宽容、容忍、谦让和尊重的精神。有了相互之间的理解，才有可能就促进共同利益、消除各种分歧开展合作。在国际关系中，利益是合作的基础，但也是冲突的来源。有了深入理解基础上的信任，这种合作才有可能持久和有效。

通过合作实现和平发展。和平和发展只有通过合作才能实现。正如前联合国秘书长安南就“联合国不同文明间对话年”发表的报告中所说，“联合国的一个主要使命是预防冲突。我们要完成这一使命就必须开展不同文明间的对话。通过实现理解和相互尊重，我们可以减少误解和不信任，奠定采用非暴力方式解决冲突的基础。”现任联合国秘书长潘基文也表示，不同文明联盟的努力是对执行联大 2006 年通过的反恐战略的有益补充，也是对联合国开展预防外交及推动可持续和平的有力支持。在世界经济全球化、文化多元化的当下，不同文明间的对话，是化解各国家、民族、种族、宗教、文明间种种冲突的有效方式和最佳选择。联合国的另一使命是促进发展，对话对于这一使命也非常重要。通过交流经验和共同寻找解决办法，我们可以解决我们目前和今后面临的经济和社会问题。

三、在联合国文明对话中，中国大有可为

在联合国文明对话活动中，中国有独特的条件和优势，完全能大有可为：

第一，中国一贯支持联合国在国际事务和多边外交中的核心地位，也积极参与联合国主导的文明对话活动。2001 年 9 月，为响应联合国“不同文明对话年”，全国政协外事委员会在北京举办了“21 世纪论坛——不同文明对话”研讨会，邀请国内外知名人士和专家学者，就不同文明对话问题进行多方面的交流与探讨。全国政协副主席宋健应科菲·安南秘书长邀请，成为“不同文明间对话名人小组”的 19 名成员之一。中国积极倡导在亚欧会议框架下开展文化与文明对话交流，并于 2003 年主办了亚欧会议进程中的第一届文化与文明会议。2007 年，亚欧会议不同信仰间对话会议又在南京举行。

第二，文明对话与中国未来的发展战略相契合。党的十七届六中全会通过的《中共中央关于深化文化体制改革推动社会主义文化大发展大繁荣若干重大问题的决定》提出：当前，增强国家软实力和中华文化国际影响力的要求更加紧迫，必须提高文化开放水平，推动中华文化走向世界。为此，要开展多渠道、多形式、多层次的对外文化交流，广泛参与世界文明对话，促进文化相互借鉴，增强中华文化在世界上的感召力和影响力。

第三，以儒家思想为重要代表的中华文化是参与世界文明对话的重要力量。源于儒家思想的和谐观作为中华民族独特的文化精神和生存智慧，其合理的思想内核为当代世界的和平、发展、合作提供了可供借鉴的精神资源，具有重要的时代价值。它不仅为追求人与人之间、不同社会阶层之间以及人与自然之间的相互和谐提供智慧，还为追求民族与民族、国与国之间的相互和谐提供智慧。

第四，尼山论坛是中国推广文明对话的重要努力。尼山世界文明论坛以中国古代伟大的思想家、教育家孔子诞生地尼山命名，是以开展世界不同文明对话为主题，以弘扬中华文化、促进中外文化交流、推动建设和谐世界为目的，以学术性与民间性、国际性与开放性相结合为特色的国际文化学术交流活动。首届尼山世界文明论坛于2010年9月在孔子出生地曲阜尼山举办，主题是“和而不同与和谐世界”。2011年月4月，尼山论坛还走出中国和亚洲，在联合国教科文组织总部举办以“儒家思想与全球化世界中的新人文主义”为主题的巴黎尼山论坛。

第五，联合国文明联盟正把文明对话的重心转向东方。联盟的初期活动集中在推动穆斯林和西方社会之间的对话与和解，目前联盟致力于扩大在亚太地区的活动，推动各种文化（包括儒教文化）之间的理解与合作，并希望中国在其中发挥关键的使用。作为联合国倡导的一项活动，联盟在亚太地区开展活动主要有以下几点考虑：一是组成亚太地区的大多数社会在文化、语言、宗教、政治上具有多样性，联盟可以提供一个相对低调、非干预性但又实用的政策工具，以帮助本地区的各个社会更好地发挥其多样性的优势。二是国内的多样性很多时候又反映在地区层面，在亚太，儒教、穆斯林教、基督教、佛教、道教、印度教和世俗社会不得不就一系列问题上的差异进行协商。三是宗教和文化能为亚太地区国家在发展高层次的地区合作和更有效的地区机构的持续努力方面提供重大的帮助。四是东方文明目前的发言权还很有限，但是在文明联盟看来，东方文明可以在文化理解的全球对话方面有更重要的贡献。2012年11月29—30日，联盟与中国联合国协会共同在上海主办亚洲和南太平洋地区磋商会议，主题是“通过对话和多样性促进和谐”（Harmony through dialogue and diversity）。

会议就“文化传统与现代生活的结合”、“世俗主义和宗教的复兴”、“文化和文明对话作为国际关系的新兴范式”、“联合国体系与亚洲文化”、“中国传统文化的精髓如何为‘多元文化、一个人类’做贡献”、“民族主义与地区文化”、“青年如何为跨文化对话与和谐做贡献”、“教育如何适应跨文化对话与和谐”等议题开展广泛研讨。来自中国、印度、澳大利亚、新西兰、马来西亚、泰国、菲律宾、印度尼西亚、日本、韩国、中国台湾等数十个国家和地区的代表、国际和地区组织的代表、私人机构和非政府组织领袖、媒体代表等150余人应邀与会。

可以预见，以儒家文化为主体的东方文明将在联合国文明对话中占据重要一席，中国必将为文明对话做出新的贡献。

联合国面临的主要挑战和发展方向*

21 世纪国际关系已经并继续发生重大的变革和调整。第一，国际关系发展变化的不确定性和复杂性更加突出。冷战结束后，国际关系特别是大国之间的关系不断处于调整之中，新的国际格局一直没有成型。非国家行为体的作用在不断上升，跨国和跨地区的活动有加速的趋势，全球性问题越来越突出。这些变化大大增加了国际关系中的不确定性和复杂性。第二，世界和人类发展的依赖性和脆弱性越来越明显。技术的进步使人类对自然界的依赖程度有所下降，但国家之间、人们相互之间的的依赖性却大大增强。技术的进步还使人、物和信息的流动加速，但人类自身的脆弱性反而更加突出。开始于北美的金融危机和甲型 H1N1 流感病毒迅速向其他地区扩散是一个最新的例证。第三，国际体系的转型正进入一个关键时期。冷战体系的瓦解已近 20 年。经过 20 年的调整，大国关系正从变革走向稳定，新兴大国的利益日益向海外扩张，其经济力量正向政治力量转化，新时期国际关系的主题逐渐明朗，从国际货币基金组织到联合国安理会，从货币体系到安理会席位，国际规则和秩序正面临重大的修改和变革。第四，国际社会的组织化和法制化趋势将继续得到加强。通过组织化和法制化的方法和途径，规范国家的对外行为和国家间的利益关系，越来越成为国际社会的共识并得到大多数国家的支持。对大国和发达国家来说，可以利用其资金、技术、制度和外交的优势，在国际组织和法律中占

---

* 原载中国联合国协会编：《中国的联合国外交》，世界知识出版社 2009 年版，第 47—63 页。

据主导和有利地位；对发展中国家而言，则可以利用国际组织和法律保证其基本的权力和利益，并通过集体的力量影响国际关系的发展。第五，新兴国家和力量的崛起正孕育着国际秩序的某种变革。亚、非、拉一些新兴国家已在所在地区发挥主导作用，成为地区力量中心和地区新秩序的倡导者和推动者。这些新兴国家的力量和利益还不断向周边和更远的地区扩展，并提出在国际社会拥有更多发言权、参与权和决定权的要求。第六，中国对世界的影响和作用将持续上升。经过30余年的改革开放和现代化建设，中国已积累了足够的力量和信心，从而不仅在地区事务，而且在更广泛的国际事务中发挥更积极和建设性的作用。尽管在现有秩序和制度中，中国的作用还有所局限，且这种作用多体现在经济方面，但中国已开始在周边倡导和发展新的国际合作的理念、价值和机制，并取得较好的成效。

一、联合国面临的主要挑战

国际关系发生的变革和调整使联合国在和平、发展、人权等领域面临重大的挑战。

挑战之一：能否重树联合国的威信

联合国是世界上最具有普遍性、代表性和具权威性的政府间国际组织，有192个成员国。同时，联合国是一个庞大的系统，除了6个主要机构，还有12个附属机构和18个专门机构，其活动涉及到人类生活的各个方面。当前，世界面临诸多具有多样化和跨国界特征的全球性问题的挑战。作为国际社会多边主义的主要体现和载体，联合国能否协调成员国政府共同应对这些挑战，将直接关系到联合国的威信。

冷战结束后，由于美国绕开联合国发动科索沃战争和伊拉克战争而带来的“外伤”，以及联合国机构的腐败和低效现象而造成的“内伤”，联合国的威信受到严重损害。在反恐、防扩散、核裁军和地区冲突等重大国际安全问题上联合国并没有发挥主导作用，联合国未能防止南北差距的进一步扩大，也未能避免内部出现的腐败现象。潘基文当选后即指出，“联合国必须正视和消除分歧，努力在成员国、秘书处、主要利益相关方之间重建信任”。[①]

重树联合国的威信是一个系统工程。为此，联合国需要：秘书处成为一个廉洁而高效的机构、安理会改革取得重大进展、在地区热点问题上发挥更大的作用、千年发展目标得到基本实现、促进人权事业更上一个台阶、在非传统安全问题上发挥指导和协调作用、帮助非洲国家实现较快发展、与美国建立良好的关系。

挑战之二：联合国秘书处能否成为一个廉洁而高效的机构

前任秘书长安南于2006年3月7日发表《着力改革联合国：构建一个更强有力的世界性组织》的报告。这份报告勾勒出秘书处管理改革的宏大愿景，就加强人力建设、提高领导能力、提升信息和通信技术、探索提供服务的新方式、理顺预算和财政、改进决策机制等6个方面的改革提出了23条建议。此后又出台3份报告，对上述愿景做出了详细论述和建议。8月9日，安南发表题为《着力加强人力建设》的报告，就人力资源管理提出了综合性的一揽子改革措施。

但是，这些改革涉及秘书长权限的扩大和秘书处与大会的关系，发达国家与发展中国家之间有较大分歧。广大中小国家担心个别大国通过秘书长权限的扩大加强对联合国事务的控制，坚持维护大会对秘书处人事和财政等方面的决策权；而西方国家特别是美国把秘书处改革作为联合国改革的一个重点，并把改革的进展与是否按时交纳会费挂钩。这就增加了秘书处改革的难度。因此，如何弥合发达国家与发展中国家之间的分歧，使秘书处的行政改革“去政治化”和“去权力化”，是历任秘书长遇到的一个老问题。

潘基文上任伊始即带头公布个人财产情况，以身作则招聘其办公室工作人员，为秘书处带来一股清新之风。以提高效率、实现廉洁为目标的秘

---

① 候任秘书长在新闻发布会上的发言，2006年10月13日，http：//www. un. org/News/Press/docs/2006/sg2117. doc. htm。

书处改革因为触及既得利益，难度不小，要真正消除腐败和滥用职权现象，谈何容易。

挑战之三：能否推动联合国改革取得重大突破

无论是安理会改革还是管理改革，各方分歧较大。如何在安理会改革问题上协调各方立场和利益，取得某些共识；如何推进管理改革，恢复联合国的威信，避免再次陷入财政危机，仍是一个未知数。

以增加席位为主要内容的安理会改革涉及到权力、利益的分配和观念、秩序的重构，各方分歧较大，因此改革步履艰难，往往是“雷声大、雨点小”。尽管各方对安理会需要进行必要和合理的改革有一个基本的共识，但在如何改革的问题上存在严重分歧。自 2005 年 3 月安南秘书长在《大自由》中提出安理会改革的两个方案后，各种争论不断，特别是“四国联盟”与“团结谋共识”运动两大集团之间形成对抗。此后，安理会改革的各种建议和方案经常见诸于报端。

安理会改革的困难之一是如何兼顾各方的利益和关切，做到发达国家与发展中国家、大国与中小国并重。由于国际力量对比的变化，一些大国因为实力较强，对联合国的财政贡献较多或地区影响较大，因此希望成为安理会的常任理事国，扩大在国际社会的发言权，这是可以理解的。但目前安理会常任理事国中，发展中国家的代表过少，非洲大陆还没有一个常任理事国。因此，在安理会中增加发展中国家特别是非洲国家的代表，同样是值得优先考虑的。

安理会改革不应成为一次“分赃”，而要做到权力和责任并存。安理会是联合国负责国际和平与安全的主要机构，常任理事国更是“位高权重”。现有 5 个常任理事国是二战后期和结束时国际力量对比的一种反映，也是对这些国家在反法西斯战争中所做贡献的一种“奖赏”，更是对他们在战后承担国际安全更大责任的一种“期待和信任”。新增的理事国在赋予权力的同时，更要承担维护世界和平、推动世界发展、促进世界人权的责任。这就要求新的理事国不仅有一定的硬实力，更重要的是需要软实力，如国际威信、外交独立、道义力量、地区代表性等。

挑战之四：能否在地区热点问题上使联合国发挥更大的作用

在处理朝鲜和伊朗的核问题以及伊拉克问题上，联合国一直处于被边缘化的地位。如何让联合国这一最大的多边机构扮演更重要的角色，已摆上秘书长的议事日程。伊朗和朝鲜核问题是国际安全领域的两大热点，它们既有相似之处，又有不同特点。朝鲜已公开宣布进行了核试验，并已退出《不扩散核武器条约》和国际原子能机构。朝鲜发展核武器的理由是为了保障国家安全，症结在于美朝关系。解决朝鲜核问题的主要机制是六方会谈。朝鲜声称拥有了核武器，其弃核的可能性很小，但朝鲜半岛发生军事冲突的可能性不会因此而增加。伊朗是《不扩散核武器条约》的缔约国和国际原子能机构的成员，一直否认发展核武器，其核开发的理由是作为主权国家的权力和缔约国的权利。伊朗核问题中美国是一个重要因素，但更主要的是与中东地区复杂的国际关系有关。由于伊朗未能履行安理会的决议，加上中东地区的复杂性和美国的战略利益，发生军事冲突的可能性始终存在。

联合国在伊朗和朝鲜核问题中的地位和作用因此有所不同。自朝鲜退出国际原子能机构后，联合国就一直没有介入朝鲜核问题。但朝鲜宣布进行核试验后，安理会立即进行谴责，并通过制裁决议。2009 年 4 月初，朝鲜发射卫星，安理会随即发表主席声明予以谴责。联合国决议和声明的目的是促使朝鲜重新回到谈判桌上，维护朝鲜半岛无核化目标的严肃性。朝鲜核问题的特点决定其解决主要是通过六方会谈，但联合国也可以通过国际原子能机构核查人员重返朝鲜而发挥监督作用。欧盟和俄罗斯与伊朗都有谈判渠道，但伊朗核问题的解决将主要在联合国的框架内进行，一方面要促使伊朗执行安理会的决议，另一方面要确保国际原子能机构在伊朗的正常工作。因此，相对于朝鲜核问题，联合国在伊朗核问题上要做的工作更多，承担的责任也更大。

挑战之五：能否推进千年发展目标的顺利实现

2000 年 9 月，在联合国千年首脑会议上，世界各国领导就发展问题商定了一套有时限和能够测量的目标和指标，即到 2015 年实现以下 8 项目标：消灭极端贫穷和饥饿；普及初等教育；促进男女平等并赋予妇女权力；降低儿童死亡率；改善产妇保健；与艾滋病毒/艾滋病、疟疾和其他疾病作斗争；确保环境的可持续能力；全球合作促进发展。这些目标和指标被置于全球议程的核心，统称为千年发展目标。

长期以来，联合国给世人留下了“重维和、轻发展”的印象。其实，从20世纪60年代开始，联合国就制定和实施了4个“发展十年”计划，但都没有实现预期目标，特别是发达国家的官方发展援助至少要占其GDP的0.7%的承诺至今未能履行。[①] 1994年秘书长加利在《发展纲领》的报告中提出，发展是一种基本人权，是和平的最稳固的基础。现在，千年项目已过去近2/3的时间，虽然取得了一些成绩，但并不平衡且进展缓慢，特别是非洲地区按现在的速度已很难达到预期的目标。

非洲是发展中国家最集中的大陆，也是不发达国家最多的一个地区，特别是撒哈拉沙漠以南的非洲已成为世界上最落后的地区。根据联合国《2008年千年发展目标报告》，非洲地区在多数目标和指标上未能按期实现。以撒哈拉沙漠以南非洲为例：挨饿和每日不到1美元维生的人口比例不仅没有减少反而在增加；初等教育入学率只有64%；教育中的两性差距没有明显的缩小；5岁以下儿童的死亡人数占全世界的一半，达500万；只有46%的分娩妇女获得熟练保健人员的护理，以至于产妇死亡人数占世界的一半；只占世界人口的10%的这一地区却占全世界艾滋病毒阳性患者的64%和艾滋病毒感染儿童的90%；由于环境资源的破坏，安全饮用水的获得变得困难，贫民窟居民的生活不断恶化；沉重的债务使得发展缺少必要的资金。如何优先推动非洲地区的发展，可能是潘基文任期内最艰巨的一项任务。

按正常情况，潘基文会连任到2016年。如果千年发展目标要在潘基文任内实现，联合国必须在指导、帮助和监督成员国推动千年发展目标上采取更强有力的行动，尤其是要促使发达国家切实履行承诺，改善发展中国家的国内政治环境和国际经济环境，对环境、卫生、气候等全球性问题

---

① 目前只有丹麦、卢森堡、荷兰、挪威和瑞典5个国家达到这一目标。

通过跨国治理努力实现可持续发展。

挑战之六：能否促进世界人权事业上一个新台阶

2006年3月15日，第60届联大通过决议（A/RES/60/251），设立有47个席位的人权理事会，以取代已经运作了50多年的人权委员会。决议规定，人权理事会是联大的下属机构。自成立以来，人权理事会主要关注和讨论了苏丹、黎巴嫩、伊拉克、阿富汗、柬埔寨、斯里兰卡和尼泊尔等国的人权状况。人权理事会的成立和开展的工作表现出一些新的积极的因素：第一，人权理事会是在联合国正式将人权确立为其三大支柱之一的背景下成立的，人权问题已受到所有成员国前所未有的重视；第二，新的人权理事会作为大会的附属机构，由联大产生，对所有成员国负责，取代已有60年历史、由经社理事会选举产生并对经社理事会理事国负责的人权委员会，这大大提升了人权理事会的政治和行政地位；第三，新的人权理事会对所有成员国的人权状况进行定期审议，首先是理事会成员在其任期内接受新的普遍定期审查。以前，人权委员会某些国家人权的批评带有明显的政治动机，现在所有国家都要做到"阳光下的人权"；第四，新的人权理事会"少说多做"，以朋友式的"坦诚"代替家长式的"粗暴和简单的批评"。人权理事会将充当联合国关于人权问题对话和合作的主要论坛，通过对话、能力建设和技术援助，帮助会员国改善人权状况。

但是，人权理事会的政治和行政地位有待进一步提高。人权理事会能否从联大的附属机构上升为与安理会和经社理事会并列的宪章机构，将主要取决于人权理事会今后几年的工作情况。一方面，人权理事会的47个理事国是否以身作则，实行一个标准，接受普遍定期审查；另一方面，人权理事会能否"少说多做"，通过对话、能力建设和技术援助，帮助会员国改善人权状况。包括各理事国如何超越国家利益和区域利益，兑现"维护最高人权标准"的承诺，尽快确立"全球定期审查"机制，保护"特别程序"和人权事务高级专员办公室的独立性等，还有待努力和采取实际行动。

挑战之七：能否在处理非传统安全问题上发挥指导和协调作用

反恐是联合国安全领域的一项新任务。"9·11"事件后，联合国采取一系列行动反对恐怖主义。安理会一致通过1373（2001）号决议，同时成立反恐怖主义委员会。2004 年 3 月安理会又通过 1535 号（2004）决议，成立反恐怖主义委员会执行局。2005 年 4 月，大会通过《制止核恐怖主义行为国际公约》。2006 年 4 月，秘书长向大会提交了《团结起来消灭恐怖主义：关于制定全球反恐战略的建议》的报告（A/60/825），进一步阐述了他一年前在马德里提出的这一战略的 5 个支柱（或 5 个“D”），即说服（dissuading）人们不要诉诸恐怖主义或支助恐怖主义；剥夺（denying）恐怖主义分子实施攻击的手段；制止（deterring）各国支助恐怖主义；发展（developing）各国的反恐能力；捍卫（defending）人权。9 月，大会正式通过《联合国全球反恐战略》（A/RES/60/288），在其附件即“行动计划”中，提出了“消除有利于恐怖主义蔓延的条件”、“防止和打击恐怖主义”、“建议各国防止和打击恐怖主义的能力以及加强联合国系统在这方面的作用”、“确保尊重所有人的人权和实行法治作为反恐斗争根基”的一整套具体措施。

大规模毁伤性武器的扩散是当今世界面临的又一重大威胁。以核扩散为例，除了 5 个核大国，印度、巴基斯坦、朝鲜先后进行了核试验。人们普遍认为以色列也拥有核武器。更多的国家则掌握制造核武器的能力。核扩散的威胁还来自核武器和核材料流入非国家行为体手中。正因为如此，冷战后美国把防扩散作为其主要的战略目标之一。但对无核国家来说，一方面，其威胁感来自其他无核国家拥有核武器，即核扩散；另一方面，其安全感有赖于有核国家不断削减其核武库，即核裁军。

因此，有关国家在核裁军和防扩散孰优孰重、孰先孰后的问题上产生尖锐分歧。2005 年联合国首脑会议在讨论核裁军和防扩散问题时，美国强调只能提防扩散，反对提核裁军，但发展中国家则认为不但要防扩散，更要核裁军，还必须反对在防扩散问题上的双重标准。由于双方坚持各自立场，未能取得一致，以致《成果文件》中未能反映核裁军和防扩散的内容。核裁军和防扩散一直是联合国努力的中心目标，但一方面受强权政治和单边主义的严重干扰，另一方面受民族主义和国家利益的严重制约。如何促使核裁军和防扩散同时进行并且相互促进，是摆在新秘书长面前的又一项重大而艰巨的任务。

事实证明，美国领导的反恐战争偏离了方向，结果是“越反越恐”，其中一个重要的原因是手段单一、治标不治本，没有团结国际社会的集体力量。

联合国有必要和可能在反恐领域起主导作用。恐怖主义的根源复杂，形式多样。面对这种主要是非国家行为体和非传统的威胁，任何单个国家或几个国家都无法独自应对，只有通过国际社会的协调行动，在国家、地区和全球3个层面共同应对。《联合国全球反恐战略》的特点是治标又治本，但能否顺利实施则取决于各成员国的配合和支持。

从近期来看，关键是要确保2010年《核不扩散条约》审议会议取得成功，从而让人们重新树立对条约的信心。从中长期来看，重要的是使安理会第1540号决议（要求成员国防止大规模杀伤性武器向非国家行为体扩散）得到持续的执行。此外，联合国有必要召开一次会议，讨论通向一个无核武器世界的方法和路径，寻求《核不扩散条约》在未来改造为《禁止核武器条约》的可能性。

挑战之八：能否处理好与美国的关系

冷战结束以来，美国与联合国之间的矛盾时隐时现。布什上台后采取单边主义外交，与以联合国为代表的多边主义格格不入。但是，作为唯一超级大国的美国又是联合国总部的东道国、联合国会费和维和费用的最大分摊国，没有美国的支持和合作，联合国难有所为。潘基文表示“联合国与美国有共同目标”，提出“联合国与美国之间要发展建设性伙伴关系”，能否如愿，还有待观察。

回顾联合国的历史，我们不得不说“没有美国就没有联合国的今天”，美国是联合国最重要的创始会员国、联合国总部的东道国、联合国会费和维和费用的最大分摊国。同样，我们也可以说“没有联合国就没有今天的美国”，因为联合国已经成为美国实现国家利益的基本手段之一，或多或少地帮助美国成为霸权和当今唯一的超级大国。但是，冷战结束以来，美国与联合国之间的矛盾时隐时现。美国绕开联合国，领导北约强行在科索沃采取军事行动，严重损害了联合国的权威。布什上台后采取单边主义外交，与以联合国为代表的多边主义格格不入。美国在没有获得联合国安理会授权的情况下悍然发动伊拉克战争，使美国与联合国的关系跌落低谷。

奥巴马上台后，美国的对外战略和政策有较大的调整，更重视多边主义和联合国的作用。美国现在已经认识到，与联合国合作可以更好地实现自己的利益和目标。但是，作为世界上最强大国家的美国，与世界上最重要的多边机构的联合国能否真正形成互利合作、共同为世界的安全、发展和人权发挥建设性的作用，还有待观察。

二、联合国的发展方向

作为最具普遍性、代表性和权威性的政府间国际组织，联合国是实践多边主义的最佳场所，是集体应对各种威胁和挑战的有效平台，应该继续成为维护和平的使者、促进发展的推力、实现人权的先导。

为了应对上述挑战，推动联合国事业更好地发展，联合国应在理念、机制、能力三个方面做出新的努力，并推动联合国继续改革。

（一）理念建构：倡导新的和有效的多边主义理念

联合国是多边主义的象征、代表和体现。安南卸任前在总结其 10 年工作时提出了五大原则，其精神就是多边主义。[①] 以国家间关系为中心的旧多边主义在全球化时代日益显示出局限性。作为最广泛的政府间国际组织，联合国应及时地把其他国际组织、跨国公司、非政府组织等新兴力量整合进来，建立适当的利益表达机制，共同致力于全球治理。

联合国机构和活动的基本原则是主权平等、集体安全和大国一致等，这些原则在指导联合国活动中仍然有效，但已远远不够。面对世界全球化

① “秘书长在杜鲁门总统博物馆和图书馆的讲话”，2006 年 12 月 11 日，http：//www. un. org/chinese/aboutun/sg/2006/truman. htm。

和多样化的特征、力量对比变化的现实、非传统安全威胁上升的趋势，联合国需要倡导和建构新的理念和准则。

第一，和谐世界的理念。联合国通过建设和平委员会的工作、成立人权理事会、落实千年发展目标等行动，开始确立安全、发展和人权三大支柱和工作框架。前任秘书长安南曾指出，“没有发展，我们就无法享有安全；没有安全，我们就无法享有发展；不尊重人权，我们就既不能享有安全，也不能享有发展”。[①] 和谐世界的理念应体现在安全、发展、人权三个方面，即和谐的安全、和谐的发展、和谐的人权，它意味着一种可持续性的安全、均衡的发展和建设性的人权。

第二，国际民主的理念。为了应对全球化时代新的安全威胁，人们提出了“保护的责任”和“建设性干预”等观点，[②] 但是主权平等仍然是现有国际关系体系的基本原则。为了更好地坚持主权平等原则，我们需要推动国际民主理念的传播和机制化，如扩大联大的职权，提高安理会的代表性，非政府组织作为联大的观察员等。一些西方发达国家在国内民主和国际民主上存在巨大的落差。一方面，这些国家在国内社会建立了相对成熟的民主制度，民主的理念深入公民的日常生活；另一方面，在国际社会，这些国家的领导人却倾向于用霸权、集权和专权的方式处理国际事务。而许多发展中国家在国内民主和国际民主上也存在很大的反差。一方面，在国际社会倡导和追求民主和更大的发言权，但在国内，民主的进程却缓慢、滞后。

第三，全球治理的理念。经济全球化、信息技术的发展、全球性问题的涌现使国际社会日益成为一个命运共同体。全球治理意味着联合国要团结和联合世界公民社会的智慧、力量和责任，共同治理国际社会面临的贫穷、疾病、灾害、污染、教育、犯罪等全球问题的挑战。全球治理要求多

---

① 秘书长报告：《大自由：实现人人共享的发展、安全和人权》（A/59/2005），http：//www.un.org/chinese/largerfreedom/。

② 参阅联合国威胁、挑战和改革问题高级别小组报告，“一个更安全的世界：我们的共同责任”（A/59/565），http：//www.un.org/chinese/secureworld/reportlist.htm。

种行为体通过谈判和协商等方式，制定并监督执行国际行为准则，共同承担解决全球问题的任务。

第四，相对安全的理念。安全总是相对的。当今世界，各国之间存在着一种相互影响、相互依存和相互制约的关系，因此只能享有相对的安全，不可能享有绝对的安全。对一个国家而言的“绝对安全”，就是对其他国家的“绝对不安全”，因此国际社会有义务让即使弱小的国家和边缘族群也感到相对安全，以避免他们因为绝对不安全而转向寻求大规模杀伤性武器和恐怖主义。

（二）机制培育：发展一种联合国—地区组织—相关国家的三方机制

联合国作为最具普遍性和权威性的政府间国际组织，其主要优势是设立全球议程、确立全球规范、集中全球民意，为成员国提供一整套处理相互关系的原则、规范和程序。地区组织的优势则表现在反映地区特点、协调地区利益、推动地区合作，为本地区国家提供一系列整合资源、避免冲突、开展合作的机制和平台。主权国家是国际社会的基本行为体，因发展水平、政治体制、外交政策、宗教文化等方面的差异，其国家利益存在竞争甚至冲突。冷战结束后，国家内部发生危机和冲突的现象越来越引起国际社会的关注，有的甚至影响周边和地区安全。这时，如果联合国直接插手国家内部事务，往往不能取得很好的效果。如果联合国通过地区组织，发挥各自优势，与当事国形成三方机制，则能产生事半功倍的效果。

2003 年以来，苏丹政府和反政府武装在达尔富尔问题上发生冲突，造成严重的危机。苏丹政府担心主权受侵害、内政受干预，反对联合国取代非盟派驻维和部队。经多方斡旋，苏丹政府最后同意接受联合国与非盟向达尔富尔地区派驻混合部队的方案。这样，达尔富尔危机得到了一定程度的缓解。这一机制也为联合国在其他国家的维和行动提供了启示。

2008 年 5 月，缅甸受强热带风暴“纳尔吉斯”的袭击，造成十多万人死亡和失踪。联合国很快启动援助行动，但缅甸政府出于多种考虑，拒绝外部援助直接进入，表示希望通过东盟接受援助。此时，东盟发挥了作为地区组织的积极作用，成立了联合国—东盟—缅甸三方小组，形成以东盟为主导的缅甸救灾协调机制，东盟与联合国还共同主办援助缅甸国际会议。此后，救援工作顺利开展，这为国际救援提供了一个很好的范例。

（三）能力建设：提高联合国的综合治理能力

联合国成员的普遍性和工作的广泛性决定了其在综合治理中独一无二的地位。联合国的贡献和成就有目共睹，但不可否认，联合国依然在许多安全问题上无能为力、在很多发展问题上力不从心、在诸多人权问题上吃力不讨好。一个重要的原因是联合国系统机构庞大而能力建设不足。因此，提高联合国机构的行政和执行能力、加强联合国组织与主权国家和非国家行为体的协调和沟通能力、改进联合国系统的管理和监督能力，从而全面提升联合国的综合治理能力，应成为联合国的一项重要任务。

（四）推动改革：重振联合国的威信

美国绕开联合国发动科索沃战争和伊拉克战争带来的“外伤”和联合国机构的腐败及低效现象造成的“内伤”，使联合国的威信受到严重损害。潘基文上任后即指出，“联合国必须正视和消除分歧，努力在成员国、秘书处、主要利益相关方之间重建信任”。[①]

因此，联合国面临的重要任务是改善联合国机构的管理和效率，重树各国对联合国的信心。同时，正确处理好联合国与美国的关系，重建美国对联合国的信任。而更重要的是，致力于安全、发展和人权三大问题的治理，重振联合国在国际社会的威信。

目前，联合国改革特别是安理会改革已进入一个新的阶段。要推动联

---

① 候任秘书长在新闻发布会上的发言，2006 年 10 月 13 日，http：//www. un. org/News/Press/docs/2006/sg 2117. doc. htm。

合国改革进一步向前进行，需要处理好几对关系。

第一，安全、发展和人权并行。安全问题一直是联合国工作的“重中之重”。安理会是联合国六大宪章机构中规模最小但权力最大的一个，联合国每年的维和费用是正常预算的几倍。然而，“发展是硬道理”，世界上的许多不安全就是因欠发展引起的。同时，人权的价值越来越突出，因为安全首先是人的安全，发展的目的最后也是为了人。近年来，联合国在传统维持和平的基础上加强了“建设和平”，出台了“全球反恐战略”，成立了人权理事会并提出“保护责任”的概念，确立并开始落实“千年发展目标”。联合国应强调安全、发展和人权三者之间的相关性，关键是通过发展实现安全这一硬价值和人权这一软价值。只有这样，才能走出目前国际社会面临的“安全困境”和“人权难关”。

第二，政治改革与行政改革并举。以增加安理会席位和修改宪章为主要内容的政治改革涉及到权力、利益的分配和观念、秩序的重构，因此分歧较大，往往是“雷声大、雨点小”。而以提高效率、实现廉洁为目标的行政改革则因为触及既得利益，难度也不小，一直是“谨小慎微”。然而，改革是“人心所向”，也是联合国的唯一出路。当务之急是一方面要尽快制定安理会改革的路线图，确定安理会改革的原则和框架，另一方面加快联合国的机构改革。从长远看，人权理事会应提升为宪章机构，取代名存实亡的托管理事会。

第三，主权和人权并列。这涉及到联合国为谁服务、对谁负责的问题，是主权国家还是各国人民?《联合国宪章》的第一句话是“我联合国人民团结起来追求更美好的世界”。冷战结束以来，发达国家与发展中国家之间围绕“主权高于人权”还是“人权高于主权”争论不休。事实上，在国际社会，主权涉及国与国之间的关系，人权关乎公民与国家之间的关系。人权至上体现的是一种目标和价值，而主权平等则是国际关系中的一种游戏规则，在制度上表现为联合国大会的一国一票。联合国应坚持主权平等的原则，同时追求人权目标的实现。

三、中国的责任和贡献

近几年，中国在国际舞台上的声音越来越响亮，正向全世界展示中国作为一个崛起中的和负责任的大国形象。联合国外交是中国多边外交的核心和基础，这几年我国的联合国外交可谓有声有色。随着中国国力的上升和国际地位的提高，中国将为联合国的发展承担更多的责任、发挥更好的作用做出更大的贡献。

（一）致力于公正和平等，更好地体现亚洲和发展中国家的利益

以2006年秘书长选举为例，中国坚持地区轮换制度，支持来自亚洲的联合国新秘书长人选，反映了亚洲国家的呼声。联合国宪章规定，秘书长是联合国的首席行政长官，由安理会推荐、大会任命，但宪章没有对秘书长的选拔标准做出具体规定。关于秘书长的选举，联合国在几十年的实践中形成了两个惯例：一是秘书长一职由欧洲、亚洲、非洲和拉美4个地区的国家轮流担任，即地区轮换制度；二是安理会5个常任理事国不担任秘书长，而一般由中小国家的人员担任。这些惯例得到了绝大多数会员国的接受。自1971年后，来自欧洲、拉美和非洲国家的秘书长已先后有4任，因此中国坚持应继续按地区轮换的制度，新一任秘书长应来自亚洲国家。美国曾提出“能力标准”，但发达国家和发展中国家对“能力”有不同的评判标准，也不易操作，很难达成一致意见。因此，至多在地区轮换的“大标准”下，考虑能力这一“小标准”。

又如，中国成为人权理事会的成员，提出改善全球人权的新路，表达了发展中国家的心声。2006年5月9日，第60届联大举行新成立的人权理事会的首次选举，通过“海选”从64个候选国中选出47个成员国，中国以146票的高票当选，并在随后的抽签中幸运地抽到了3年的任期。这次理事会成员的选举主要有两个“标准”：一是在保护和促进人权方面

所做的贡献；二是在这方面自愿做出的承诺。在前一方面，近年来中国在人权领域取得的进步有目共睹，并已加入 22 项国际人权公约；[①] 就后一方面，中国在报名文件中表示，“中国政府一贯致力于促进和保护人权及基本自由，并积极参与国际人权对话与合作。中国政府支持人权理事会以公正、客观和选择性方式处理人权问题，加强不同文明、文化、宗教间的建设性对话与合作”。我们相信，中国在和平发展和人权进步的同时，在国际人权领域也将发挥更积极的建设性作用。

（二）突出贡献和责任，为联合国的和平和发展事业竭尽全力

首先，中国将对联合国维和行动做出新的贡献。据我国国防部维和事务办公室提供的数据，自 1990 年第一次向中东地区派出军事观察员以来，中国迄今共参加了 15 项联合国维和行动，共派遣维和人员 6000 余人次。而据联合国维和网站公布的资料，截至 2009 年 1 月底，中国共有 2146 人在执行 10 项维和任务，其中军人 1892 名、军事观察员 53 名、警察 201 名，是联合国安理会 5 个常任理事国中派出维和人员最多的国家。[②] 中国部署在黎巴嫩南部地区的中国维和工兵营 182 名官兵曾被联合国授予了联合国维和勋章。中国还支持和平建设委员会的工作，向建设和平基金捐助 100 万美元。

其次，中国将为联合国的发展事业承担更大的责任。2003 年，中国首次发布关于中国在实施千年发展目标方面所取得进展的报告。2008 年的报告显示，中国在实施千年发展目标方面取得了巨大进展，已提前 7 年大部分完成甚至超越了消除贫困、饥饿、文盲、降低婴儿和 5 岁以下儿童死亡率等目标。中国在降低孕产妇死亡率、防治艾滋病和肺结核病等方面

---

① 国务院新闻办公室：《中国的法治建设》白皮书，2008 年 2 月。

② 联合国维和网站：http：//www. un. org/chinese/peace/peacekeeping/contributors/index. htm。

也已进入正轨，有望到2015年实现所有目标。[1] 中国在实现自身发展的同时，也加强对发展中国家发展的援助。在2006年11月中非合作论坛北京峰会上，中国宣布促进中非在更大范围、更广领域、更高层次上合作的8项政策措施。[2] 这是中国对联合国发展事业所做贡献的一个缩影。

（三）注重培养和竞争，为联合国组织输送更多的领导和人才

自1972年恢复联合国席位到2005年的33年间，中国除因政治因素非竞选就任过联合国副秘书长等职位外，从未参与联合国及其专门机构的高层职位竞选。但从2005年10月开始，中国人逐渐走上了国际组织领导人的角逐场，每年都有中国公民出任联合国专门机构的最高决策层。这表明我国的多边外交正经历重大的转变，即从低调到活跃、从过去的被动参与到现在的积极主导。

2005年10月24日，中国教育部副部长章新胜竞选获胜，就任联合国教科文组织（UNESCO）执行局主席。2006年11月9日，来自中国香港的陈冯富珍女士被任命为世界卫生组织的第七任总干事。据悉，这是首次有中国人在联合国专门机构担任最高职位，由华人主政一个国际组织也是历史上的第一次，中国政府全力支持和“高调”推荐本国公民成功角逐国际组织的第一把手，也是一个零的突破。难怪有媒体称“这是一个历史性的时刻，一件历史性的大事”，更有人认为这是“香港的光荣”、“中国的荣誉”、“世界华人的骄傲”。就在陈冯富珍被任命为世卫组织总干事的第二天，国际电联（ITU）选举中国籍的赵厚麟为副秘书长。2007年11月27日，世界贸易组织任命中国律师张月姣为该组织负责裁决贸易争端的最高机构——上诉机构的成员，成为中国首位世界贸易组织大法

---

① 中国外交部、联合国驻华系统：《中国实施千年发展目标进展情况报告（2008）》，http：//www. undp. org. cn/downloads/mdgs/mdg2008cn. pdf。

② 中国外交部政策研究司编：《中国外交》（2007年版），世界知识出版社2007年版，第44页。

官。2008 年 2 月 4 日，世界银行行长佐利克正式任命中国经济学家林毅夫为世界银行副行长兼首席经济学家。这是世行首次任命发展中国家人士出任这一要职。

全球化既给世界带来了繁荣和进步，也给我们留下了诸多问题和危机。无论是繁荣和进步的持续，还是问题和危机的处理，联合国和国际组织的作用越来越突出。建设和平委员会的设立、千年发展目标的制订和实施、人权理事会的成立，表明联合国在安全、发展和人权三大领域的工作平衡地得到加强。在这一过程中，随着亚洲特别是东亚经济的迅速发展，亚洲人在国际事务中的作用也越来越突出。在联合国秘书长竞选中，7 位候选人有 6 位来自亚洲，在世卫组织总干事的角逐中，5 位候选人中有 3 位是亚洲人。潘基文和陈冯富珍的当选，既是亚洲崛起的体现，也是亚洲实力的证明。此外，亚洲文化的包容、多样和开放，亚洲人的谦逊、温和、低调也起到了积极作用。可以相信，随着亚洲经济的崛起和文化的传播，亚洲人在联合国和国际组织担任领导职务的前景也会越来越好。而作为亚洲最大的国家，中国除了为世界经济增长提供动力和经验外，还可以为国际社会提供人力资源的支持。可以肯定，随着中国国力的加强、国际地位的提升以及和平外交的拓展，在联合国和国际组织中会有越来越多的中国面孔。

（四）加强组织和研究，不断提高参与联合国事务的能力

为了更有效地参与联合国事务，中国要大力提升三种能力。

第一，注重向联合国机构输送人才的能力。这不仅体现一个国家的软力量和人才的国际竞争力，也是树立良好国家形象和扩大国家影响力的重要途径。世界上有几千个政府间国际组织、几万个非政府间国际组织，我国公民在其中的数量恐怕还相当有限，与我国的综合实力和国际地位还不太相称，其中很重要的原因是我们的意识、宣传和组织工作还不到位，因此有必要加强这方面的工作。

第二，培育设立议程的能力。多年来，我们在人权问题、台湾问题等

方面比较被动，原因之一是我们在议题设置方面缺乏经验和能力。可尝试在中国有力量和道义优势的问题，如能源、外空非军事化等方面取得突破，从而积累经验和能力。2008 年 2 月，中国和俄罗斯在联合国裁军谈判会议上共同提出“防止在外空放置武器、对外空物体使用或威胁使用武力条约”的草案，就是一个很好的尝试。

第三，加强联合国问题的研究能力。鉴于联合国的广泛性、权威性和重要性，将联合国研究学科化，创建一门联合国学已成为必要和可能。应加快联合国研究的队伍建设和资源整合，尽快培养一批专门研究联合国问题的人才。同时就联合国和中国与联合国关系的重大问题开展研究，如我国联合国地位和作用的演变、我国多边外交的继承和创新、如何平衡主权原则和保护的责任之间的关系、在联合国如何应对做一个负责的大国、新世纪国际格局的演变与联合国改革、如何在联合国推行“和谐世界”理念等。

联合国与全球安全治理*

1945 年 8 月，美国在日本广岛和长崎投放原子弹，大规模杀伤性武器从此与人类“结缘”。在人类首次使用大规模杀伤性武器后两个月，联合国正式成立。从此，国际社会一方面有了一种足以摧毁地球生命和人类文明的恐怖武器，另一方面有了一个致力于全球安全治理的由主权国家组成的代表性最广泛、最有权威的国际组织。可见，大规模杀伤性武器和联合国几乎是同时出现在人类面前的。

作为“维护国际和平与安全”① 的一个主要多边机构，联合国自成立之日起就努力通过军备控制、防扩散和裁军等途径实现裁减和防止包括核武器、生物武器和化学武器在内的大规模杀伤性武器的目标。为此，联合国建立了一系列规则和机制，成员国之间达成大量的条约和协定，并成立专门机构帮助实施。② 但是很显然，这一目标的实现并不乐观。在核武器领域，核军控作用十分有限，核扩散相当严重，核裁军进展非常缓慢。在

---

* 原载中国联合国协会编：《联合国与和谐世界》，世界知识出版社 2008 年版，第 131—147 页。

① 《联合国宪章》第一条，见联合国网站，http：//www. un. org/chinese/aboutun/charter/chapter1. htm。

② 联合国大会通过的第一个决议（A/RES/1（I））就是关于“设置委员会处理由原子能之发现所引起的问题”，决定“必要范围内之原子能控制，以确保其仅为和平目的而使用”，“摒除国防军备中原子武器以及其他一切为广大破坏之主要武器”，见 http：//www. un. org/chinese/aboutun/prinorgs/ga/1/1all1. htm。

生化武器方面，由于其使用范围的扩大化和使用手段的隐蔽化，禁止生化武器的困难不断增加。在大规模杀伤性武器的运载工具方面，随着导弹技术的发展和导弹防御的开展，防止导弹扩散的难度越来越大。外空武器化和军备竞赛有加剧的趋势，空间军控面临新问题和新挑战。由于国际安全保障体系的不足，地区紧张局势起伏不定，以及潜在冲突的存在，常规军备控制和裁军受到严重的制约和阻碍。

因此，在非传统安全威胁不断增加的同时，大规模杀伤性武器的扩散、空间军备竞赛和常规武器的泛滥依然是全球安全的主要威胁和难题。联合国要在军备控制、防扩散和裁军领域取得成功，进而实现全球安全治理依然任重而道远。

目前，联合国在“维护国际和平与安全”中的主要问题是：第一，国际安全的一些重大问题，如朝核、伊核、伊拉克和阿富汗等热点地区（如中东、南亚等）虽然都被提到联合国讨论，但实际上联合国对解决这些问题处于非主导地位；第二，作为联合国全球安全治理核心机构的安理会的代表性严重不足，权威性受到侵蚀；第三，对防扩散领域出现的新挑战缺少有效的应对措施；第四，对如何有效应对非国家行为体和非传统安全问题缺乏经验，尚无一项长远的战略；第五，对于如何介入冷战结束后出现的大量内部冲突和其他安全问题，国际社会难以达成广泛的共识和一致行动。造成这些问题的主要原因是联合国未能在国际社会倡导与时俱进的新理念，缺乏应对全球化时代各种威胁的有效机制，以及处理和解决各类全球性问题的能力不足。

联合国在军控、裁军和防扩散领域的“解决之道”是致力于全球安全治理，包括治理理念的更新、治理机制的完善和治理能力的培育。在联合国全球安全治理过程中，集体安全的基本理念应该与时俱进，综合安全的机制建设有待加强，合作安全的多种能力需要提升，只有这样，共同安全的根本目标才有可能实现。

一、联合国与集体安全理念

集体安全理念是《联合国宪章》的灵魂和联合国机构及其活动的基础，其核心是以集体的力量保障成员的安全，强调安全同享、风险共担。集体安全可以通俗地理解为“一国为大家，大家为一国”（one for all, and all for one）。大国一致是联合国集体安全的主要原则，安全理事会是联合国集体安全的主要机构。

然而，在冷战时期，联合国的集体安全受制于东西方之间的对抗，集体防务代替集体安全成为国家维护安全的主要选择。冷战结束后，集体安全重新受到重视，联合国维和行动有了新的发展。但由于非传统安全威胁的上升和传统安全威胁的复杂化，联合国在军控、裁军和防扩散领域通过集体战略、集体机构和集体责任实现全球安全治理的努力仍面临许多困难和挑战。

2004 年 12 月，联合国威胁、挑战和改革问题高级别小组向联合国秘书长提交了题为《一个更安全的世界：我们的共同责任》的报告，提出更全面的集体安全的概念。报告指出对 21 世纪国际安全的 6 组威胁，其中“核武器、放射性武器、化学和生物武器”是其中之一。为了应对这一威胁，报告提出了 4 个层次的战略，即“减少需求”、“减少供应”、“强制执行”和“公共保健防卫”。[①] 采取这些实际行动当然十分必要，如果得到有效执行，可能有助于大大减少大规模杀伤性武器对国际安全的威胁。但是，指导人们行动的是理念，大规模杀伤性武器的生产和使用及其威胁的形成，一个重要原因是集体安全的理念受到怀疑和冲击。

---

① 参阅联合国威胁、挑战和改革问题高级别小组报告，《一个更安全的世界：我们的共同责任》（A/59/565），第五部分“核武器、放射性武器、化学和生物武器”，第 107—144 页，http：//www. un. org/chinese/secureworld/reportlist. htm。

（一）对集体安全理念的主要威胁

在成员国的对外战略和外交活动中，存在一些削弱集体安全的理念。

第一，崇尚武力的理念。联合国的集体安全理念要求成员国承诺不使用武力手段解决彼此之间的争端，但在国际关系现实中，武力和武器的作用依然十分突出。全球性大国倾向于使用武力来对付威胁，把军事力量作为维护其全球和地区利益的最主要手段，地区性大国则把拥有大规模杀伤性武器作为提高国际政治地位和声望的必要途径，一些小国寻求发展大规模杀伤性武器作为与大国对抗的资本，以维护自身的安全。

第二，单边主义的理念。联合国的集体安全理念还要求，一旦有成员国对别的成员国使用武力，则联合国可利用集体的力量加以阻止。但在国际关系越来越复杂的今天，人们很难断定谁首先或是否真正违反了国际准则，尤其是少数西方大国在国际社会还没有达成基本共识或未得到安理会明确授权的情况下单方面使用武力，有一些成员国则单方面退出国际条约或不履行国际义务和承诺。

第三，联盟依赖的理念。联合国集体安全理念的特点是通过威慑以防止体系内任何一个成员国对其他成员国使用武力，从而保障所有成员国的安全。冷战时期，以对付外部威胁为特点的军事联盟的建立大大削弱了联合国集体安全的有效性。冷战结束后，虽然有的军事联盟如华沙条约组织等已经解散，但双边和多边军事联盟仍是一些国家安全战略的基本选择。北约、美日军事同盟等不但没有解散，而且还在不断扩大和加强，表明冷战心态并没有随着冷战的结束而自然消失。

第四，绝对安全的理念。联合国集体安全理念追求的安全是共同安全，联合国设想任何成员个体的力量不会超过集体的力量。然而，事实是，唯一超级大国美国却为了确保自己一国的绝对安全，一方面大力加强它已有的超强的军事力量，其国防开支超过其他所有国家国防开支的总和以及开发导弹防御体系，而且把一国的安全置于他国的安全之上。这种绝对安全理念不仅破坏了原有的战略稳定，也在很大程度上刺激某些无核国家加快寻求拥有大规模杀伤性武器的进程。

所有这些理念和在这些理念指导下的政府政策和行为都在不同程度上影响了联合国集体安全的作用。

（二）与时俱进的集体安全理念

今天的世界与60多年前联合国成立时集体安全的倡导者们所处的世界相比已发生翻天覆地的变化，世界所面临的威胁的性质、类型和特点也已大不相同。集体安全理念需要根据时代的变化进行相应的更新和补充。

第一，有效多边主义的理念。有效多边主义正成为国际社会特别是亚欧国家的共识。2003年12月中国发表的《中国的防扩散政策和措施》白皮书和欧盟通过的《应对大规模杀伤性武器扩散战略》有一个共同的理论前提，就是有效的多边主义。它意味着致力于裁军、防扩散领域有关条约、公约和准则的普遍参与、生效和实施，以及加强国际核查和履约机制和机构。

第二，外交优先的理念。在集体安全理念中，集体的军事力量是防止侵略和维护安全中至关重要的行动选项，但它主要是作为一种威慑工具和最后手段，并且必须得到安理会的明确授权，在联合国的主导下实行。一些国家的弃核行为说明，在军控、裁军和防扩散领域，优先通过外交途径解决分歧和冲突更为重要。而事实证明，先发制人的军事打击并不能解决问题，相反会产生更多、更复杂的问题。

第三，命运共同体的理念。经济全球化、信息技术的发展、全球性问题的涌现使国际社会日益成为一个命运共同体。核武器与国家安全之间并不存在必然的因果关系。5个核国家并没有因为拥有核武器而减少了安全威胁，几个事实上的核国家也没有因为掌握了核武器而增加了多少安全。[①] 因此，更重要的是要创造一种全球和地区安全环境，让所有国家感到即使没有大规模杀伤性武器也能拥有安全。

第四，相对安全的理念。安全总是相对的。当今世界，各国之间存在着一种相互影响、相互依存和相互制约的关系，因此只能享有相对的安全，不可能享有绝对的安全。对一个国家而言的"绝对安全"，就是对其他国家的"绝对不安全"。因此，国际社会有义务让即使弱小的国家和边缘族群也感到相对安全，以避免他们因为绝对不安全而转向寻求大规模杀伤性武器和恐怖主义。

（三）集体安全理念与全球安全治理

2006 年 5 月，瑞典防止大规模杀伤性武器扩散委员会（WMDC）向联合国秘书长安南提交了题为《恐怖武器——让世界摆脱大规模杀伤性武器》的报告。该报告对当前全球范围内包括核生化武器在内的大规模杀伤性武器扩散的现状及潜在威胁进行了较全面的评估，提出"减少当前武器库威胁、防扩散及取缔所有大规模杀伤性武器"3 个目标和 60 条相关的对策建议。[②] 这些目标和建议体现了通过集体安全进行全球安全治理的思想。

以集体安全的新理念指导联合国在军控、裁军和防扩散领域的安全治理，还需要进行以下几方面的努力：

第一，扩大普遍性。包括 5 个核武器国家在内的 188 个国家加入了《不扩散核武器条约》，从而成为成员最为广泛的多边裁军协定。由于目

---

① 美国是拥有核武器最多的国家，但也是安全问题最多的国家；苏联曾拥有庞大的核武库，但也没有避免解体的命运；英国和法国的安全主要来自于经济和政治联合；中国在拥有核武器后的相当长时间内安全环境依然非常恶劣。印度、巴基斯坦、以色列和朝鲜 4 个事实上的核武器国家所处的南亚、中东和东北亚正是安全关系非常紧张的 3 个地区。

② ［瑞典］防止大规模杀伤性武器扩散委员会：《恐怖武器——让世界摆脱大规模杀伤性武器》，世界知识出版社 2007 年，第 18、171—181 页。

前为止的扩散行为主要发生在体制外，因此应通过适当的制度安排把体制外的几个国家纳入到体制内。同时，应把太空非军事化（空间军控）提上联合国议事日程。太空为人类所共有，应确保太空在联合国指导和协调下共同开发，为人类和平和发展服务，而不为任何一个或几个国家所控制。

第二，加强有效性。目前，对缔约国退出《不扩散核武器条约》没有明确和严格的退出条件和退出机制。对“核武器”没有做出具体规定，无核国家可以合法地生产一个核武器所需要的所有零件。因此，现有核国家应遵守承诺，一方面对核裁军做出明确和具体的“时间表”，另一方面就和平利用核能提供“路线图”。无核国家应履行承诺，接受国际原子能机构的全面保障监督措施。要建立有效机制防止和反对在执行《不扩散核武器条约》中的双重标准。

第三，提升道义性。生化武器已被国际社会视为非法和不人道的武器而全面禁止。对同样是大规模杀伤性武器且破坏力更加可怕的核武器，同样应立足于禁止而不仅仅是限制。应把核裁军提到与核不扩散同样的高度。

第四，注意平衡性。一是核能和平利用与核不扩散之间的平衡。应避免和平利用与防扩散之间的对立，这不仅是一个技术问题，更涉及到政治、经济、军事和外交等领域。二是有核国家和无核国家在权利和义务之间的平衡。特别是有核国家因为处于安全上的优势和强势，因而有义务对无核国家提供具有法律约束力的安全保证和补偿。三是国家行为体和非国家行为体之间的平衡。随着非国家行为体获得大规模杀伤性的威胁的增加，不扩散体系的目标和内容应涵盖非国家行为体。

第五，完善组织性。与禁止化学武器公约组织（Organization for the Prohibition of Chemical Weapons，OPCW）和全面禁止核试验条约组织（Comprehensive Nulear Test Ban Treaty Organization，CTBTO）一样，《不扩散核武器条约》应有一定的组织保证。可设立秘书处以处理行政事务，同时与国际原子能机构建立工作关系，与联合国安理会建立政治关系。

二、联合国与综合安全机制

1977 年日本提出“综合安全”的概念，强调安全的多层面，既包括传统安全，也包括非传统安全。综合安全重视新安全因素，如非国家行为体和全球性问题的安全意义。非国家行为体包括国际组织、非政府组织、跨国公司等，它们的存在和发展对传统安全提出了挑战。全球性问题包括能源、环境、气候、粮食、水资源等日益具有安全意义，其解决过程会触及国家安全利益的分歧和安全政策的矛盾。综合安全还包括“人类的安全”，它摆脱以国家为中心的传统安全观，关注人类生活安全的保障与生活质量的提高，包括经济安全、粮食安全、公共卫生安全、环境安全、个人安全等。

非国家行为体和非传统安全因素正日益渗透到大规模杀伤性武器这一典型的传统安全问题领域，从而形成新的挑战。

（一）非国家行为体的安全挑战

从 20 世纪 90 年代初开始，包括核科学家和核走私分子的个人、跨国公司和恐怖主义组织进行非法生产和买卖，走私和盗窃核材料、核技术和核设备的问题开始凸现。三大事件的发生使国际社会和各国政府意识到非国家行为体核扩散对国际核不扩散体系构成严重挑战。一是 1991 年苏联解体导致非国家行为体核扩散危险的产生。二是 2001 年“9・11”事件引起人们对恐怖分子使用核武器的担忧。三是 2003 年卡迪尔・汗全球地下核走私网络的曝光证明非国家行为体获取核武器的危险的存在。

而无论是《不扩散核武器条约》的条款还是国际原子能机构的安全保障监督制度与核供应国集团的核出口控制制度都没有涉及这类非国家行为体的核扩散问题。主权国家和国际社会显然对此缺乏足够的经验和有效的措施。

非国家行为体对核不扩散体系形成的挑战主要表现在以下几个方面：第一，国际法和国际条约规定的义务只针对主权国家，对非国家行为体的行为规范没有约束力。第二，非国家行为体从事核扩散可能承担的政治和道德风险以及报复性打击的代价极低。第三，核技术扩散和核材料走私非常隐蔽，国际社会无法对其进行持续的跟踪和有效的控制。第四，国际上还没有一个具有法律约束力的全球核安全标准，各国对核武器和核材料的安全保护措施各不相同，一些国家对非国家行为体核扩散监控不力。第五，出于商业利益或政治目的非法进行的敏感或两用技术和材料交易的现象越来越严重，增加了防扩散的广度和难度。

目前，国际社会为防止非国家行为体核扩散而采取的措施主要有两条：一是2004年4月通过的联合国安理会第1540号决议，决定“各国应采取和实施有效措施，建立国内管制，以防止核生化武器及其运载工具的扩散，包括对相关材料建立适当管制”。[①] 它要求所有国家建立有效的国内控制以防止核武器和相关材料向/从非国家行为体扩散，并把违反这些规定定为犯罪。但发展中国家因为专业技术能力不足、发达国家从工业和商业利益考虑，这一决议的执行不容乐观。二是2005年4月联合国大会通过、同年7月正式生效的《制止核恐怖主义行为国际公约》，对核恐怖犯罪行首次进行了界定。[②] 但只有20多个国家签署和批准这项公约，这一定程度上影响了打击国际核恐怖主义的广度和力度。

（二）非传统安全问题

当代国际社会正面临大量超越国家和地区的界限，关系到整个人类生存与发展的严峻问题，因其产生一定的安全影响，具有安全意义，从而形成为非传统安全问题，如“经济安全、粮食安全、健康安全、环境安全、

① http：//www. un. org/chinese/aboutun/prinorgs/sc/sres/04/s1540. htm.

② http：//untreaty. un. org/English/notpubl/Chinese_ 18_ 15. doc.

人身安全、共同体安全和政治安全”。[①] 进入21世纪后，恐怖主义、能源短缺、气候变化、水资源、食品安全等成为新的非传统安全问题。

在非传统安全问题对传统安全问题的影响和渗透方面，核能与核武是一个非常典型的例子。

人类和平利用核能已有长足发展。[②] 随着能源需求上涨和能源供应不足之间的矛盾和全球气候变暖问题的突出，人们对核能的需求在不断上升。但是，从技术上讲，从核能到核武只是一步之遥，核能的和平利用和军事利用的界限是微妙的。现有的核扩散无一例外地走过了从核能到核武的道路。从政治上讲，在和平利用与防扩散之间关系上存在3种不同的侧重点。第一种是重和平利用轻防扩散；第二种是重防扩散轻和平利用；第三种是和平利用和防扩散并重。国际社会必须寻求和平利用核能和防扩散之间利益和政策的平衡点。

（三）综合安全机制与全球安全治理

总的来说，联合国在应对非国家行为体挑战和非传统安全威胁方面还缺乏明确的理念和有效的机制，因此需要整合系统内的资源，在全球应对非传统安全威胁特别是在气候变化、恐怖主义、贫困和贫富差距等方面起主导作用。综合安全的特点要求联合国在军控、裁军和防扩散领域的全球安全治理过程中加强以下机制建设：

第一，重视传统安全问题的“非传统化”表现和非传统安全问题的传统根源，探索军控、裁军和防扩散问题的综合治理机制。冷战结束以来，主权国家之间发生冲突和战争的可能性明显减少，但国家内部族群之

① 联合国开发计划署：《人类发展报告》（1994年），http://hdr.undp.org/en/reports/global/hdr1994/。

② 据世界核协会（WNA）提供的资料，截至2008年3月，全球有30个国家共运行439台核电机组，在建35台，计划中91台，拟建228台，2006年核发电量占总发电量的16%。http://www.world-nuclear.org/info/reactors.html。

间的争端却越来越多，且对周边安全形成威胁，而大量非传统安全问题正是长期以来的对抗、不平等和不平衡造成的。这就要求我们从更广泛的全球安全环境下来看待和处理军控、裁军和防扩散问题，综合考虑和照顾各方的安全利益和安全关切，才能走出困境。

第二，裁军和防扩散的联动机制。联合国应致力于推动成员国裁军和防扩散的同步和平衡发展，实现有核国家与无核国家之间的共同安全。所有有核国家应明确宣布承诺不首先使用核武器的政策、加强核安全措施、共同做出必要的具有法律约束力的安全保证、立即开始核裁军谈判和弃核进程。与此同时，无核国家应积极支持无核区建设，接受国际原子能机构的全面保障监督措施。

第三，提高联合国安理会第1540号决议的执行效力和扩大《制止核恐怖主义行为国际公约》的缔约范围。为此，发达国家应提供资金、技术和培训，帮助发展中国家提高防扩散和出口管制的意识和能力。同时加强国际社会在防扩和反恐之间的协调，以尽可能地达成共识和采取一致行动。

第四，建立防扩散的预警机制，通过预防性外交、建设性干预等手段防止扩散升级。有核国家应有效控制其境内的核武器和核材料，建立必要的的预警机制，避免向其他国家扩散或落入恐怖分子手中。有核国家一旦陷入国内政治冲突而出现核武库和核材料失控的危险，联合国应及时介入以确保其安全。

第五，有核国家之间建立信任措施和透明机制，采取切实行动进行核裁军。有核国家不仅应对无核国家承诺不首先使用核武器，而且应在相互之间做出导弹互不瞄准对方的承诺，相互交换核设施和核活动信息，采取有助于核裁军的措施。

第六，建立国家信用机制，对单边行动实行制约。根据各国在军控、裁军和防扩散领域的表现，建立国家信用等级制度，对守约、遵约和履约表现良好的国家和自动弃核的行为实行奖励，对未签约、退约、毁约、未履约等行为做出适当的惩处安排。

第七，建立可行和有效机制适应对和平利用核能日益增长的需求，切实解决防扩散与和平利用核能之间的矛盾。

三、联合国与合作安全能力

合作安全顾名思义就是通过合作来实现安全。按照澳大利亚前外长埃文斯的解释，合作安全“这一概念往往意味着协商而非对抗，确保而非威慑，透明而非秘密，预防而非纠正，相互依存而非单边主义”。[①] 在合作安全中，共同利益是物质前提，相互依赖是政治基础，维护和平与稳定是共同目标，建立安全机制是制度保证。

（一）地区合作安全实践

合作安全的地区实践以欧洲安全与合作组织、东盟地区论坛和上海合作组织为代表，其特点是以多边参与和协商为基础，以发展预防冲突机制为目标，以建立信任措施、预防性外交、建设性干预等为手段，是一种创新。

有中国学者认为，北约和欧盟是“欧洲安全结构的领导力量，是主导结构建设和发展方向的两个核心”。[②] 但是，欧洲安全与合作组织是唯一一个包括所有欧洲国家在内的安全机构，对欧洲安全起着独特的补充和辅助作用。欧安组织实行协商一致的决策原则，其决定对成员国只有政治效力而没有法律效力。近年来，欧安组织在强调民主、人权等“第三篮子”职能的同时，加强了早期预警、冲突预防、危机处理和冲突后重建等新职能，作为欧洲地区成员最为广泛的安全组织，欧安组织倡导的合作安全和多边主义原则与北约的集体防御和军事结盟政治形成了鲜明的

---

① Gareth Evans, Cooperative Security and Intrastate Conflict, *Foreign Policy*, no. 96, 1994, pp. 3 – 20.

② 朱立群著：《欧洲安全组织与安全结构》，世界知识出版社2002年版，第236页。

对比。

东盟地区论坛是目前亚太地区最主要的官方多边安全对话和合作渠道。1994 年东盟地区论坛成立时确立了两大目标：一是就共同关心和有共同利益的政治、安全问题进行建设性对话和磋商；二是为亚太地区信任关系建设和预防性外交做出贡献。针对亚太地区面对的 3 个挑战（伴随经济快速增长而来的权力关系转变及可能导致的冲突、国家大小和发展水平的差异和文化种族宗教的多样性，以及历史遗留的尚未解决的领土和其他分歧），东盟地区论坛发展出三阶段的渐进式应对方法：促进信任建立措施、发展预防性外交机制和建设冲突解决机制，从而在亚太地区发展一种更可预见和建设性的国际关系模式。①

上海合作组织是中国发挥主导作用的第一个地区性国际组织。中国、俄罗斯和中亚 4 国在上海合作组织的框架内以相互信任、平等互惠、相互协商、相互尊重文化的多样性和共同发展为原则，体现了建立在平等合作和互利互信基础上开放的、不针对第三国的新型国家关系和区域安全合作模式，进一步发展了合作安全。

（二）合作安全能力与全球安全治理

欧洲和亚洲地区合作安全的实践对联合国在军控、裁军和防扩散领域活动的启示是以多边谈判和协商为基础，寻找各方利益的共同点和交汇点，照顾有关各方的安全关切，通过多边合作不断促进共同利益。事实证明，单边主义和军事手段不能解决全球安全问题，多边主义和对话、谈判、协调、妥协才是获得安全的主要工具。2004 年亚欧外长会议的主题就是“构筑以有效多边主义为基础的国际秩序”，中国外长在此次会议上指出，“多边主义是应对人类共同挑战的有效途径，是解决国际争端的重要手段，是全球化良性发展的有力保障，是促进国际关系民主化和法制化

① The ASEAN Regional Forum：A Concept Paper，http：//www. aseanregionalforum. org.

的最佳途径”。[①]

联合国在军控、裁军和防扩散领域需要不断提升合作安全的能力。

第一，建立信任措施（CBMs）的能力。建立信任措施是国家之间为增进相互了解、减少猜疑，从而缓解紧张局势并防止发生冲突而采取的措施，如交流、透明度、限制、核查等。联合国曾于1982年发表《全面彻底裁军：建立信任措施》的报告，把建立信任措施作为走向全面裁军的第一步。20世纪90年代，中国先后与俄罗斯、中亚国家和印度签署了有关建立信任措施的协定，很大程度上缓和了中国的周边安全环境。在军控、裁军和防扩散领域建立信任措施，一个切实可行的行动就是有核国家宣布互不把核导弹瞄准对方，重申互不首先使用核武器。在此基础上，通过循序渐进的方式，从单边到双边、从双边到多边、从非政府到政府、从次区域到区域，探索从自愿分享情报和接受监督到强制性地核查，再到建立防止冲突与和平解决争端的机制。[②]

第二，预防性外交的能力。根据东盟地区论坛关于预防性外交的概念界定和实践经验，“预防性外交是主权国家在所有直接当事国都赞同的情况下采取各方都愿意参与的外交和政治行动，以有助于防止国家之间产生有可能潜在地威胁地区和平与稳定的争端和冲突，有助于防止这类争端和冲突逐步升级为武装对抗，以及有助于最大限度地减少这类争端和冲突对该地区的影响”。[③] 在军控、裁军和防扩散领域，预防性外交的目标是防止核国家之间形成争端/冲突，防止这样的争端/冲突逐步升级为武装对抗，以及防止这样的争端和冲突上升为核对抗。为此，有核国家特别是美俄两国应降低大部分战略核力量的戒备状态，增加核武库的透明度和相互检查的力度。

第三，预防冲突的能力。预防冲突就是要防患于未然。世界观察研究

---

① “李肇星部长在亚欧外长会议上关于多边主义问题的主旨发言”，2004年4月19日。

② 刘华秋主编：《军备控制与裁军手册》，国防工业出版社2000年版，第429—442页。

③ “东盟地区论坛预防性外交的概念和原则”（2001年7月25日第八次东盟地区论坛通过），http：//www. aseanregionalforum. org/。

所在一份报告中提出，创建更加安全的世界的三个核心原则之一是实行本质上是预防性的安全政策。[①] 联合国非常重视冲突的预防，认为预防性外交、预防性部署和预防性解除武装是防止争端升级为冲突以及防止冲突再次爆发的主要战略手段。2001 年 6 月，当时的秘书长安南向大会做了“预防武装冲突”的工作报告，提出要在会员国和联合国系统两个层面加强预防冲突的能力。[②] 这种预防冲突的能力在军控、裁军和防扩散领域中也非常重要。军控、裁军和防扩散任何实质性的进展都只能在没有冲突的情况下取得。国家间冲突的发生有一个过程，从最初利益和观念的分歧，发展为经济政治和安全的矛盾，再上升到各种类型的争端，最后演变成相互之间的冲突。因此，预防冲突要从缩小分歧、缓和矛盾和调停争端等方面着手，而提高防扩散的早期预警能力和可持续核查能力也非常重要。

第四，（核）危机管理的能力。危机管理在国际关系中的重要性越来越突出。冷战结束后相继发生的伊拉克、印度和巴基斯坦、伊朗和朝鲜等问题表明，核危机已成为影响国际和平与安全的最大危机事件，成为影响地区稳定的主要因素。国际社会在处理核危机时形成了几种模式，如武力介力（伊拉克模式）、经济制裁（伊朗和利比亚模式）、大国干预（独联体模式[③]）、多边谈判（朝鲜模式）、建立信任措施（印巴模式）等。从独联体三国和利比亚弃核、印巴朝公开核试验、伊朗核模糊等事例来看，提高核危机管理能力的关键是要根据核危机的不同特点和不同阶段综合运用各种模式。

---

① 世界观察研究所编：《世界报告 2005：重新定义全球安全》，河北教育出版社 2005 版，第 20 页。

② “预防武装冲突”，秘书长关于联合国工作的报告（A/55/985-S/2001/574），http：//daccessdds. un. org/doc/UNDOC/GEN/N01/404/63/PDF/N0140463. pdf? OpenElement。

③ 指乌克兰、哈萨克斯坦、白俄罗斯三国放弃苏联在其境内部署的核武器。

四、联合国与共同安全目标

1982 年，瑞典首相帕尔梅主持的“裁军和安全问题独立委员会”发表《共同安全：生存蓝图》的报告，首次提出“共同安全”的概念。该报告为共同安全制定了六项原则：第一，所有国家都享有安全的合法权利；第二，军事力量不是解决国家间争端的正当手段；第三，国家政策中有必要存在保持克制成分；第四，安全无法通过军事优势获得；第五，武器的裁减和质量限制是共同安全所必须的；第六，应避免将军控谈判与政治事件挂钩。①

1983 年，联合国秘书长德奎利亚尔任命一个政府间安全概念研究小组，他在为该小组提交的报告所写的前言中指出，“所有国家有权保证它们自己的安全，然而它们也应负有责任，以确保国家政策不危害全球安全”。②

共同安全概念拓展了安全的定义，承认国际体系中所有国家在安全上的相互依存。它要求各国从更高的视角和范围看待本国的安全，将本国的安全与周边国家的安全、地区安全乃至世界安全结为一体，以谋求所有国家的共同安全为目标。共同安全观从 4 个方面帮助人们深化对安全问题的认识：第一，扩大了“非进攻性防御”概念的视野；第二，进一步宣传了“建立信任措施”的用处；第三，使人们再次思考相互依赖的安全意义；第四，第三世界发展问题如贫困作为一个潜在的安全问题提上议事日程。

共同安全是欧洲国家对冷战时期美苏在欧洲军备竞赛升级的一种反应，是作为对东西方对抗特别是战略核威慑的一种反动而出现的。共同安

---

① Olaf Palme ed., *Common Security: A Blueprint for Survival*, New York: Simon and Schuster, 1982, pp. 7－11.

② *Concepts of Security*, A/40/553, United Nations Publications, 1985, p. v.

全建立在三个核心观念上：一是相互依赖。一国不可能在别国不安全的情况下获得自身的安全，这种观念反对军备竞赛的逻辑，而倾向于防御和裁军；二是多层面的安全观。安全的非军事因素（如环境）被赋予更突出的地位；三是一种认识，即安全政策应更强调人民的安全而不仅仅是国家的安全。

共同安全也是中国追求的目标。国家主席胡锦涛在联合国成立60周年首脑会议上的讲话中指出要“坚持多边主义，实现共同安全”。[①] 从中国政府对共同安全的理解和实践中可以看到，中国主张的共同安全有几个特点：一是以国家之间的平等关系为首要，即不论国家大小、贫富、强弱，都要实现安全；二是以共同利益为基础，寻找共同安全利益实现安全合作；三是以共同发展为手段，以发展促安全；四是以地区安全为途径，通过地区安全促进国家安全。

在军控、裁军和防扩散领域，联合国应通过倡导与时俱进的集体安全理念、不断完善综合安全机制、努力提高合作安全能力，致力于以下共同安全目标的建立：[②]

第一，彻底销毁核武器、实现无核武器世界。为此，应尽早就全面禁止和彻底销毁核武器缔结国际法律文书；美俄对核裁军负有特殊和优先的责任；核武器国家应承诺不首先使用核武器，并承诺无条件不对无核武器国家和无核武器区使用或威胁使用核武器；核武器国家应放弃以首先使用核武器为基础的核威慑政策，降低核武器在国家安全中的作用。这些都是中国政府的一贯主张。

第二，全面禁止和彻底销毁生物武器和化学武器。为此，鼓励更多国家加入《禁止生物武器公约》和《禁止化学武器公约》，敦促所有缔约国全面、切实履行公约义务。

---

① 胡锦涛：“努力建设持久和平、共同繁荣的和谐世界”，2005年9月15日，http://www.fmprc.gov.cn/chn/ziliao/wzzt/zgylhg/t212365.htm。

② 根据《中国的防扩散政策和措施》白皮书（2003年）、《2004年中国的国防》白皮书和《中国的军控、裁军与防扩散努力》白皮书（2005年）整理。

第三，防止大规模杀伤性武器及其运载工具的扩散。为此，致力于建设一个合作、互信的全球安全环境，谋求国际关系的普遍改善，实现各国的普遍安全；努力通过政治外交手段解决扩散问题；充分发挥联合国等国际组织的核心作用，在各国平等、普遍参与、民主决策的基础上，在现行国际法框架内加强和完善现有防扩散机制；平衡处理防扩散与和平利用之间的关系。

第四，防止外空武器化和外空军备竞赛。为此，有必要就此制订新的法律文书，以加强现有外空法律体系。

第五，妥善解决军控领域的人道主义问题。为此，要兼顾人道主义关切和正当军事需要；切实履行《特定常规武器公约》，同时根据形势发展需要对其不断充实、完善。

五、中国的新安全观与联合国的安全治理

1999 年，中国根据冷战结束后国际安全形势的新变化和亚太地区的特点，提出应共同培育一种新型的安全观念，通过对话增进信任，通过合作促进安全。[①] 2002 年 7 月，中国发表关于新安全观的立场文件，全面系统地阐述了中方在新形势下的安全观念和政策主张。中国认为，新安全观的核心应是互信、互利、平等、协作。互信，是指超越意识形态和社会制度异同，摒弃冷战思维和强权政治心态，互不猜疑，互不敌视。各国应经常就各自安全防务政策以及重大行动展开对话与相互通报。互利，是指顺应全球化时代社会发展的客观要求，互相尊重对方的安全利益，在实现自身安全利益的同时，为对方安全创造条件，实现共同安全。平等，是指国家无论大小强弱，都是国际社会的一员，应相互尊重，平等相待，不干涉别国内政，推动国际关系的民主化。协作，是指以和平谈判的方式解决争

---

① 《江泽民文选》第二卷，人民出版社 2006 年版，第 313 页。

端，并就共同关心的安全问题进行广泛深入的合作，消除隐患，防止战争和冲突的发生。[①]

在新安全观的指导下，中国坚持在各国安全不受减损的基础上推进国际军控和防扩散进程，主张通过对话协商，促进多边安全，实行合作安全，包括根据公正、合理、全面、均衡的原则，实行有效的国际军备控制、裁军和防扩散。

中国发表的有关军控、裁军和防扩散白皮书都体现了新安全观。2003年12月，中国首次发布《中国的防扩散政策和措施》白皮书，第一次系统阐明了中国防扩散政策的原则立场。白皮书提出，“中国主张树立以合作求安全，以对话求安全，以互信求安全，以发展求安全的新安全观”。[②]《2004年中国的国防》白皮书专列一章阐述中国的军控、裁军和防扩散政策。[③] 2005年9月，中国发布第二份《中国的军控、裁军与防扩散努力》白皮书，进一步指出，“国际社会应遵守《联合国宪章》的宗旨和原则以及其他公认的国际关系准则，树立以互信、互利、平等、协作为核心的新安全观，通过对话增进相互信任，通过合作促进共同安全”。[④]

自改革开放以来，中国积极参与国际多边军控、裁军和防扩散机制。[⑤] 不仅如此，中国为了防止外空军事化和外空军备竞争，采取了更积极主动的步骤。2008年2月，中国和俄罗斯在联合国裁军谈判会议上共同提出“防止在外空放置武器、对外空物体使用或威胁使用武力条约”的草案。[⑥]

---

① “中国关于新安全观的立场文件”，2002年7月31日，http：//www. fmprc. gov. cn/chn/wjb/zzjg/gjs/gjzzyhy/1136/1138/t4549. htm。

② 国务院新闻办公室：《中国的防扩散政策和措施》白皮书，北京：2003年。

③ 国务院新闻办公室：《2004年中国的国防》白皮书，北京：2004年。

④ 国务院新闻办公室：《中国的军控、裁军与防扩散努力》白皮书，北京：2005年。

⑤ 1980年以来，中国颁布和实施了15项防扩散出口管制法律法规。目前，中国已加入21项多边军控、裁军和防扩散条约。

⑥ http：//www. fmprc. gov. cn/chn/wjb/zzjg/jks/jksfyywj/t406997. htm.

中国倡导的新安全观与联合国全球安全治理的理念、机制、能力和目标是相一致的。中国的新安全观高度重视作为集体安全理念主要体现的联合国在维护世界和平、推动共同发展和促进人类文明中的主导作用，主张建立公平、有效的集体安全机制，通过合理、必要的改革，维护联合国权威，提高联合国效率，增强联合国应对新威胁、新挑战的能力。中国的新安全观是一种综合安全观念，主张通过各种双边和多边的安全对话和安全机制，提高应对非国家行为体安全挑战和解决非传统安全问题的能力。中国的新安全观十分强调在共同利益的基础上，以相互尊重和协商一致的原则，建立各种安全合作的机制，提高安全合作的能力。中国新安全观的最终目标是国际社会包括所有国家、地区和人民的共同安全。

国际社会防核恐怖主义和维护核安全的多边努力*

核恐怖主义因其特殊性、跨国性和非传统性，任何一个国家都不可能单独应对，特别需要国际社会的努力和协作，共同应对核恐怖主义威胁，维护核安全。联合国大会《制止核恐怖主义行为国际公约》、联合国安理会第1540号决议、国际原子能机构的核安全项目、八国集团打击核恐怖主义全球倡议、美国华盛顿核安全峰会是这种国际多边努力的主要体现，并分别代表了不同类型和特点的多边主义。

一、联合国大会《制止核恐怖主义行为国际公约》

数十年来，恐怖主义一直都被列入联合国的议事日程。为打击各类专项恐怖活动，联合国系统在其框架内制定了13项国际公约。[①] 安全理事

* 原载中国国际问题研究所军控与国际安全研究中心：《全球核态势评估报告》，时事出版社2011年版，第193—211页。

① 这13项国际反恐公约和议定书包括：《飞机公约》（1963年）、《非法劫持公约》（1970年）、《民航公约》（1971年）、《外交代表公约》（1973年）、《劫持人质公约》（1979年）、《核材料实物保护公约》（1987年）、《机场议定书》（1988年）、《海事公约》（1988年）、《固定平台议定书》（1988年）、《可塑炸药公约》（1991年）、《制止恐怖主义爆炸事件的国际公约》（1997年）、《制止向恐怖主义提供资助的国际公约》（1999年）、《制止核恐怖主义行为国际公约》（2005年），http：//www. un. org/chinese/terrorism/instruments. shtml。

会也已通过多个反恐决议。各成员国越来越多地通过这些公约和决议协调和指导他们的反恐行动。同时，联合国系统的许多计划署、办事处和机构积极参与打击恐怖主义的专项行动，协助各成员国的反恐努力。在 2006 年 9 月 8 日大会通过的《联合国全球反恐战略》中，各成员国保证将立即考虑加入现有的国际反恐文书，并执行其规定。目前，各成员国正在就第 14 项国际条约，即关于国际恐怖主义的全面公约草案进行协商。该公约将作为现有国际反恐文书框架的补充，并吸纳最近的反恐公约内已存在的主要指导原则。

《制止核恐怖主义行为国际公约》于 2005 年 4 月在第 59 届联合国大会上通过。同年 9 月，联合国在联大峰会开幕之际向各国开放对该公约的签署。2007 年 7 月 7 日，该公约在获得了生效所需的 22 个国家的批准后生效。该公约对核恐怖犯罪行为的定义做出了界定，填补了现有反恐公约体系的空白，完善了打击恐怖主义的国际法律框架，为各国预防和惩治核恐怖犯罪提供了法律依据。

该公约有以下几个主要特点：第一，对相关概念，如“放射性材料”、“核材料”、“核设施”等进行了明确的界定。第二，要求缔约国采取必要的立法和其他措施，将核恐怖主义行为规定为刑事犯罪。第三，规定了核恐怖主义行为的三种类型（即：以危害人、财产和环境为目的，拥有放射性物质或核装置；出于同样目的，使用放射性物质、核装置或破坏核设施；为达到这些目的，威胁使用或企图拥有放射性物质和核装置）。第四，提出了例外情况，即武装冲突中武装部队的活动由国际人道主义法和国际法管辖，公约不涉及国家使用或威胁使用核武器合法性的问题。①

该公约存在的主要问题是普遍性不足，到 2010 年底仅有 65 个国家批准、接受或核准这一公约。因此，有必要在适当时候举行会议，就公约实施及促进更多国家批准该公约进行磋商。

---

① 见《制止核恐怖主义行为国际公约》，http：//www. un. org/chinese/terrorism/2005. pdf。

2010 年 8 月，中国批准该公约，但提出三点声明：第一，不受《公约》第二十三条第一款（关于争端解决——作者注）规定的约束；第二，根据《公约》第九条第三款的规定，确立《公约》第九条第二款规定的管辖权；第三，《公约》暂不适用于香港特别行政区。[①]

与核恐怖主义直接相关的国际法律文书还包括《核材料实物保护公约》及其修订案。1987 年 2 月 8 日生效的《核材料实物保护公约》是民用核材料实物保护领域中唯一的国际法文书，其宗旨是保护核材料在国际运输中的安全，防止未经政府批准、授权的集团或者个人获取、使用、扩散核材料。为此，它规定了有关核材料预防、探查以及犯罪处罚的措施。20 世纪 90 年代以来，恐怖主义活动逐渐成为地区安全和稳定的重要威胁，加强国际核安保体制，保护核材料和核设施在生产、使用、存储和运输过程中的安全，防范核恐怖主义活动成为世界各国的共识。为了对用于和平目的的核材料和核设施进行有效保护，并在全球范围内预防和打击涉及核材料和核设施的犯罪，国际原子能机构于 1999 年启动了《核材料实物保护公约》的修订工作。2005 年 7 月维也纳会议以协商一致的方式通过《核材料实物保护公约》修订案，这项修订案实质性地加强了该公约，并将其范围扩大到涵盖核设施实物保护以及核材料的国内运输、储存和使用，从而加强了全球核保安。修订案在 2/3 的缔约国批准、接受或通过后的第 30 天生效。中国于 1989 年 1 月加入该公约，2009 年 9 月 14 日向国际原子能机构递交《核材料实物保护公约》修订案批准书。

联合国是最具代表性、普遍性和权威性的政府间国际组织，这种代表性和普遍性主要体现在联合国大会上，它代表和反映了国际社会的共同利益和意志。联合国大会通过的公约、决议和声明对成员国具有普遍的政治和道德约束力。缔约国一旦获得国内批准或通过，不仅有义务在国际上履约，而且往往要在国内立法上体现和遵守。一些国家虽然没有加入，但其行为也受到一定的政治和舆论压力。但公约的有效性最终还是取决于成员

① 全国人民代表大会常务委员会关于批准《制止核恐怖主义行为国际公约》的决定，2010 年 8 月 28 日。

国/缔约国的履约情况。联合国大会通过的公约一般有三个局限性：一是普遍性问题，公约很难得到所有192个成员国的加入；二是强制性问题，对不加入或不执行公约的主权国家不能采取强制行动；三是困难性问题，公约从谈判、签署到批准、生效和执行，是一个漫长的过程，每一个环节都有可能遇到困难而无法进入下一个环节。

由联合国大会通过的《制止核恐怖主义行为国际公约》的主要功能是就制止核恐怖主义行为形成全球规范，其目标构成了全球核安全体系的实质要素，但同样面临普遍性不足、无强制性和生效、执行困难等问题。

二、联合国安理会第1540号决议

2004年4月28日联合国安理会第4956次会议通过第1540号决议，要求所有成员国进一步加强防扩散和出口管制，以避免任何非国家行为者获得和（或）使用大规模杀伤性武器及其运载工具。

第1540号决议一共12条，要求成员国采取行动，主要有：第一，要求提交国家履约报告。决定成立1540委员会，接受和审核各国提交的履约报告；[①] 第二，要求成员国建立适当的、与多边规范相一致的国家管制清单；第三，要求提供或接受执行决议所需要的援助。第四，要求建立国家出口管制体系，执行与防扩散和反恐有关的条约和协定的义务，帮助企业建立内部控制程序；第五，要求推动对话和国际合作，包括出席出口管制会议和增加出口管制体系的透明度等。[②]

1540号决议具有很大的独特性，它不仅是对以前和现有国际防扩散

---

① 中国于2004年10月4日提交了执行决议国家报告，并于2005年9日2日提交了补充说明。2006年7月12—13日，中国与联合国裁军事务部等联合主办了联合国安理会第1540号决议亚太地区执行情况北京研讨会。

② 联合国第1540（2004）号决议，http：//www. un. org/chinese/aboutun/prinorgs/ sc/sres/04/ s1540. htm。

和出口管制机制的补充，更是一种超越。① 首先，这是安理会第一次通过此类决议，也是第一次宣布大规模杀伤性武器及其运载工具的扩散对国际和平与安全构成威胁；其次，普遍性和综合性。不管成员国是否参加多边机制，都被要求执行这一决议。现有的防扩散和出口管制机制，包括《不扩散核武器条约》、国际原子能机构、核供应国集团、导弹技术控制机制、澳大利亚集团、瓦森纳尔安排和桑戈委员会等都涉及某种类型的大规模杀伤性武器，而1540号决议涵盖了所有类型（核、生、化）的大规模杀伤性武器，以及出口管制、安全保障和实物保护的基本要素；第三，决议要求成员国实施有效的法律和措施，包括防止扩散，对敏感材料进行衡算、保安和实物保护，对出口、转口和边界进行有效的国家管制等，从而把防扩散和出口管制结合起来；第四，成立安理会1540委员会，评估和监视决议的执行情况；第五，决议具有法律约束力和潜在的强制性。决议是在《联合国宪章》第七条的基础上通过的，对所有成员国具有法律约束力，如果拒绝执行，有可能受到惩罚。

1540号决议的执行仍面临一些挑战。一些国家的领导人对核恐怖主义并没有引起足够的重视，缺乏执行决议的政治意志，因为他们面临贫困、疾病、冲突等更为紧迫的问题。还有一些国家对决议的合法性表示质疑，认为国家出口管制法律、规制和措施是国家主权和内部事务。决议提出了广泛的要求，但如何与各国相适应是一个难题，由于对执行决议没有明确的指导，一些国家感到无所适从或与己无关。另有一些国家的政治和经济条件决定了其执行决议有诸多困难。但这项决议代表了多边主义的另一种方式，它为所有的国家实施阻止扩散的办法提供了一个框架。

核扩散和恐怖主义是一个全球性问题，能否成功避免核恐怖主义威胁不仅有赖于各国的重视、合作和政治承诺，更取决于各国政府的遵从、严

---

① 关于1540号决议作用的进一步分析，参阅 Joseph C. Bristol et al., *A New Urgency for Nonproliferation*: *Implementing United Nations Security Council Resolution* 1540, Princeton University, Woodrow Wilson School of Public and International Affairs, January 2007, http://wws.princeton.edu/research/final_reports/wws591f.pdf。

格履约和执法。为此，国际社会需要开展以下几方面的努力：第一，积极应对威胁。很明显，恐怖主义分子和组织企图获得大规模杀伤性武器，因此国际社会应以创新的机制、灵活的方法和强有力的措施避免扩散的发生。国际社会的努力应是多边的、多国的、多方位的和长期的。第二，努力缩小分歧。对敏感物项进行有效的管控并不是一项新的努力，但在大规模杀伤性武器扩散威胁的全球共识与各国切实的具体行动之间还存在很大的差距。因此，各国不仅应从自身国家利益考虑，更应基于全球利益、国际义务和责任采取行动。第三，倡导普遍遵守。1540 号决议努力克服现有防扩散和出口管制体系在应对非国家行为者获得和使用大规模杀伤性武器威胁时存在的问题和不足，强调所有国家合作行动的重要性。即便少数几个国家不能有效履约，就有可能被恐怖主义分子和组织利用，从而造成严重的后果。

根据《联合国宪章》第 24 条和第 42 条的规定，安理会履行维持国际和平与安全的主要责任，并可采取包括武力在内的方法以维持或恢复国际和平与安全，安理会的决议因此具有大会决议所不具有的强制性。但这种强制性是有限度的，不能违背主权平等和不干涉主权国家内部事务的原则。另外，由于联合国成员国存在各种差距，很难严格要求每一个成员国采取同样的标准和行动。军事手段一般只适用于武装侵略，而不能随意运用于一般的非履约行为。这也就是为什么 1540 号决议的合法性受到质疑，也没有能够得到全面执行的原因。

三、国际原子能机构的核安全项目

国际原子能机构是一个同联合国建立关系，在原子能领域进行科学技术合作的政府间机构，其宗旨是安全、和平地利用核科学和技术。

国际原子能机构是世界核合作的中心，1957 年作为联合国系统内“原子用于和平”政府间组织创建。核安全是国际原子能机构工作的三大支柱之一。国际原子能机构的核安全活动始于 20 世纪 70 年代，主要是提供核材料和核设施实物保护方面的专门培训。然而，2001 年“9·11”事件更凸显了核材料和放射性物质保护的迫切性。恐怖分子和跨国犯罪组织获取、非法贩运核材料，甚至制造核恐怖事件的风险不容忽视。同时，随着核电产业的快速复兴和发展，核材料、核技术的应用更加广泛，核材料扩散和流失的风险也在加大。据国际原子能机构统计，从 1993 年到 2008 年，全球共发生经确认的核材料或其他放射性材料被偷窃、丢失或非授权占有等事件多达 1500 余起。任何处于不安全环境中的核材料都是易流失核材料，都需要加强安全措施，避免恐怖分子染指。2002 年 3 月，国际原子能机构理事会核准了“核安全项目”，其目的是以现有国际法律文书和协定为基础，帮助成员国加强核安全，避免核恐怖主义危险。此外，国际原子能机构还通过制定和颁发“核安全丛书”文件，处理如何预防、探查和应对有关核材料及其他放射性物质盗窃、破坏、擅自获得和非法贩卖或其他恶意行为等问题。

根据其 2010—2013 年的计划，核安全项目的工作主要集中在 4 个方面：第一，核需求评估，信息收集和分析，以确保获得项目实施所需要的正确和充分的信息；第二，通过发展并提供指导材料以加强全球核安全框架；第三，通过检查和评估现有核安全设施的有效性和为人力资源发展提供核安全服务，与成员国分享国际原子能机构的核安全专门知识；第四，为减少核或其他放射性材料被恶意使用的风险提供技术援助，和（或）帮助执行与核安全有关的国际法律的义务，从而减少风险和改进安全。①

这一计划的执行主要涉及 3 个方面的活动，它们构成了防范核恐怖主义的三道防线：一是预防恶意行为。这种预防主要是采取措施避免核和其他放射性材料丢失、失控、非法拥有、走私、非授权使用，保护核设施免受破坏和其他恶意行为。二是探查和应对非法贩卖。核材料失窃和贩卖可导致核扩散并被用于制造简易核装置或“脏弹”。三是信息协调和分析。国际原子能机构核安全项目帮助有关国家提高预防、探查和应对能力，并

---

① IAEA, Nuclear Security Plan 2010—2013, 17 August 2009, http://www-ns.iaea.org/downloads/security/nuclear-security-plan2010—2013.pdf.

开展国际合作，加强信息协调和信息安全。

为了支持核安全项目，国际原子能机构总干事专门设立了一个特别的预算外基金，称为核安全基金，成立了核安全办公室以协调核安全计划，执行和评估国际原子能机构的核安全活动，并负责核安全基金的分配。

国际原子能机构核安全项目遇到的一大问题是资金不足。如果说国际原子能机构是世界“核总管”，那么在过去20年里，国际原子能机构监管的武器用核原料的数量增加了10倍，但运作经费却没有相应地增长。国际原子能机构总干事天野之弥警告说，如果理事会成员国拒绝将每年承诺给予的预算增加10%的话，那么就不能指望该机构可以针对任何重大核事故有效做出反应。

作为一种专业性的多边主义，国际原子能机构通过核安全项目向有需要的国家提供专业性的指导和帮助，这主要体现在各种咨询服务，如国际核安全咨询服务帮助有关国家审查防核恐措施的一般状况，提出改进核安全活动的方法，已进行了29项这类服务。[①] 国际实物保护咨询服务为特定国家提供执行国际文书的专业意见和指导方针，帮助加强其核安全机制，已完成41项这类服务。国际原子能机构国家衡算和控制制度咨询服务评估有关国家及其核设施的衡算和控制制度，包括其规制、立法、行政和技术等方面，从而提出改进建议，已为7个国家提供这种服务。综合监管审查服务，这种模块化评估服务帮助有关国家改进监管机构的效力、执行安全法规。综合核安全援助计划，是帮助有关国家核安全能力建设的一种整体方法，已有44个国家得到开发和完成。国际专家团队，派往有关国家帮助执行有关防核恐的国际文书，已派往26个国家。此外还有一系列的教育和培训项目，如国际会议、培训课程、研讨会、安全指导的出版物等，并为有关国家的重要公共活动，如体育、政治和宗教集会的核安全提供具体的指导和帮助。

这些专业性的咨询服务和技术援助一方面可帮助有关国家评估其核安

① 截至2008年6月30日，下同。

全状况，为制订计划提供基础，另一方面也有利于国际原子能机构了解全球和地区核安全形势，从而通过单边努力，或双边援助，或多边合作实现核安全的目标。而国际原子能机构的核安全项目主要致力于协调这些活动。

四、打击核恐怖主义全球倡议

“打击核恐怖主义全球倡议”（以下简称“倡议”）是一项国际行动计划，为的是加强国家和国际社会在防止、探查和应对核恐怖主义方面的能力。这是一个自愿性的倡议，旨在加强国际合作以避免恐怖分子获得、运输或使用核材料或放射性物质，防止对核设施的破坏行动，对涉及使用放射性或核材料的事件做出反应。2006 年由美俄两国共同发起，现有 82 个伙伴国家和 4 个正式观察员。① 有关国家通过签署“原则声明”的方式参加。2010 年 6 月 29 日在阿布扎比召开的全体会议上，与会成员修改了条款，更加明确参与者的作用和责任，建立执行“倡议”的具体机制，启动“执行和评估小组”，选举西班牙为协调国，美俄两国继续担任“倡议”的共同主席国。

“倡议”有三个目标：一是整合集体的能力和资源以加强打击核恐怖主义的全球架构；二是集合在防扩散、反扩散和反恐领域的经验和技能；三是提供一个在自愿和非约束性的框架内分享信息和技能的机会。为此，“倡议”已开展了 35 项多边活动，主要涉及非法材料贩运、材料控制与安全、新兴探查技术、实物保护措施、与非法贩运有关的法律问题、紧急反应和缓解程序、核鉴定、执法合作等。② 此外，还建立了一个全球倡议信息门户。

---

① 中国是 13 个创始伙伴国之一。4 个正式观察员是：国际原子能机构、欧洲联盟、国际刑警组织、联合国毒品与犯罪问题办公室。

② 见美国国务院打击核恐怖主义全球倡议网页，http：//www. state. gov/t/isn/c18406. htm。

“倡议”努力填补现有防扩散体系中的空白，弥补防核恐中的漏洞。因此，与“防扩散安全倡议”和联合国安理会第1540号决议等不同，“倡议”集中应对“恐怖分子针对核设施、核材料或放射性物质的攻击”，重点是民用而非军事核设施，集中于国家内部核物项的安全以及国家在事发后紧急反应、事故处理、追查和刑事检控等能力。“倡议”强调公共和私人部门的参与，改进机构间的合作和地方政府机构的参与。

“倡议”在国际社会合作打击核恐怖主义方面取得了一定的成绩。从2006至2010年已举行6次全体会议和30多项多边活动，包括会议、研讨会、演习等。伙伴国从最初的13个国家迅速增加到82个国家。对一些国家更好地执行联合国安理会1540号决议提供了很大的帮助。这种创新的体制也为国际社会共同应对核恐怖主义威胁提供了一个范例。有分析指出，“倡议”的较快发展是因为它有一定的基础，“倡议的政策基础是美俄两国承认核恐怖主义威胁构成当今最危险的国际安全挑战之一，政治基础是两国防止核扩散与核恐怖主义威胁的成功努力与合作，现实基础是现行努力尚不足以消除或减少核武器或材料落入恐怖分子手中可能造成的不可接受的危险”。①

但是，“倡议”也存在一些不足和局限性。如在许多国家，没有足够的人力和资金对那些裂变材料进行必要的安全保障，而“倡议”未能提供有效的机制来解决这一问题。成员国也未能协调好旨在开发防核恐新能力的长期研究和发展项目。“倡议”的快速发展也使得在关于核恐怖分子威胁的来源、程度和如何做出适当反应等问题上达成一致意见变得更加困难。此外，“倡议”的分层原则有可能阻碍成员国的普遍性和原则的坚持。②

打击核恐怖主义全球倡议代表了一种自愿性和倡导性的多边主义，其特点是参与自愿，但积极引导。它往往由一个或两个国家率先提出，一些国家支持而得以建立，随后鼓励和引导更多的国家加入。倡议的主

---

① 余民才：“‘打击核恐怖主义全球倡议’的背景分析”，《法学杂志》2007年第6期。

② Richard Weitz, *Global Initiative to Combat Nuclear Terrorism: Steady, but Slow Progress*, http://www.wmdinsights.com/I26/I26_G2_GlobalInitiative.htm.

题是国际社会面临的新问题、新威胁和新挑战，倡议有关国家采取集体行动、共同合作、分担责任、自愿参与。由于倡议由单边或双边提出，再发展为多边，一般具有自愿和非法律约束性的特点，是一种非正式的准国际机制。它的优点在于参与国家的主动性和积极性，容易采取一致行动，有较高的效率。因此，它对正式国际机制是一种有益的补充。倡议的局限性是没有条约基础，其合法性和有效性受到质疑，且往往缺乏组织机构和行动预算，防核恐的效果也不甚明显。因此，倡议的前途是机制化。

在防扩散和反恐领域，除了打击核恐怖主义全球倡议，还有类似的几个倡议：

“八国集团应对大规模杀伤性武器的全球伙伴倡议”。美国总统布什于2002年5月提出“10年内10加10”计划，[①] 支持合作削减威胁项目，[②] 以避免苏联庞大的核武库——数以万计的弹头和1000多吨核裂变物质落入恐怖分子手里或流入与扩散活动有关联的国家。6月27日在加拿大卡纳纳斯基斯召开的八国峰会上，布什总统的计划原则上得到其他国家的支持，因而共同发起这一倡议。

“防扩散安全倡议”。美国总统布什于2003年5月发起，旨在从陆、海、空阻禁涉嫌载运大规模杀伤性武器及其运载系统和相关材料的船舶、飞机或其他运输工具进出与扩散活动有关联的国家或非国家实体的国际倡议。

“全球降低威胁倡议”。2004年5月美国核军工局制定，致力于在全球尽快鉴别、保护和转移对美国及国际社会构成威胁的高风险和易受攻击的核材料及放射性材料，并促进对这些材料的处置。

---

① 即在10年内从其他发达国家中寻求100亿（10 billion）美元的经费支持，美国出资100亿美元。

② 见美国国务院CTR办公室网页，http：//www. state. gov/t/isn/58381. htm.

五、华盛顿核安全峰会

2010年4月12—13日，首次核安全峰会在美国首都华盛顿举行，47个国家的领导人或代表及联合国、国际原子能机构、欧盟等国际和地区组织负责人出席会议。会议主要讨论核恐怖主义威胁、各国和国际社会的应对措施以及国际原子能机构在核安全领域的作用等问题。会议通过了《华盛顿核安全峰会公报》和《工作计划》，与会国家就核安全达成国际共识，提出行动指导，一些国家就核安全做出承诺。

其一，就核安全达成国际共识。会议公报指出，核恐怖主义是对国际安全最具挑战性的威胁之一，强有力的核安全措施是防止恐怖分子、犯罪分子及其他非授权行为者获取核材料的最有效途径。公报呼吁与会各国及国际或地区性组织为增进核安全共同努力，力争在4年内确保所有易流失核材料安全。公报说，各国对维护各自控制的所有核材料及核设施的有效安全以及对防止非国家行为者获取恶意使用此类材料所需的信息或技术负有根本责任。各国对确保核材料与核设施安全负有根本责任。各国同意，核恐怖主义的威胁无法由各个国家的单独行动来解决，国际社会应通过加强现有体制与机制，应对这些威胁。[①] 联合国秘书长潘基文在全会发言中说，确保核材料的安全，避免核恐怖主义是全球挑战。他提出应采取紧急全球行动的五个方面：避免核恐怖主义、确保核裂变材料安全、加强国际原子能机构的作用、扩大安理会的参与、核裁军和不扩散同时取得进展。[②]

---

① 《华盛顿核安全峰会公报》，2010年4月13日，http：//www.america.gov/st/ peacesec-chinese/2010/April/20100413180442eaifas0.6979726.html。

② Remarks as delivered at Nuclear Security Summit on "International Actions to Secure Nuclear Materials and Prevent Illicit Trafficking", Secretary-General Ban Ki-moon, Washington, D.C. 13 April 2010, http://www.un.org/apps/news/infocus/ sgspeeches/search_full.asp? statID = 787.

其二，提出国家和国际行动指南。《工作计划》是体现峰会公报精神的行动指南。各国在自愿基础上做出执行工作计划的政治承诺，包括《制止核恐怖主义行为国际公约》的普遍性和有效执行，《核材料实物保护公约》修订案的尽快批准、生效和执行，联合国安理会1540号决议的全面执行，支持和配合国际原子能机构的工作，参与和支持打击核恐怖主义全球倡议、八国集团应对大规模杀伤性武器的全球伙伴倡议和其他双边、地区、多边倡议以及非政府组织的活动，加强国内核保安立法和行动措施等。①

其三，一些国家就核安全做出承诺。在峰会领导人全体会议上，日本承诺，日本会增加对国际原子能机构在人力和财力方面的支持，以此来积极参与防止核恐怖主义和改善核材料安全管理的进程。其中包括投入500万美元与国际原子能机构联合开展有关保护核材料的项目，并向国际原子能机构核安全项目提供120万美元资金。邀请其他亚洲国家的专家，与他们交换有关核材料安全管理方面的研究成果，承办一次核安全研究国际会议。英国在此次核安全峰会上就确保核材料安全做出了一系列承诺，包括将继续确保核材料安全，与国际社会合作制定原则，指导在全球范围内扩大民用核能电站，采取一系列实际措施加强核材料的安全，如向国际原子能机构提供更多资金，并在英国成立一个核问题中心，推动公众和私营机构在这一问题上的合作。美国和俄罗斯两国政府13日在华盛顿签署协议，决定落实双方于2000年达成的《钚管理和处置协定》，同意分别将至少34吨的武器级钚转化为民用核反应堆所需燃料。这些材料足够生产1.7万件核武器。美国为此将提供4亿美元帮助俄罗斯的处置项目。此前，俄罗斯已决定关闭在热列兹诺哥尔斯克的最后一个钚反应堆。② 墨西哥、加拿大和美国三国宣布将与国际原子能机构一起把墨西哥核反应堆的燃料从

① Washington Nuclear Security Summit Work Plan, http://www.america.gov/st/texttrans-english/2010/April/20100413182810ihecuor0.8188702.html.

② Russia, U.S. Agree to Dispose of Weapons-Grade Plutonium, 13 April 2010, http://www.america.gov/st/peacesec-english/2010/April/20100413153843esnamfuak0.2951624.html.

高浓缩铀转化为低浓缩油。加拿大还宣布把高浓缩铀交还给美国。乌克兰承诺到 2012 年全部清除武器级铀。会前，美国已帮助智利转移在其领土上的高浓缩铀。

中国本着负责任的态度，高度重视核安全，坚决反对核扩散和核恐怖主义，为此做出了一系列积极努力。一是全面加强核安全能力。二是严格履行核安全国际义务。三是重视并积极参与国际核安全合作。四是积极向发展中国家提供核安全援助。胡锦涛在核安全峰会上发言，就加强核安全提出五点主张。第一，切实履行核安全的国家承诺和责任。第二，切实巩固现有核安全国际法框架。第三，切实加强核安全国际合作。第四，切实帮助发展中国家提高核安全能力。第五，切实处理好核安全与和平利用核能的关系。①

峰会是最高层次的国际会议和多边外交，主要就最重大的国际问题、挑战和威胁进行讨论并努力达成共同意见、采取一致行动。在国际安全领域，自 2009 年举行了第一次安理会核不扩散和核裁军峰会后，2010 年又首次举行核安全峰会。核安全峰会代表了一种政治性的多边主义，其特点是形成政治共识，表达政治意志，做出政治承诺。由于参加峰会的是国家元首、政府首脑和国际组织的领导人，因此峰会达成的公报、宣言具有政治性和战略性。峰会可凝聚与会国的共同利益，通过协商，消除专业层面谈判存在的最后分歧，最后“拍板”，达成最高层次的共识。当然，峰会能否达成共识取决于各国的诚意、决心和领导人的智慧、远见，而峰会达成的共识是否有实质意义则有赖于各国采取切实行动加以落实。

---

① 《携手应对核安全挑战　共同促进和平与发展》，国家主席胡锦涛在核安全峰会上的讲话，2010 年 4 月 13 日，http：//www. gov. cn/ldhd/2010—04/14/content_ 1580136. htm

六、结语

核恐怖主义对国际社会是一种特殊的威胁，其特殊在没有一个国家可以承受哪怕一次核恐怖袭击。核扩散已成为一个事实，且存在进一步扩散的风险，但这种扩散主要发生在国家行为者之间。恐怖主义袭击非常频繁，且大多使用常规武器，两者一旦结合，即发生核恐怖袭击，那将给世界带来灾难。1995 年东京地铁“沙林”毒气袭击和 2001 年“9·11”事件后的炭疽袭击表明，生化恐怖袭击已成为现实。因此，国际社会必须努力防止核恐怖袭击的发生。

由于国际社会错综复杂的政治、外交、经济、文化和宗教因素，核安全和防核恐怖的前景并不乐观。核恐怖袭击并非迫在眉睫，但也并非不可能发生。当然，只要我们有所准备，在理念培育、机制建设、能力培育方面付出足够的努力，就有可能把核恐怖袭击的可能性降到最低。

首先，形成核安全和防核恐的全球共识。在一些国家和很多公众看来，核恐怖主义非常遥远，不是一种现实威胁。事实并非如此。美国总统奥巴马把核恐怖主义称为“对全球安全最直接和最极端的威胁”。[①] 从政治领导人、政府部门，到非政府组织、媒体和公众都应树立这种威胁意识和危机感，从而形成一种普遍的共识。

其次，协调防核恐和核安全之间的关系。防核恐怖和核安全密切相关，互相促进。需要从战略和政策制定、机构和人员配备、技术和能力发展等各个方面协调两者之间的关系，从而更有效地实现防核恐和核安全的目标。

第三，重塑核安全体制，包括与国际防扩散和出口管制体制的协调。

---

① Remarks by President Obama in Prague, Czech Republic, 5 April 2009, <http://www.whitehouse.gov/the_press_office/Remarks-By-President-Barack-Obama-In-Prague-As-Delivered/>.

核安全被视为国际核不扩散、核裁军及和平利用核能之外国际防扩散体制的第四大支柱，这就需要把前述条约、决议、项目、倡议和峰会这些努力转化为持久的国际机制，塑造一种全面和有效的核安全体制。

第四，平衡核安全与和平利用核能问题。核能作为一种发展前景良好的新能源，正纳入许多国家的能源发展目标和计划之中，但发展核能既有军事和安全风险，也有外部和内部风险。因此，要同等重视核能的发展和安全，特别是在安全上要有足够的投入。

第五，制定一个国际性法律文件，核查核裂变材料生产情况。准确统计并公开所有核裂变材料储存量包括历史产量。可赋予国际原子能机构足够的权力和资源以实施这种核查，这是防核恐怖和维护核安全的基本要求，也是长久之计。

（本文是作者 2010 年 10—12 月在华盛顿大学和太平洋西北国家实验室访问研究的成果之一，此次访研得到美国能源部的资助，特此感谢。）

Implementing UNSC Resolution 1540: China's Perspective*

On April 28, 2004, the United Nations Security Council (UNSC), acting under Chapter VII of the UN Charter, adopted Resolution 1540 which called on all member states to further strengthen nonproliferation and export control in order to prevent the acquisition or/and use of weapons of mass destruction (WMD) and their means of delivery by non-state actors. Resolution 1540 requires member states to report on implementation of regulations and measures they have taken or intend to take byOctober 28, 2004. China submitted its first national report and the supplementary information on October 4, 2004 and September 2, 2005, respectively. This study provides a basic analysis of China's past achievement, recent and current progress, and future challenges with regard to implementation of Resolution 1540.

---

* 原载李根信、滕建群编著:《2009 国际军备控制与裁军》，世界知识出版社 2009 年版，第 237—252 页。This paper was the research product of the author as a visiting fellow at Center for Nonproliferation Studies of Monterey Institute of International Studies (CNS/MIIS) and Center for International Trade and Security of University of George (CITS/UGA) from May to July, 2008. The author would like to thank Dr. Jing-dong Yuan, Dr. Stephanie Lieggi, Dr. Anupam Srivastava, and Dr. Seema Gahlaut for their comments on and contributions to the draft of this paper。

Ⅰ. Understanding Resolution 1540:Why,What,and How

Given the increasing threats of nuclear proliferation to non-state actors while the shortage of existing nonproliferation and export control mechanism in dealing with such a proliferation, the United States, along with other members of UNSC promoted to pass a new resolution to address the challenge.

Since the end of Cold War, the risk of nuclear proliferation to non-state actors, including the illegal manufacture, trade, smuggling, and theft of nuclear materials, technologies and facilities by individuals, transnational corporations, and terrorism organizations, has turned to be more and more obvious. Three events contributed to the awareness of such a new kind of proliferation. The first is the disintegration of Soviet Union, which gave birth to the risk of nuclear proliferation to non-state actors such as nuclear scientists and smugglers; second, the attacks of September 11th, 2001 aroused the concern of the acquisition and use of nuclear weapons by terrorists; third, the exposure of A. Q. Khan nuclear smuggling network further proved the existence of such risk.

The challenge of non-state actors' proliferation is quite different from that of the traditional state proliferation: first, all the international laws and treaties only obligate sovereignty states instead of non-state actors; second, the political and moral risk as well as the cost and possibility of suffering from a retaliatory attack is considerably slight; third, the proliferation of nuclear technology and the smuggling of nuclear materials are covert enough to prevent these activities from being durably tracked effectively controlled by international community; fourth, there is no global standard for nuclear safeguard, leading to the weak nuclear control in some countries; last but not the least, the more and more serious phenomenon of illicit trafficking of sensitive or dual-use technology and materials from the consideration of commercial interests or political motives consideration increase to large extent the difficulty of nonproliferation.

On the other hand, the existing nuclear nonproliferation system and export control mechanism, no matter the clauses of Nuclear Non-proliferation Treaty (NPT), or the safeguard and inspection measures of International Atomic Energy Agency (IAEA), or the nuclear export control regulation of Nuclear Supplier Group (NSG), fail to include nonproliferationto and export control over the non-state actors.

The Resolution 1540 is unique as it provides a tool which not only supplements but also surpasses previous international nonproliferation export control regimes. ①

First, it is the first resolution of such kind adopted by UNSC, and for the first timeto declare WMD proliferation constitutes a threat to international peace and security. Second, it has both universality and comprehensiveness. All states, regardless of their participation in multilateral mechanism, shall "refrain from providing any form of support to non-state actors", "adopt and enforce appropriate effective laws", and "take and enforce effective measures to establish domestic controls" to respond to the global threats in the area of non-proliferation. Under the resolution 1540, all the existing nonproliferation and export control regimes, such as NPT, NSG, MTCR, Australia Group (AG), Wassenaar Arrangement, and Zangger Committee, which dealing with certain types of WMD, are consolidated into one package. Third, it combines nonproliferation and export control by enforcing effective laws and measures, including prohibitions for proliferation, accounting, physical protection, and border, export and trans-shipment controls. Fourth, it establishes a Security Council Committee -1540 Committee - to assess and monitor the implementation. The mandate of the committee was

① For the analysis of accomplishments of UNSCR 1540, see Joseph C. Bristol et al., *A New Urgency for Nonproliferation: Implementing United Nations Security Council Resolution* 1540, Princeton University, Woodrow Wilson School of Public and International Affairs, January 2007, available at http://wws.princeton.edu/research/final_reports/wws591f.pdf.

extended for a period of three years with the resolution 1810 (2008) adopted on April 25, 2008. Finally, it is legally binding and potentially enforceable. As the resolution was adopted under Chapter VII of the UN Charter, implementation is not only legal binding for every UN member state, but also in theory potentially enforceable through the punitive measures in case of refusal of implementation.

The Resolution 1540, comprised of 12 operative paragraphs (OP), establishes several far-reaching generic legislative and technical obligations. These national obligations are concentrated in OP2 and OP3, or key obligations, which are now usually categorized as three different types of provisions: criminalization (OP2), accounting and security (OP3a and OP3b), and border and export control (OP3c and OP3d).

If these obligations effectively undertaken, Resolution 1540 would make a real difference, which of course depends on different actors- the 1540 Committee, international organizations and regimes, individual states, and nongovernmental organizations (NGOs) - leveraging their various advantages and making joint efforts to contribute to the implementation.①

Nevertheless, implementing Resolution 1540 remains substantial obstacles and challenges from the lack of "the resources or the will to implement expensive control measures" to the doubts of "the legality of the Security Council 'legislating' obligations that are binding on all states", and to the request to "link progress on nonproliferation to a quicker pace of disarma-

① Monika Heupel, *Implementing UN Security Council Resolution* 1540: *A Division of Labor Strategy*, Carnegie Paper, No. 87, June 2007, available at http://www.carnegieendowment.org/files/cp87_heupel_final.pdf; for a similar approach, see Olivia Bosch and Peter van Ham, "UNSCR 1540: Its Future and Contribution to Global Non-Proliferation and Counter-Terrorism," in Olivia Bosch and Peter van Ham, eds., *Global Non-Proliferation and Counter-Terrorism: The Impact of UNSCR* 1540, Washington, DC: Brookings Institution Press, 2007, pp. 207-226.

ment by the nuclear-weapons states. "[①] Actually, there are about one third member states fail to submit their national reprots to the 1540 Committee.

Ⅱ. Evaluating China's Report

As a permanent member of the Security Council and a recognized nuclear weapon state, China welcomes the adoption of 1540, supports the strict implementation of 1540, and is a constructive member of the 1540 Committee. Immediately after the adoption of the resolution, its full text was published on the website of the Ministry of Foreign Affairs of China. The relevant ministries and local governments were promptly informed and required to implement the resolution faithfully.

On October 4, 2004, Ambassador Wang Guangya, then permanent representative of China to the UN, transmitted China's first report to chairman of 1540 Committee. China is the third country to submit its national report, behind UK and Turkmenistan which submitted on September 10, 2004.

China's 17-page long report gives a full and systematic review of its non-proliferation policy, legislation and specific measures taken in this area. Considering the existing legal system of China and its practice on non-proliferation export control are basically consistent with the requirements of the resolution, the report mainly reviews previous relevant legislation and measures, instead of making reference to measure taken after the adoption

---

① Bristol et al., *A New Urgency for Nonproliferation*. For the analysis of the challenge to universal 1540 implementation, see Peter Crail, Implementing UN Security Council Resolution 1540: A Risk-Based Approach, *Nonproliferation Review*, Vol. 13, No. 2, July 2006, available at http://cns.miis.edu/pubs/npr/vol13/132/132crail.pdf, and Wade Boese, "Implications of UN Security Council Resolution 1540", presentation to the Institute of Nuclear Materials Management Panel Discussion, March 15, 2005, available at http://www.armscontrol.org/events/20050315_1540.asp.

of 1540.

With regard to OP1 (principle), the report states, "according tothe white paper entitled 'China' s Non-Proliferation Policy and Measures' issued in December 2003," and "in accordance with China's laws and regulations, China does not provide any form of support to non-state actors that attempt to develop, acquire, manufacture, possess, transfer or use nuclear, chemical or biological weapons and their means of delivery."①

Regarding OP2 (criminalization), the report says, "China has been promulgating and implementing a series of laws, regulations and control lists."②

On OP3 a/b (accounting and security), the report mentions, "China has formulated and enacted a series of laws and regulations, which form a complete system for controlling the proliferation of nuclear, biological, chemical, missile and other sensitive items and technologies, and all military products, and provide a fulllegal basis and mechanism guarantee for the better attainment of the non-proliferation goal." The report then explains the details of China's effort in the nuclear, biological, and chemical fields.

Concerning OP3 c/d (border and export control), the report indicates, "the border-control police authorities of China are responsible for carrying out the border administration in accordance with the relevant national laws and regulations, border-administration policies, and the multilateral or bilateral treaties and agreements signed with the foreign countries concerned." At the same time, "the non-proliferation oriented export control regulations promulgated and implemented by Chinese government have generally adopted

---

① "Report of china on implementation of United Nations Security Council resolution 1540 (2004)," available at http://www.un.org/Docs/journal/asp/ws.asp? m = S/AC.44/2004/(02)/4.

② For the complete legislative documents submitted to 1540 Committee by China as of November 25, 2005, see http://www.un.org/sc/1540/docs/legis _ db/China% 20Legislation% 20DB.doc; or with regard to China's nonproliferation and export control laws and regulations (1980—2007), see http://www.fmprc.gov.cn/eng/wjb/zzjg/jks/fksflfg/t141341.htm.

international practice, including the licensing system, the end-user and end-use certification system, the list control method, the ‘catch-all’ principle, the penalties measures, and export registration system.”

About OP6 (national control lists), the report points out, China's export control regulations in the nuclear, biological, chemical and missile fields “all have their respective control lists” which “draw comprehensively upon the methodology of the export control mechanisms of such multinational grouping as the Zangger Committee, NSG, the Australia Group, and MTCR.”

Dealing with OP8 (compliance of multilateral treaties), the report considers, “China has signed all international treaties related to non-proliferation” and “attaches a high degree of importance to international cooperation on nonproliferation,” and “strictly fulfils its obligations under international nonproliferation agreements.” The Chinese government “has taken numerous effective and practical measures to ensure the relevant nonproliferation policies and export control laws and regulations are implemented and carried out in the operational activities of enterprises.”

Relating to OP9 (international cooperation), the report describes, “China holds that proliferation issues should be dealt with by political and diplomatic means; and stresses the importance of as well as actively engages in dialogue and cooperation on nonproliferation with other countries.” China is also “actively developing relationships with multilateral export control mechanisms.”

Referring to OP10 (cooperative action), the report claims, “China opposes theproliferation of weapons of mass destruction and of their means of delivery and related materials; in accordance with the relevant domestic and international legislation, it strictly combats illicit trafficking in such items; and has embarked on information exchanges and law enforcement cooperation in accordance with international law with other concerned countries.”

It can be seen from above description that China's report covers all operative paragraphs except OP4, OP5, and OP7. This is because, OP4 relates to the establishment of 1540 Committee, and OP5 requests the abidance of other nonproliferation treaties, it is not necessary and nothing to report. With regard to the issue of assistance in OP7, China later stated "China does not require such assistance at the present time. …… we are willing to provide assistance to countries in need of it when necessary and feasible."①

On September 2, 2005, China submitted a supplementary report which provided additional information and explanation of items questioned in the summary matrix of information.

Ⅲ. Reviewing Recent Progress

After submission of its paper and additional information, China continues to support the work of 1540 Committee, participated in its work in a constructive manner, and maintained close communication with the committee on issues concerning the implementation of the resolution.

China supports regional efforts in promoting the implementation of the resolution. On July 12-13, 2006, China, the UN Department for Disarmament Affairs (DDA), EU, and some other countries jointly hosted the first 1540 outreach seminar on "Implementing UNSC Resolution 1540 in Asia and the Pacific" in Beijing. The 67 participants from 28 countries and international organizations attended the seminar. It represents the first attempt by countries in the region to share experience and seek cooperation. It was a good beginning for promoting comprehensive implementation of the resolution in the region. In addition, China also attended the seminars on theimplementation of resolution in Almaty and San Francisco.

China's main progress in implementation in the last three years is dem-

---

① "supplementary report on steps taken by China to implement Security Council resolution 1540 (2004)," available at http://www.un.org/Docs/journal/asp/ws.asp? m = S/AC.44/2004/ (02) / 4/Add.1.

onstrated the updates of relevant laws and regulations according to new requirements and situations:

In the nuclear field, there thal are two regulations that are revised. The first one is "Regulations of the PRC on the Control of Nuclear Export" (promulgation on September 10, 1997) updated in September 2006. The main amendments include:

1) Add the phrase "to prevent the proliferation of nuclear weapons and nuclear terrorism" to Article 1;

2) The sentence in Article 3 "[t] he state does not advocate, encourage or engage in proliferation of nuclear weapons, nor shall it assist other countries in the development of nuclear weapons" updated to "the state exercises strict restriction on the export of such nuclear proliferation sensitive items as uranium enrichment, spent fuel reprocessing, and heavy water production facilities and equipments and related technologies, and materials possible used for nuclear weapons and other nuclear explosion devices";

3) The third clause of Article 5, the sentence " [t] he acceptor government has concluded with the International Atomic Energy Agency the agreement for safeguards and supervision which is in force" updated to "the acceptor government has singed with the International Atomic Energy Agency the agreement for effective full safeguards and supervision"; and one clause is added, "the acceptor government pledges that, without the permission of Chinese government, it will not use uranium enrichment facilities, technology or any facility based on this technology to produce enrichment uranium of higher than 20%";

4) One article is added as Article 16, which read: "Customs may doubt exporters' items whether need nuclear export certification, and request them to apply for this certification in Ministry of Commerce if the items fall into the range of nuclear export control" .

The second one is "Regulations of the PRC on the Control of Nuclear Dual-use Items and Related Technologies Export and its control list" (promulgation on June 10, 1998), the regulation updated on January 28, 2007, and the list updated in July 2007. The main amendments include:

1) Article 1 is added to the purpose of "protecting against nuclear terrorist acts";

2) Article 2, redefines the term "export of nuclear dual-use items and related technologies" as "the export for trade of equipment, materials, software and related technologies enumerated in the Control List, as well as transfer of the same to foreign countries and region s by means of gifting, exhibiting, scientific and technological cooperation, provision of assistance or services, and so on";

3) Article3, particularizes its "obligations with regard to nonproliferation of nuclear weapons" as "obligation it undertakes of not proliferating nuclear weapons, and prevent nuclear dual-use items and related technologies from being used for carrying out nuclear explosions or for committing nuclear terrorist acts";

4) Article 4, permission to export of nuclear dual-use items and related technologies "shall comply with the provisions of relevant laws and administrative regulations as well as these Regulations" is amended to "shall-based on acceptance of three guarantees by the receiving party". ①

5) Article 8, when applying for export, the following documents shall be submitted: c. "the technological specifications (or testing reports) of the nuclear dual-use items and related technologies"; d, "the certificates of the end-user (and the end-use purpose)." the words in parentheses are a-

---

① They are: 1) The receiving party guarantees not to use the nuclear dual-use items and related technologies supplied by China, or any reproductions thereof, for carrying out nuclear explosions or for the purposes other than the end-use purposes it has declared; 2) The receiving party guarantees not to use the nuclear dual-use items and related technologies supplied by China, or any reproductions thereof, for nuclear fuel cycling which is not under safeguards of and supervision of the International Atomic Energy Agency. However, this subparagraph is not applicable to the country which has concluded a voluntary safeguards agreement with the International Atomic Energy Agency; and 3) The receiving party guarantees not to transfer to the third party other than the end-user it has declared the nuclear dual-use items and related technologies supplied by China, or any reproductions thereof, without the consent of the Chinese Government.

mendments.

6) One article is added as new Article 16, which prescribes the responsibility of the Customs. ①

7) Article 16 is changed to be Article 17 and amended one phrase "or where a risk of nuclear proliferation (or nuclear terrorist act) appears."

8) One article is added as Article 18, which asks exporters for the establishment of internal control mechanism and data. ②

9) One article is added as Article 19, which deals with the items and related technologies that are excluded in the Control List, or namely "catch-all list."③

10) One article is added as Article 21, which is to set up an advisory

---

① Article 16 reads: "The Customs may question whether an exporter shall go through the formalities for obtaining an export permit for the equipment, materials, software and related technologies to be exported, and may request the exporter to apply to the Ministry of Commerce for the issue of a document certifying whether the equipment, materials, software and related technologies to be exported are the nuclear dual-use items and related technologies the export of which is controlled. If they are the nuclear dual-use items and related technologies the export of which is controlled, the exporter shall, in accordance with the provisions of these Regulations, file an application to obtain a permit for export of nuclear dual-use items and related technologies. Specific measures shall be developed by the General Administration of Customs jointly with the Ministry of Commerce."

② Article 18 reads: "An exporter shall establish a sound internal control mechanism for the export of nuclear dual-use items and related technologies, and properly preserve such data as contracts, invoices, bills and business letters for at least 5 years. The Ministry of Commerce may consult and copy the relevant data."

③ Article 19 reads: "Where an exporter knows or should know, or is informed by the Ministry of Commerce, that the equipment, materials, software and related technologies to be exported thereby are at the risk of nuclear proliferation or may be used for the purpose of nuclear terrorism, the said equipment, materials, software and related technologies shall be subject to the provisions of these Regulations even if they are not included in the Control List."

committee on export control. ①

11) One article is added as Article 22, which is about the investigation and stop an act suspected of violating the regulations. ②

12) Article 18 is changed to be Article 23, which particularizes the punishment of violations. ③

13) Article 19 is changed to be Article 24, which outlines the penalty of obtaining an export permit by fraud or any other illegal means. ④

---

① Article 21 reads: "The Ministry of Commerce shall invite experts concerned to set up an advisory committee on the control over the export of nuclear dual-use items and related technologies to undertake the work of consultation, assessment and demonstration of the control over the export of nuclear dual-use items and related technologies."

② Article 22 reads: "he Ministry of Commerce may investigate and stop an act suspected of violating the provisions of these Regulations or may do so jointly with other departments concerned. If necessary, the Ministry of Commerce may notify the Customs of the information on the equipment, materials, software and related technologies to be exported. The Customs may inspect and impound the items subject to customs control. For the items that are not in the customs surveillance zone and not subject to customs control, the Ministry of Commerce may seal up or impound these items. The involved organizations or individuals shall provide cooperation and support."

③ Article 23 reads: "Where anyone, in violation of the provisions of these Regulations, exports nuclear dual-use items and related technologies, the Ministry of Commerce shall give it a warning and impose on it a fine of not less than one time but not more than five times the illegal turnover; if the illegal turnover is less than 50, 000 yuan, the said Ministry shall impose on it a fine of not less than 50, 000 yuan but not more than 250, 000 yuan; the illegal gains, if any, shall be confiscated. If a crime is constituted, the criminal liability shall be investigated for according to law."

④ Article 24 reads: "Where anyone obtains an export permit by fraud or any other illegal means, the Ministry of Commerce shall revoke its export permit and impose on it a fine of not less one time but not more than five times the illegal turnover; if the illegal turnover is less than 50, 000 yuan, the said Ministry shall impose on it a fine of not less than 50, 000 yuan but not more than 250, 000 yuan; the illegal gains, if any, shall be confiscated. If a crime is constituted, the criminal liability shall be investigated for according to law."

14) One article is added as Article 28, which prescribes the applicability of theprovisions. ①

In the Biological field, the control list of "Regulations of the PRC on the Export Control of Dual-Use Biological Agents and Related Equipment and Technologies" (promulgation in October 2002) updated on September 1, 2006.

With regard to other relevant laws, the progress is the implementation of "The Measures for Administration on Import & Export Licensing of Dual-use Items and Technology" since January 1, 2006.

Ⅳ. Conclusions

According to a research based on the assessment matrix created by the group of governmental experts on 1540, the percentage of China's fulfillment of key obligations is 23.1% (with criminalization 17.9%, accounting & security 24.4%, and border & export control 25.0%), compared to the average of about 23.5% by the 84 key states. ② If it is correct, China, along with most countries, still has a long way to go in fully implementing Resolution 1540.

Ma Shengkun, director of Department of Arms Control and Disarmament of China's Ministry of Foreign Affairs summarizes six points of experience in

① Article 28 reads: "The provisions of these Regulations shall apply to the export of nuclear dual-use items and related technologies from bonded zones, export processing zones and other areas under special surveillance of the Customs as well as from export surveillance warehouses, bonded logistics centers and other bonded surveillance areas", and "The transit, transshipment and through-shipment of nuclear dual-use items and related technologies shall be governed by the provisions of these Regulations."

② Crail, Implementing UN Security Council Resolution 1540.

preparing the national report on implementation of UNSCR 1540.[①] These experiences have the implications not only for preparing for future repost but also for the further implementation.

From China's perspectives, the following issues have to be considered in order to achieve the goals of Resolution 1540.

First, to pay attention to both incentives and behaviors. It is extremely important to deal effectively with the threats that drive some states and non-states actor to seek security by developing or acquiring nuclear weapon. Here, the basic way is to advocate a new concept of security featuring mutual trust, reciprocity, equality and cooperation on the one hand, and to promote a scientific, balanced, and common development on the other, thus wiping out the incentives to acquire WMD.

Second, to seek the balance between nonproliferation and disarmament. While Resolution 1540, initiated by UNSC permanent members, focuses on the obligations of all member states, nuclear weapons states, and the United States and Russia in particular should make progress toward nuclear disarmament, in order to receive more willing cooperation from non-nuclear-weapons states in satisfying the obligations of UNSCR 1540.

Third, to pursue the balance between the duty of nonproliferation and the right of peaceful use. While all member states, including non-nuclear weapons states, have the duty, responsibility, and obligation to fully and timely implement Resolution 1540 in order to prevent the threat of proliferation of WMD to non-state actors, these implementations are not necessary to decrease or weaken their rights and abilities of peaceful uses of nuclear energy and technology.

Fourth, to make a coordination of sovereignty and international obligation. To most developing countries, proliferation of WMD is not the most pressing threat, and their top priority is development and poverty reduction.

---

① Ma Shengkun, "National Experience in Preparing Report", in UN Department for Disarmament Affairs (DDA) *Occasional Papers*, No. 11, October 2006, available at http://disarmament. un. org/DDA publications/OP11%2006-64948web. pdf.

It is not wise to ask these countries to invest a great deal of resources in the implementation of Resolution 1540. Thus, the UN and those member states who possess rich experience and advanced technology should provide necessary assistance from personnel training and financial support.

Fifth, in the field of nonproliferation, any enforcement means such as sanctions and isolation should be used carefully. Proliferation problems should be dealt with by political and diplomatic means and through dialogue and cooperation within the framework of international law. Any enforcement actions should be based on full and clear evidence and proof, and must be taken with the approval and through UNSC.

Last but not the least, we should give full play and more priority to the role of the United Nations and other international organizations and strengthen and improve the international nonproliferation regime. Any unilateral action and multilateral initiatives should not bring the damage to the principles of sovereignty equality andnon-interference of domestic politics.

附录

附录一

习近平主席出席联合国成立70周年系列峰会文件

一、中国关于联合国成立 70 周年的立场文件

中国外交部

（2015 年 9 月 21 日）

一、2015 年是联合国成立 70 周年，也是世界反法西斯战争和中国人民抗日战争胜利 70 周年。联合国是世界反法西斯战争胜利的成果，承载着各国人民对和平与发展的殷切期望。联合国的成立是人类历史上一件具有划时代意义的大事，是人类和平进步事业的一座里程碑。

70 年来，作为最具代表性和权威性的政府间国际组织，联合国依靠和平与安全、发展、人权三大支柱，为促进人类进步事业发挥着不可替代的作用，并取得了巨大成就。

70 年后的今天，《联合国宪章》并没有过时。国际社会不仅应当重温《宪章》精神，还应当结合当今时代潮流和实际需要，不断丰富《宪章》的内涵，赋予其新的生机与活力。

当今世界是一个变革的世界，是一个新机遇新挑战层出不穷的世界，是一个国际体系和国际秩序经历深度调整的世界，是一个国际力量对比正在深刻变化并朝着有利于和平与发展方向变化的世界，和平、发展、合

作、共赢的时代潮流更加强劲。同时，我们依然面临诸多新挑战、新难题。国际金融危机的深层次影响还未消除，贫困等全球性问题仍未解决，地区热点此起彼伏，恐怖主义、网络安全等非传统安全威胁上升，维护世界和平、促进共同发展依然有很长的路要走。

在此背景下，国际社会对联合国的期待上升，联合国肩负的责任也更加艰巨。联合国的作用只能加强而不能削弱，联合国的权威必须维护而不能损害。

二、国际社会要以纪念联合国成立70周年为重要契机，回顾历史，展望未来，达到以下目标，以早日实现《联合国宪章》所绘愿景：

——牢记历史教训，维护世界反法西斯战争胜利成果，致力于避免后世再遭惨不堪言之战祸。

——捍卫《联合国宪章》宗旨和原则。坚持尊重各国自主选择发展道路和社会制度，坚持通过对话协商以和平方式解决国家间的分歧和争端。

——倡导共同、综合、合作、可持续安全的理念，尊重和保障每一个国家的安全，建设开放、透明、平等的国际安全合作架构，走出一条共建、共享、共赢的安全新路，共同维护地区和世界和平稳定。

——推动国际关系的民主化和法治化。在国际关系中坚持和平共处五项原则，维护国际公平正义，用统一适用的规则来明是非、促和平、谋发展。国家不分大小、强弱、贫富都是国际社会平等成员，都应平等参与国际规则制定，依法行使权利，不能借“法治”之名行侵害他国权益之实。

——维护和发展开放型世界经济，推动强劲、可持续、平衡增长，完善全球经济治理，确保各国在国际经济合作中机会平等、规则平等、权利平等，实现世界普遍繁荣，各国共同发展。

——推进全球发展合作，重点帮助发展中国家解决发展关切，推动各国走上公平、包容、可持续的发展道路。

——尊重各国自主选择人权发展道路，同等重视两类人权，开展平等和建设性对话与合作，推动公正客观处理人权问题，促进国际人权事业健康发展。

——坚持求同存异、开放包容，在交流互鉴中取长补短，在求同存异中共同前进，让各个文明都绽放出自己的光彩。

——推动构建以合作共赢为核心的新型国际关系，推动国际秩序和国际体系朝着更加公正合理的方向发展，推动建设人类命运共同体。推动各国把本国利益同别国共同利益结合起来，努力扩大利益汇合点，以合作谋和平，以合作促发展，以合作实现双赢、多赢和共赢。

——在国际事务中更多倾听发展中国家呼声，反映发展中国家诉求，维护发展中国家权益，增加发展中国家在联合国及相关国际机构的发言权和代表性。

三、在联合国成立70周年之际，国际社会应携手努力，推动联合国成为国际和平与安全的有力维护者，世界发展与繁荣的积极促进者。中国建议重点围绕以下方面开展工作：

（一）实现发展是世界各国的共同诉求。各国应抓住9月联合国发展峰会的历史机遇，展示政治意愿，凝聚共识，推进全球发展进程。应做好2015年后发展议程后续落实工作，坚持“共同但有区别的责任”原则，尊重各自国情、发展模式和发展道路，共同致力于消除极端贫困，推动经济、社会、环境协调发展，缩小南北差距，实现共同繁荣与发展。

（二）建立更加平等均衡的全球发展伙伴关系是实现共同发展的坚实保障。发达国家要履行应尽的国际责任，兑现官方发展援助承诺，推进南北合作。作为南北合作的补充，发展中国家可加强南南合作，实现联合自强，为充实发展伙伴关系做出贡献。中国将与联合国在今年9月联合国系列峰会期间共同举办南南合作圆桌会，推动各方在2015年后发展议程框架下进一步提升南南合作的成效。

（三）联大一般性辩论是联合国最高讲坛，第70届联大一般性辩论更具有特殊意义。各国应围绕如何实现永不再战的愿景、实现不同国家和文明和睦相处、推动国际关系的民主化和法治化、构建以合作共赢为核心的新型国际关系、建设一个美好世界、加强联合国作用等重大问题展开辩论，为世界和联合国未来指明方向。

（四）性别平等和妇女赋权是人类社会发展进步的重要标志。中国与联合国妇女署将于今年9月在联合国总部联合举办全球妇女峰会。我们希望各方积极支持和参与这次峰会，并就切实落实联合国第四次世界妇女大会通过的《北京宣言》和《行动纲领》、实现2015年后发展议程妇女领域目标做出政治承诺，提供资金支持。

（五）当前国际和平与安全仍面临各种传统和非传统安全威胁的挑战。安理会作为国际集体安全机制的核心，在维护国际和平与安全上负有首要责任。加强国际集体安全机制，推动政治解决地区热点问题，让安理会更好地履行《联合国宪章》赋予的职责，这具有十分重要的意义。

（六）联合国维和行动是实践多边主义、维护集体安全的有效手段。中方希望维和行动根据国际形势发展变化进行改进与调整，加强战略设计，制定更加合理可行授权，提高部署效率，改善管理和内部协调，帮助加强发展中国家能力建设。中方支持联合国秘书长倡议对维和行动进行评估和改进，希望联合国通过与会员国广泛协商寻求共识，坚持维和行动三原则，确定联合国维和行动未来发展方向，更好地完成维护和建设和平、保护平民等各项任务。

（七）埃博拉、中东呼吸综合征等疫情接连发生，再次敲响了国际公共卫生安全的警钟。儿童、教育等领域的工作事关人类长远发展。保护残疾人权益需要国际社会的广泛关注。联合国成立70周年是重要机遇，应就公共卫生安全、儿童、教育、残疾人权益等重要问题进行深入讨论并取得具体成果，推动国际社会制定全面战略，并加大投入，让人人享有发展。

（八）气候变化是人类面临的共同挑战。2015年是气候变化谈判的关键一年，各方对《联合国气候变化框架公约》第21次缔约方大会充满期待。中方愿与有关各方一道，按照“共同但有区别的责任”原则、公平原则、各自能力原则，共同推动巴黎气候变化会议如期达成新协议，建立公平合理、合作共赢的全球气候治理体制。联合国应为此目标提供政治指导，凝聚政治意愿。

（九）国际社会正经历恐怖主义的一次回潮，各方必须团结一致，共同应对。打击恐怖主义需要标本兼治、多措并举、协调一致，充分发挥联合国及安理会的主导作用。反恐不能搞双重标准，更不能把恐怖主义与特定国家、民族和宗教联系起来。面对国际恐怖主义新特点和新变化，国际社会要拿出新思路和新举措，加大信息收集与分享，切断网络恐怖传播、恐怖分子跨境流通和恐怖融资等渠道，推进去极端化等源头治理，最大限度挤压恐怖主义的生存空间。

（十）网络安全已成为事关国家主权、安全和发展的重大战略问题。中方主张国际社会在相互尊重、平等互利的基础上加强合作，共同构建和平、安全、开放、合作的网络空间。应在联合国框架下制定相关国际规则，推进多边、民主和透明的互联网国际治理机制。

（十一）“人人得享人权”是人类共同追求的崇高理想，但战火、贫困、疾病、歧视等仍然构成巨大威胁和挑战。中方主张国际社会始终以公正、客观和非选择性方式处理人权问题，摒弃政治化和双重标准，支持联合国人权理事会、人权高专等机制发挥应有作用，通过交流与合作，切实促进和保障人权。

（十二）成立70周年应成为联合国再定位和再出发的重要契机。希望联合国在当前承前启后的关键时期，对各领域工作进行审评与完善，加强联合国工作效率和效力，为联合国的全面振兴注入新动力，更好地服务“联合国人民”。应避免在联合国成立70周年之际引入有争议的问题，以维护会员国团结，并防止干扰对相关重大议程的讨论。

二、携手构建合作共赢新伙伴　同心打造人类命运共同体

——在第七十届联合国大会一般性辩论时的讲话

（2015年9月28日，纽约）

中华人民共和国主席　习近平

主席先生，各位同事：

70年前，我们的先辈经过浴血奋战，取得了世界反法西斯战争的胜

利，翻过了人类历史上黑暗的一页。这一胜利来之不易。

70 年前，我们的先辈以远见卓识，建立了联合国这一最具普遍性、代表性、权威性的国际组织，寄托人类新愿景，开启合作新时代。这一创举前所未有。

70 年前，我们的先辈集各方智慧，制定了联合国宪章，奠定了现代国际秩序基石，确立了当代国际关系基本准则。这一成就影响深远。

主席先生、各位同事！

9 月 3 日，中国人民同世界人民一道，隆重纪念了中国人民抗日战争暨世界反法西斯战争胜利 70 周年。作为东方主战场，中国付出了伤亡 3500 多万人的民族牺牲，抗击了日本军国主义主要兵力，不仅实现了国家和民族的救亡图存，而且有力支援了在欧洲和太平洋战场上的抵抗力量，为赢得世界反法西斯战争胜利做出了历史性贡献。

历史是一面镜子。以史为鉴，才能避免重蹈覆辙。对历史，我们要心怀敬畏、心怀良知。历史无法改变，但未来可以塑造。铭记历史，不是为了延续仇恨，而是要共同引以为戒。传承历史，不是为了纠结过去，而是要开创未来，让和平的薪火代代相传。

主席先生、各位同事！

联合国走过了 70 年风风雨雨，见证了各国为守护和平、建设家园、谋求合作的探索和实践。站在新的历史起点上，联合国需要深入思考如何在 21 世纪更好回答世界和平与发展这一重大课题。

世界格局正处在一个加快演变的历史性进程之中。和平、发展、进步的阳光足以穿透战争、贫穷、落后的阴霾。世界多极化进一步发展，新兴市场国家和发展中国家崛起已经成为不可阻挡的历史潮流。经济全球化、社会信息化极大解放和发展了社会生产力，既创造了前所未有的发展机遇，也带来了需要认真对待的新威胁新挑战。

“大道之行也，天下为公。”和平、发展、公平、正义、民主、自由，是全人类的共同价值，也是联合国的崇高目标。目标远未完成，我们仍须努力。当今世界，各国相互依存、休戚与共。我们要继承和弘扬联合国宪章的宗旨和原则，构建以合作共赢为核心的新型国际关系，打造人类命运共同体。为此，我们需要做出以下努力。

——我们要建立平等相待、互商互谅的伙伴关系。联合国宪章贯穿主权平等原则。世界的前途命运必须由各国共同掌握。世界各国一律平等，不能以大压小、以强凌弱、以富欺贫。主权原则不仅体现在各国主权和领土完整不容侵犯、内政不容干涉，还应该体现在各国自主选择社会制度和发展道路的权利应当得到维护，体现在各国推动经济社会发展、改善人民生活的实践应当受到尊重。

我们要坚持多边主义，不搞单边主义；要奉行双赢、多赢、共赢的新理念，扔掉我赢你输、赢者通吃的旧思维。协商是民主的重要形式，也应该成为现代国际治理的重要方法，要倡导以对话解争端、以协商化分歧。我们要在国际和区域层面建设全球伙伴关系，走出一条“对话而不对抗，结伴而不结盟”的国与国交往新路。大国之间相处，要不冲突、不对抗、相互尊重、合作共赢。大国与小国相处，要平等相待，践行正确义利观，义利相兼，义重于利。

——我们要营造公道正义、共建共享的安全格局。在经济全球化时代，各国安全相互关联、彼此影响。没有一个国家能凭一己之力谋求自身绝对安全，也没有一个国家可以从别国的动荡中收获稳定。弱肉强食是丛林法则，不是国与国相处之道。穷兵黩武是霸道做法，只能搬起石头砸自己的脚。

我们要摒弃一切形式的冷战思维，树立共同、综合、合作、可持续安全的新观念。我们要充分发挥联合国及其安理会在止战维和方面的核心作用，通过和平解决争端和强制性行动双轨并举，化干戈为玉帛。我们要推动经济和社会领域的国际合作齐头并进，统筹应对传统和非传统安全威胁，防战争祸患于未然。

——我们要谋求开放创新、包容互惠的发展前景。2008 年爆发的国际经济金融危机告诉我们，放任资本逐利，其结果将是引发新一轮危机。缺乏道德的市场，难以撑起世界繁荣发展的大厦。富者愈富、穷者愈穷的局面不仅难以持续，也有违公平正义。要用好“看不见的手”和“看得见的手”，努力形成市场作用和政府作用有机统一、相互促进，打造兼顾效率和公平的规范格局。

大家一起发展才是真发展，可持续发展才是好发展。要实现这一目标，就应该秉承开放精神，推进互帮互助、互惠互利。当今世界仍有8亿人生活在极端贫困之中，每年近600万孩子在5岁前夭折，近6000万儿童未能接受教育。刚刚闭幕的联合国发展峰会制定了2015年后发展议程。我们要将承诺变为行动，共同营造人人免于匮乏、获得发展、享有尊严的光明前景。

——我们要促进和而不同、兼收并蓄的文明交流。人类文明多样性赋予这个世界姹紫嫣红的色彩，多样带来交流，交流孕育融合，融合产生进步。

文明相处需要和而不同的精神。只有在多样中相互尊重、彼此借鉴、和谐共存，这个世界才能丰富多彩、欣欣向荣。不同文明凝聚着不同民族的智慧和贡献，没有高低之别，更无优劣之分。文明之间要对话，不要排斥；要交流，不要取代。人类历史就是一幅不同文明相互交流、互鉴、融合的宏伟画卷。我们要尊重各种文明，平等相待，互学互鉴，兼收并蓄，推动人类文明实现创造性发展。

——我们要构筑尊崇自然、绿色发展的生态体系。人类可以利用自然、改造自然，但归根结底是自然的一部分，必须呵护自然，不能凌驾于自然之上。我们要解决好工业文明带来的矛盾，以人与自然和谐相处为目标，实现世界的可持续发展和人的全面发展。

建设生态文明关乎人类未来。国际社会应该携手同行，共谋全球生态文明建设之路，牢固树立尊重自然、顺应自然、保护自然的意识，坚持走绿色、低碳、循环、可持续发展之路。在这方面，中国责无旁贷，将继续做出自己的贡献。同时，我们敦促发达国家承担历史性责任，兑现减排承诺，并帮助发展中国家减缓和适应气候变化。

主席先生、各位同事！

13亿多中国人民正在为实现中华民族伟大复兴的中国梦而奋斗。中国人民的梦想同各国人民的梦想息息相通。实现中国梦，离不开和平的国际环境和稳定的国际秩序，离不开各国人民的理解、支持、帮助。中国人民圆梦必将给各国创造更多机遇，必将更好促进世界和平与发展。

中国将始终做世界和平的建设者，坚定走和平发展道路，无论国际形势如何变化，无论自身如何发展，中国永不称霸、永不扩张、永不谋求势力范围。

中国将始终做全球发展的贡献者，坚持走共同发展道路，继续奉行互利共赢的开放战略，将自身发展经验和机遇同世界各国分享，欢迎各国搭乘中国发展“顺风车”，一起来实现共同发展。

中国将始终做国际秩序的维护者，坚持走合作发展的道路。中国是第一个在联合国宪章上签字的国家，将继续维护以联合国宪章宗旨和原则为核心的国际秩序和国际体系。中国将继续同广大发展中国家站在一起，坚定支持增加发展中国家特别是非洲国家在国际治理体系中的代表性和发言权。中国在联合国的一票永远属于发展中国家。

在此，我宣布，中国决定设立为期 10 年、总额 10 亿美元的中国—联合国和平与发展基金，支持联合国工作，促进多边合作事业，为世界和平与发展做出新的贡献。我宣布，中国将加入新的联合国维和能力待命机制，决定为此率先组建常备成建制维和警队，并建设 8000 人规模的维和待命部队。我宣布，中国决定在未来 5 年内，向非盟提供总额为 1 亿美元的无偿军事援助，以支持非洲常备军和危机应对快速反应部队建设。

主席先生、各位同事！

在联合国迎来又一个 10 年之际，让我们更加紧密地团结起来，携手构建合作共赢新伙伴，同心打造人类命运共同体。让铸剑为犁、永不再战的理念深植人心，让发展繁荣、公平正义的理念践行人间！

谢谢各位。

三、谋共同永续发展　做合作共赢伙伴

——在联合国发展峰会上的讲话

（2015 年 9 月 26 日，纽约）

中华人民共和国主席　习近平

主席先生，各位同事：

很高兴出席今天的峰会。在联合国成立 70 周年之际，各国领导人齐聚纽约，共商发展大计，具有重要意义。

对各国人民而言，发展寄托着生存和希望，象征着尊严和权利。正是带着这个愿望，15 年前，我们制定了千年发展目标，希望帮助亿万人民过上更好生活。

回首过去，我们经历了全球经济持续增长，也承受了国际金融危机严重冲击。我们见证了发展中国家的崛起，也面对着南北发展失衡的现实。我们既为 11 亿人民脱贫而深受鼓舞，也为 8 亿多人仍在挨饿而深为担忧。

环顾世界，和平与发展仍然是当今时代两大主题。要解决好各种全球性挑战，包括最近发生在欧洲的难民危机，根本出路在于谋求和平、实现发展。面对重重挑战和道道难关，我们必须攥紧发展这把钥匙。唯有发展，才能消除冲突的根源。唯有发展，才能保障人民的基本权利。唯有发展，才能满足人民对美好生活的热切向往。

主席先生、各位同事！

本次峰会通过的 2015 年后发展议程，为全球发展描绘了新愿景，为国际发展合作提供了新机遇。我们应该以此为新起点，共同走出一条公平、开放、全面、创新的发展之路，努力实现各国共同发展。

——我们要争取公平的发展，让发展机会更加均等。各国都应成为全球发展的参与者、贡献者、受益者。不能一个国家发展、其他国家不发

展，一部分国家发展、另一部分国家不发展。各国能力和水平有差异，在同一目标下，应该承担共同但有区别的责任。要完善全球经济治理，提高发展中国家代表性和发言权，给予各国平等参与规则制定的权利。

——我们要坚持开放的发展，让发展成果惠及各方。在经济全球化时代，各国要打开大门搞建设，促进生产要素在全球范围更加自由便捷地流动。各国要共同维护多边贸易体制，构建开放型经济，实现共商、共建、共享。要尊重彼此的发展选择，相互借鉴发展经验，让不同发展道路交汇在成功的彼岸，让发展成果为各国人民共享。

——我们要追求全面的发展，让发展基础更加坚实。发展的最终目的是为了人民。在消除贫困、保障民生的同时，要维护社会公平正义，保证人人享有发展机遇、享有发展成果。要努力实现经济、社会、环境协调发展，实现人与社会、人与自然和谐相处。

——我们要促进创新的发展，让发展潜力充分释放。创新带来生机，创新产生动力。发展中的问题只有通过发展才能解决。各国要以改革创新激发发展潜力、增强增长动力，培育新的核心竞争力。

主席先生、各位同事！

2015 年后发展议程是一份高标准的任务单，也是一份沉甸甸的承诺书。“一分部署，九分落实。”我倡议，国际社会加强合作，共同落实 2015 年后发展议程，努力实现合作共赢。

第一，增强各国发展能力。发展归根到底要靠本国自身努力。中国人讲：“量腹而受，量身而衣。”各国要根据自身禀赋特点，制定适合本国国情的发展战略。国际社会要帮助发展中国家加强能力建设，根据他们的实际需求，有针对性地提供支持和帮助。

第二，改善国际发展环境。和平与发展相辅相成，各国要共同维护国际和平，以和平促进发展，以发展巩固和平。发展还需要良好外部制度环境，国际金融机构要加快治理改革，多边开发机构要增加发展资源。

第三，优化发展伙伴关系。发达国家应该及时兑现承诺、履行义务，国际社会应该坚持南北合作主渠道地位，深化南南合作和三方合作，支持私营部门等利益攸关方在伙伴关系中发挥更大作用。

第四，健全发展协调机制。各国要加强宏观经济政策协调，避免负面溢出效应。区域组织要加快一体化进程，通过域内优势互补提升整体竞争力。联合国要继续发挥领导作用。

主席先生、各位同事！

改革开放30多年来，中国立足自身国情，走出了一条中国特色发展道路。中国基本实现了千年发展目标，贫困人口减少了4.39亿，在教育、卫生、妇女等领域取得显著成就。中国发展不仅增进了13亿多中国人的福祉，也有力促进了全球发展事业。

60多年来，中国积极参与国际发展合作，共向166个国家和国际组织提供了近4000亿元人民币援助，派遣60多万援助人员，其中700多名中国好儿女为他国发展献出了宝贵生命。

面向未来，中国将继续秉持义利相兼、以义为先的原则，同各国一道为实现2015年后发展议程做出努力。为此，我宣布：

——中国将设立“南南合作援助基金”，首期提供20亿美元，支持发展中国家落实2015年后发展议程。

——中国将继续增加对最不发达国家投资，力争2030年达到120亿美元。

——中国将免除对有关最不发达国家、内陆发展中国家、小岛屿发展中国家截至2015年底到期未还的政府间无息贷款债务。

——中国将设立国际发展知识中心，同各国一道研究和交流适合各自国情的发展理论和发展实践。

——中国倡议探讨构建全球能源互联网，推动以清洁和绿色方式满足全球电力需求。

中国也愿意同有关各方一道，继续推进“一带一路”建设，推动亚洲基础设施投资银行和金砖国家新开发银行早日投入运营、发挥作用，为发展中国家经济增长和民生改善贡献力量。

主席先生、各位同事！

中国郑重承诺，以落实2015年后发展议程为己任，团结协作，推动全球发展事业不断向前！

谢谢大家。

四、中国为和平而来

——在联合国维和峰会上的讲话

（2015 年 9 月 28 日，纽约）

中华人民共和国主席　习近平

尊敬的奥巴马总统，

尊敬的潘基文秘书长，

各位同事：

我赞赏奥巴马总统倡议召开这次维和峰会。

和平是人类共同愿望和崇高目标。联合国维和行动为和平而生，为和平而存，成为维护世界和平与安全的重要途径。维和行动给冲突地区带去信心，让当地民众看到希望。

当前，在世界很多地方，冲突地区民众依然饱受战乱之苦，对和平的渴望更加强烈，对联合国的期待更加殷切，对维和行动的期盼更加凸显。中国主张：

——恪守维和基本原则。联合国宪章和哈马舍尔德原则是维和行动的根本指南，应该继续坚持。联合国安理会决议应该得到完整执行，任何国家不能越权行事。维和行动要根据当地形势和人民意愿，及时制定并落实撤出战略。

——完善维和行动体系。维和行动既要同预防外交、建设和平纵向衔接，也要同政治斡旋、推进法治、民族和解、民生改善等横向配合。联合国安理会要更多听取当事国和出兵国意见。联合国应该同相关地区组织建立更协调的维和伙伴关系。

——提高快速反应水平。维和行动快速部署，能为和平争取机会，为生命赢得时间。中国欢迎联合国实施新的“维和能力待命机制”，呼吁会员国积极加入。

——加大对非洲的帮扶。维和行动的主要需求在非洲。从长远计，国际社会和联合国要支持非洲国家提高自身维和维稳能力，以非洲方式解决非洲问题。

各位同事！

中国作为联合国安理会常任理事国，参加维和行动已经25年了，成为维和行动主要出兵国和出资国。为支持改进和加强联合国维和行动，我宣布：

第一，中国将加入新的联合国维和能力待命机制，决定为此率先组建常备成建制维和警队，并建设8000人规模的维和待命部队。

第二，中国将积极考虑应联合国要求，派更多工程、运输、医疗人员参与维和行动。

第三，今后5年，中国将为各国培训2000名维和人员，开展10个扫雷援助项目，包括提供培训和器材。

第四，今后5年，中国将向非盟提供总额为1亿美元的无偿军事援助，以支持非洲常备军和危机应对快速反应部队建设。

第五，中国将向联合国在非洲的维和行动部署首支直升机分队。

第六，中国—联合国和平与发展基金的部分资金将用于支持联合国维和行动。

各位同事！

在联合国维和行动中，已有18位中国军人和警察牺牲。5年前，中国维和女警察和志虹在海地执行联合国维和任务时不幸殉职，留下年仅4岁的幼子和年逾花甲的父母。她曾经写道：“于大千世界，我也许只是一根羽毛，但我也要以羽毛的方式，承载和平的心愿。”

这是她生前的愿望，也是中国对和平的承诺。

谢谢！

五、促进妇女全面发展 共建共享美好世界

——在全球妇女峰会上的讲话

（2015 年 9 月 27 日，纽约）

中华人民共和国主席 习近平

尊敬的潘基文秘书长，

尊敬的姆兰博—努卡主任，

尊敬的各位同事，

女士们，先生们，朋友们：

在联合国成立 70 周年、北京世界妇女大会召开 20 周年之际，我们在这里举行全球妇女峰会，为促进男女平等和妇女发展重申承诺、共谋未来，意义重大。

妇女是物质文明和精神文明的创造者，是推动社会发展和进步的重要力量。没有妇女，就没有人类，就没有社会。

追求男女平等的事业是伟大的。纵观历史，没有妇女解放和进步，就没有人类解放和进步。为实现男女平等的崇高理想，人类走过了不平坦、不平凡的历程。从 200 多年前世界第一份妇女权利宣言诞生，到“三八”国际劳动妇女节的设立，到联合国成立妇女地位委员会，到通过《消除对妇女一切形式歧视公约》，妇女事业发展的每一步都推动了人类文明进步。

20 年前，在北京，第四次世界妇女大会通过了《北京宣言》和《行动纲领》，达成促进男女平等、保障妇女权利的战略目标和政策框架。今天，北京世界妇女大会所宣示的精神，在世界催生了积极变化。各国追求男女平等共识日益强化，推动妇女发展行动更趋多样化，妇女生存发展环境不断优化。联合国妇女署做了大量工作，值得充分肯定。

经过持续不断努力，许多以前遥不可及的梦想已经成为现实：全球143个国家通过立法明确规定男女平等，妇女参与政治经济活动在法律上已经没有障碍，妇女接受教育、婚姻自由、职业自由等已经成为社会共识。

同时，环顾世界，各国各地区妇女发展水平仍然不平衡，男女权利、机会、资源分配仍然不平等，社会对妇女潜能、才干、贡献的认识仍然不充分。现在全球8亿贫困人口中，一半以上是妇女。每当战乱和疫病来袭，妇女往往首当其冲。面对恐怖和暴力肆虐，妇女也深受其害。时至今日，针对妇女的各种形式歧视依然存在，虐待甚至摧残妇女的事情时有发生。

事实表明，实现男女平等，还需要我们付出巨大努力。我们要不懈努力，为妇女事业发展开辟广阔道路。

女士们、先生们、朋友们！

我们刚刚通过2015年后发展议程，性别视角已纳入新发展议程各个领域。让我们发扬北京世界妇女大会精神，重申承诺，为促进男女平等和妇女全面发展加速行动。

第一，推动妇女和经济社会同步发展。发展离不开妇女，发展要惠及包括妇女在内的全体人民。我们要制定更加科学合理的发展战略，既要考虑各国国情、性别差异、妇女特殊需求，确保妇女平等分享发展成果，又要创新政策手段，激发妇女潜力，推动广大妇女参与经济社会发展。中国实践证明，推动妇女参加社会和经济活动，能有效提高妇女地位，也能极大提升社会生产力和经济活力。

第二，积极保障妇女权益。妇女权益是基本人权。我们要把保障妇女权益系统纳入法律法规，上升为国家意志，内化为社会行为规范。要增强妇女参与政治经济活动能力，提高妇女参与决策管理水平，使妇女成为政界、商界、学界的领军人物。我们要保障妇女基本医疗卫生服务，特别是要关注农村妇女、残疾妇女、流动妇女、中老年妇女、少数族裔妇女的健康需求。我们要采取措施确保所有女童上得起学和安全上学，发展面向妇女的职业教育和终身教育，帮助她们适应社会和就业市场变化。

第三，努力构建和谐包容的社会文化。男女共有一个世界，消除对妇女的歧视和偏见，将使社会更加包容和更有活力。我们要努力消除一切形式针对妇女的暴力，包括家庭暴力。我们要以男女平等为核心，打破有碍妇女发展的落后观念和陈规旧俗。我赞赏潘基文秘书长发起的“他为她”倡议，希望越来越多男性参与进来。

第四，创造有利于妇女发展的国际环境。妇女和儿童是一切不和平不安宁因素的最大受害者。我们要坚定和平发展和合作共赢理念，倍加珍惜和平，积极维护和平，让每个妇女和儿童都沐浴在幸福安宁的阳光里。

各国妇女团体应该加强交流，增进友谊，共同发展，共同进步。要继续开展妇女领域国际发展合作，发达国家要加大对发展中国家的资金和技术援助，缩小各国妇女发展差距。

女士们、先生们、朋友们！

在中国人民追求美好生活的过程中，每一位妇女都有人生出彩和梦想成真的机会。中国将更加积极贯彻男女平等基本国策，发挥妇女“半边天”作用，支持妇女建功立业、实现人生理想和梦想。中国妇女也将通过自身发展不断促进世界妇女运动发展，为全球男女平等事业做出更大贡献。

为支持全球妇女事业和联合国妇女署工作，中国将向妇女署捐款1000万美元，用于支持落实《北京宣言》和《行动纲领》，落实2015年后发展议程相关目标。在今后5年内，中国将帮助发展中国家实施100个“妇幼健康工程”，派遣医疗专家小组开展巡医活动；实施100个“快乐校园工程”，向贫困女童提供就学资助，提高女童入学率；邀请3万名发展中国家妇女来华参加培训，并在当地为发展中国家培训10万名女性职业技术人员。在中国同联合国合作设立的有关基金项下，将专门开展支持发展中国家妇女能力建设的项目。

女士们、先生们、朋友们！

让我们携手努力，加速行动，共建共享一个对所有妇女、对所有人更加美好的世界！

预祝峰会圆满成功！

谢谢大家。

六、习近平在南南合作圆桌会上发表讲话

（2015 年 9 月 26 日，纽约）

2015 年 9 月 26 日，国家主席习近平在纽约联合国总部出席并主持由中国和联合国共同举办的南南合作圆桌会，同广大发展中国家等领导人和国际组织负责人总结南南合作经验、共商合作发展大计。南非总统祖马、埃及总统塞西、赞比亚总统伦古、乌干达总统穆塞韦尼、厄瓜多尔总统科雷亚、尼日利亚总统布哈里、巴基斯坦总理谢里夫、马来西亚总理纳吉布、萨摩亚总理图伊拉埃帕、孟加拉国总理哈西娜、丹麦首相拉斯穆森等国家元首和政府首脑及联合国秘书长潘基文、联合国开发计划署、世界银行、国际货币基金组织、世界贸易组织、联合国粮农组织、联合国亚太经社会等国际组织负责人出席。

习近平在讲话中指出，1974 年邓小平先生在联大会议发言中指出，中国是一个发展中国家，中国属于第三世界。40 多年过去了，中国虽然取得巨大发展成就，但仍然是发展中国家，对南南合作仍然重视如初。中方倡议召开这次圆桌会，就是希望推动南南合作向更高水平、更深层次发展。

习近平指出，南南合作是发展中国家联合自强的伟大创举，是平等互信、互利共赢、团结互助的合作，帮助我们开辟出一条崭新的发展繁荣之路。伴随着发展中国家整体力量提升，南南合作必将在推动发展中国家崛起和促进世界经济强劲、持久、平衡、包容增长中发挥更大作用。

习近平就新时期南南合作提出以下建议。

一要致力于探索多元发展道路。一把钥匙开一把锁。我们要坚定信心，坚持走自主选择、具有自身特色的发展道路，彼此分享治国理政成功经验，把能力建设作为重点，挖掘增长潜力，破解发展难题，增进人民

福祉。

二要致力于促进各国发展战略对接。我们要发挥各自比较优势，加强宏观经济政策协调，推动经贸、金融、投资、基础设施建设、绿色环保等领域合作齐头并进，提高发展中国家整体竞争力。

三要致力于实现务实发展成效。我们要以互联互通、产能合作为突破口，发挥亚洲基础设施投资银行、金砖国家新开发银行等新机制作用，集中力量做成一批具有战略和示范意义的旗舰和精品项目，产生良好经济、社会、环境效应，为南南务实合作增添动力。

四要致力于完善全球发展架构。我们要推动全球经济治理改革，巩固多边贸易体制，推动多哈回合谈判早日实现发展授权，扩大同发达国家沟通交流，构建多元伙伴关系，打造各方利益共同体。

习近平宣布，为帮助发展中国家发展经济、改善民生，未来5年中国将向发展中国家提供“6个100”项目支持，包括100个减贫项目，100个农业合作项目，100个促贸援助项目，100个生态保护和应对气候变化项目，100所医院和诊所，100所学校和职业培训中心。未来5年，中国将向发展中国家提供12万个来华培训和15万个奖学金名额，为发展中国家培养50万名职业技术人员。中国将设立南南合作与发展学院，并向世界卫生组织提供200万美元的现汇援助。

习近平强调，同广大发展中国家团结合作，是中国对外关系不可动摇的根基。中国是发展中国家一员，中国的发展机遇将同发展中国家共享。中方将把自身发展和发展中国家共同发展紧密联系起来，把中国梦和发展中国家人民过上美好生活的梦想紧密联系起来，携手走出一条共同发展的康庄大道。

圆桌会气氛友好热烈。与会各发展中国家领导人和国际组织负责人感谢中方召集这次圆桌会，完全支持习近平关于南南合作的主张和倡议。他们纷纷表示，中国正在国际事务中发挥领导作用，习近平主席在联合国发展峰会和此次南南合作圆桌会宣布的一系列重大务实举措，是中方重视南南合作、支持南南合作、贡献南南合作的具体行动。南方国家已经成为全球增长的重要动力，南南合作已经成为国际发展合作的重要补充。同时南南合作不能替代北南合作和发达国家对发展中国家的援助。联合国应当加强对南南合作的支持。

习近平最后强调，2015 年后发展议程为各国设置了更高的发展目标，提出了更高的发展要求。南南合作应该以落实 2015 年后发展议程为契机，在更高层次、更广范围、更宽领域上促进发展中国家发展。

南南合作圆桌会发表了共同主席新闻公报，肯定南南合作的重要贡献，总结了南南合作的重要原则，提出加强发展理念经验交流、深化宏观政策协调、打造合作旗舰项目、推动全球经济治理改革等深化南南合作的建议。

七、南南合作圆桌会共同主席新闻公报

（2015 年 9 月 26 日，纽约）

2015 年 9 月 26 日，中华人民共和国主席习近平和联合国秘书长潘基文在纽约联合国总部共同主持召开南南合作圆桌会。会议是在联合国发展峰会举行期间和 2015 年后发展议程刚刚通过的重要时刻举办的一次重要会议。孟加拉国、贝宁、丹麦、厄瓜多尔、埃及、印尼、马来西亚、尼泊尔、尼日利亚、巴基斯坦、萨摩亚、南非、乌干达、赞比亚等国领导人，巴西、哈萨克斯坦、马尔代夫、沙特、津巴布韦等国元首代表，以及联合国开发计划署、世界银行、国际货币基金组织、世界贸易组织、联合国粮农组织、金砖国家新开发银行、联合国亚太经社会等国际组织负责人出席会议。

过去几十年以来，发展中国家积极探索符合本国国情的发展道路，取得了举世瞩目的成就。发展中国家在国际事务中发挥着日益重要的作用，改变了全球政治经济版图，促进了全球经济治理变革，推动了经济全球化进程。

当前，全球落实千年发展目标取得重要进展，但落实情况并不平衡，特别是在脆弱国家。国际社会应进一步加强国际发展合作，筹集更多发展资源，建立更加有力的发展伙伴关系，创造良好有益的国际发展环境，帮助发展中国家实现可持续发展。

联合国发展峰会通过了具有历史意义和变革性的2015年后发展议程，为各国提出了更具雄心的发展目标，也为国际发展合作提供了新机遇，受到各方欢迎。国际社会应坚持南北合作在国际发展合作中的主渠道地位，鼓励发达国家兑现官方发展援助承诺，特别是将国民总收入的0.7%用于官方发展援助，其中用于支援最不发达国家的官方发展援助应占其国民总收入的0.15%—0.2%。发展伙伴应至少将官方发展援助的一半提供给最不发达国家。

南南合作应该继续遵循相互尊重、平等互信、合作共赢、团结协作等原则，帮助发展中国家走出公平、开放、全面、创新的发展之路。

各国应加强发展理念和经验的交流，深化宏观经济政策协调，使贸易投资服务于发展中国家人民。建议各国重点加强基础设施建设、推进互联互通，共同从全球价值链中受益。各国应重视发展绿色经济，加强环境保护，打造南南合作的高质量旗舰项目，包括通过“一带一路”等倡议，用好亚洲基础设施投资银行、金砖国家新开发银行等融资平台，激发合作潜力，展示合作活力，实现联动发展。

国际社会应推动全球经济治理改革，巩固多边贸易体制，建设开放型世界经济，提高发展中国家，特别是最脆弱国家的代表性和发言权，实现世界经济强劲、持久、平衡、包容增长。当前世界经济增长缓慢，低于预期。各国应加强宏观政策协调，解决国际金融危机暴露出的结构性、长期性问题，支持经济复苏，减少有关政策对发展中国家的负面溢出效应，支持发达国家和发展中国家都实现发展，特别是脆弱国家实现发展。

联合国为推动南北合作、促进南南合作发挥了重要作用，期待联合国各基金、方案、专门机构和其他实体充分发挥各自优势，加大对南南合作的投入，在政策协调、战略研究、知识共享、技术支持、能力建设等方面向南南合作提供更大支持。

南南合作在落实“伊斯坦布尔最不发达国家行动纲领”、“小岛屿发展中国家萨摩亚路径”、“内陆发展中国家维也纳行动计划”等全球发展框架方面发挥着重要的补充作用。南南合作是人力资源和生产能力建设、技术支持、经验交流的重要平台，尤其是在健康、教育、职业技能培训、农业、环境、科技、贸易投资等方面。发展伙伴应支持设立技术银行、科技创新机制以及最不发达国家投资促进机制。

南南合作是南北合作的补充而非替代。尽管南南合作面临一些复杂挑战，但在实现2015年后发展议程设定的发展愿景方面可以发挥很大潜力。南南合作可以帮助发展中国家尤其是最不发达国家、内陆发展中国家和小岛屿发展中国家应对发展挑战，提供最具针对性和借鉴意义的解决方案。发展中国家加强紧密合作有助于促进发展中国家间的贸易和资金流动，增强科技能力，促进经济增长，因此将成为支持2015年后发展议程的主要途径之一。

与会各方感谢中国为此次圆桌会议发挥的领导作用，感谢联合国秘书长对南南合作的高度重视，感谢联合国特殊处境国家办公室为会议实质性工作和后勤安排提供的大力支持。各国领导人同意今后适时再次举行类似的会议，共商南南合作大计，推动2015年后发展议程的落实。

附录二

联合国2015年大事记

1月5日　秘书长发言人杜加里克指出，由于活动在刚果民主共和国境内的武装组织“解放卢旺达民主力量”未能如期完全无条件投降，联合国组织刚果民主共和国稳定特派团和刚果（金）武装部队已经着手执行对“解放卢旺达民主力量”的作战计划。

1月6日　执行任务的联合国—非盟达尔富尔混合维和行动人员分别在南达尔富尔州和西达尔富尔州遭到攻击。尽管这两次事件并未造成任何人员伤亡，联合国强调苏丹政府必须开展调查，追究肇事者的责任。

1月7日　联合国安理会和联大主席分别发表声明，对当天发生的针对法国《查理周刊》的恐怖主义袭击行为表示最严厉的谴责。

1月8日　77国集团主席交接仪式今天在纽约联合国总部举行，南非接替玻利维亚出任该组织2015年度主席。

1月9日　潘基文秘书长前往法国常驻联合国代表团，在悼念《查理周刊》恐怖袭击事件遇难者的吊唁簿上签字留言。

1月12日　潘基文秘书长在印度世界事务理事会发表主旨演讲时表示，印度可以在三方面——作为区域和世界的和平驱动力、作为人权的维护者和作为清洁可持续发展的领导者发挥领导作用。

1月13日　联合国儿童基金会、中国国务院妇女儿童工作委员会办公室和国家统计局联合发布《中国儿童发展指标图集（2014）》。

1月15日　由联合国推动的第二轮利比亚政治对话首轮会谈在日内瓦结束，与会各方同意在下周于日内瓦启动下一轮的会谈。

1月19日　2015年后发展议程政府间谈判首次会议在纽约联合国总

部拉开帷幕。

1月20日　潘基文秘书长和安理会分别发表声明，对“圣灵抵抗军”军事指挥官多米尼克·翁格文被移送位于荷兰海牙的国际刑事法院表示欢迎。他们均表示，多米尼克被移送国际刑事法院是结束有罪不罚、为受害者伸张正义迈出的重要一步。

1月22日　安理会通过决议，强烈谴责中非共和国的暴力滋长，并且要求继续对那些助长该国持续的宗派暴力的个人和实体实施包括武器禁运、旅行限制和资产冻结在内的制裁措施。

1月23日　潘基文秘书长在瑞士达沃斯世界经济论坛题为“解决气候、发展和增长问题”的全会上发言指出，目前基础设施建设和可持续发展被视为两个割裂开来的问题，这样做会使可持续发展目标变得遥不可及，使子孙后代承受气候变化的恶果。

1月26日　联合国安理会召开紧急会议，讨论乌克兰东部地区持续加剧的流血冲突。负责政治事务的副秘书长费尔特曼亲自与会并就实地局势动态进行了通报，他敦促各方切实遵守“明斯克停火协议”，努力为和平、持久地化解此次危机而寻求政治出路。

1月27日　安理会发表媒体声明，对当天发生在利比亚首都的黎波里豪华酒店科林西亚的恐怖袭击予以强烈谴责。

1月28日　联合国纽约总部举行隆重活动，纪念奥斯威辛集中营解放70周年暨“缅怀大屠杀受害者国际日”。

1月30日　潘基文秘书长出席在亚的斯亚贝巴举行的第24届非洲联盟峰会。

2月2日　潘基文秘书长在经社理事会青年论坛上指出，当今的青年正面临着一个对于人类和地球的生存和发展都十分关键、可以改变历史进程的时代。因此，尽管面对种种危机和困难，青年人应当团结起来，为人类共同的未来而采取行动。

2月3日　安理会2月轮值主席、中国常驻联合国代表刘结一在纽约总部举行的记者会上宣布，中方倡议举行安理会部长级公开辩论会，主题为“维护国际和平与安全：以史为鉴，重申对《联合国宪章》宗旨和原则的坚定承诺”。

2 月 4 日　“世界癌症日”。世界卫生组织驻华办事处发表声明，呼吁中国公众通过包括健康饮食、经常锻炼、不吸烟、不酗酒、给孩子喂养母乳等健康的生活方式，减少罹患癌症的风险。

2 月 6 日　安理会通过一项主席声明，要求敦促马里各方，即马里政府和签署及遵守《瓦加杜古临时协议》的武装团体，立即在阿尔及尔恢复马里人之间谈判进程。

2 月 9 日　潘基文秘书长在参加于阿拉伯酋长国迪拜举行的政府峰会开幕式上致辞表示，世界人民现在比以往任何时候都在要求具有更大的透明度、问责和民主。

2 月 10 日　《核安全公约》缔约方外交大会早些时候在位于维也纳的国际原子能机构总部举行。大会基于瑞士提出的修约提案，就吸取日本福岛核事故教训、如何进一步加强全球核安全进行了讨论，并在协商一致的基础上通过了《维也纳核安全宣言》。

2 月 11 日　联合国暴力侵害儿童行为问题秘书长特别代表办公室、非盟、赞比亚常驻联合国代表团以及非洲儿童政策论坛等机构在纽约总部举行专场活动，正式发布了有史以来第一份《非洲暴力侵害儿童问题报告》，并呼吁地区国家采取切实行动，加强儿童保护工作的力度和有效性。

2 月 12 日　安理会通过决议，强调国际社会采取综合措施防止和打击资助恐怖主义行动的重要性，并要求各国根据《联合国宪章》第七章采取行动，遏制“伊斯兰国”等恐怖组织通过销售石油、走私文化财产以及勒索人质赎金获得行动资金。

2 月 13 日　《联合国气话变化框架公约》秘书处发表新闻公报指出，经过 7 天的谈判，《联合国气话变化框架公约》194 个缔约国在日内瓦成功完成全球气候变化协议正式谈判文本，为在 2015 年年底将于法国巴黎举行的气候变化会议上达成最后成果文件打下基础。

2 月 17 日　在传统农历新年来临之际，联合国秘书长潘基文向中国人民和全球华人发表新春贺词，用中文祝愿“羊年快乐”！联合国负责经济与社会事务的副秘书长吴红波也向祖国同胞拜年，更祝愿祖国在新的一年里“扬眉吐气、喜气洋洋”。

2 月 18 日　联大就西非埃博拉疫情召开会议，潘基文秘书长和联大主席库泰萨出席会议并发言。潘基文强调，世界在应对埃博拉疫情方面取得了巨大进步，但几内亚和塞拉利昂的疫情有所反弹，这充分说明应对这一公共健康挑战绝不可自满。

2 月 19 日　潘基文秘书长在华盛顿举行的“遏制暴力极端主义峰会”上讲话指出，没有任何理由能够为暴力极端主义开脱，国际社会必须尽一切所能，采取果断和具体措施，以消除恐怖组织所带来的威胁。

2 月 20 日　潘基文秘书长发表声明，对当天发生在索马里首都摩加迪沙中央酒店的恐怖袭击事件予以强烈谴责。

2 月 23 日　联合国安理会在中国外交部长王毅的主持下举行部长级公开辩论会，就维护和平与安全问题进行讨论。王毅在会上强调，70 年前制定的《联合国宪章》仍然没有过时，《宪章》所倡导的国际关系基本准则仍具现实意义。王毅还阐述了中方所提倡的合作共赢的国际关系主张。

2 月 24 日　联合国安理会天举行公开会议，听取了欧洲安全与合作组织轮值主席、塞尔维亚第一副总理兼外长达契奇所做的情况通报。达契奇表示，本月早些时候达成的“明斯克一揽子措施”是解决乌克兰冲突的最佳途径。

2 月 25 日　第 69 届联合国大会在纽约召开高级别主题辩论，关注“将预防犯罪和刑事司法纳入 2015 年后发展议程”的相关问题。

2 月 26 日　潘基文秘书长通过发言人发表声明，对有关在委内瑞拉示威活动中发生暴力事件造成生命损失的最新报道深表关切，并注意到委内瑞拉政府宣布愿意对所发生的暴力事件进行彻底调查。

2 月 27 日　联合国南苏丹特派团表示，中国派出的首支维和步兵营第一个作战连队的 144 名官兵已于当天抵达南苏丹首都朱巴。加上先期抵达的 36 名接装分队官兵，180 人规模的先遣分队现已全部部署到位。

3 月 3 日　联合国安理会就南苏丹问题通过决议，决定对破坏南苏丹和平、安全和稳定的个人及实体采取包括旅行禁令和资产冻结在内的定向制裁措施。

3 月 4 日　潘基文秘书长在出席《2015 年减少灾害全球评估报告》发布仪式时表示，世界正在经历越来越频繁和激烈的自然灾害。

3 月 6 日　潘基文秘书长发表声明，对巴解组织宣布决定中止与以色列的一切安全合作表示关注，并呼吁国际社会为协助巴以双方达成最终和平协议创造条件。

3 月 9 日　联合国妇女地位委员会第 59 届年会在纽约总部开幕。中国国务院妇女儿童工作委员会副主任宋秀岩出席大会一般性辩论并做主旨发言。

3 月 10 日　人权高专扎伊德对东非几个国家近来袭击白化病人事件增多的情况深表关切。

3 月 11 日　世界卫生组织和世界粮食计划署决定在受到埃博拉严重影响的几内亚、利比里亚和塞拉利昂三国建立新的伙伴关系，充分结合粮食计划署的后勤保障实力和世界卫生组织在公共健康领域的专业知识，力图将西非的埃博拉疫情的发病率降为零。

3 月 12 日　总部位于加拿大蒙特利尔的联合国专门机构国际民航组织第 204 届理事会举行新一届秘书长选举。中国政府首次派出代表参加竞选，由其推荐的柳芳博士当选成为该组织历史上首位女性秘书长，同时也是第二位来自亚太国家的秘书长。

3 月 13 日　南美洲国家苏里南和非洲西部国家科特迪瓦的议会先后对刑法做出修改，决定废除死刑。联合国人权高专办当天发表声明对此表示欢迎，并指出上述两个国家举措可能激励其所在区域的更多国家废除死刑。

3 月 16 日　潘基文秘书长在位于东京的联合国大学发表演讲时敦促中、日、韩三国领导人牢记历史，面向未来。他表示，这样做将会为今后数代人创造一种和平与和解的精神。

3 月 17 日　安理会就苏丹达尔富尔局势举行会议，听取了负责维和事务的副秘书长拉德苏的汇报。拉德苏向安理会指出，自 2004 年年初以来，苏丹政府向达尔富尔地区的两支主要反叛势力发起强有力的进攻，这些暴力冲突造成了约50万人流离失所，使得达尔富尔严峻的人道危机雪上加霜。

3月18日　第三次世界减灾大会通过成果文件，来自世界187个国家的代表在经过5天的激烈讨论后终于就全球今后15年的减灾框架达成一致，这是全球第一个与2015年后发展议程相关的重要协议。

3月19日　世界知识产权组织最新发布的一份报告显示，2014年全球知识产权服务连续第五年创下记录，而电信产业在国际专利申请活动中居领先地位，其中提交申请最多的三大申请人为中国的华为、美国的高通和中国的中兴通信公司。

3月20日　联合国推动的有关利比亚问题的新一轮谈判在摩洛哥城市斯希拉特展开。

3月23日　国际货币基金组织总裁拉加德结束对中国为期5天的访问。她在访问结束时发表的一项声明中表示，中国的结构改革的实施将会导致中国的经济增速有所放缓，但会变得更加安全和更可持续，这既有利于中国，也有利于世界。

3月24日　联合国大会主管行政和预算事务的第五委员会就一项要求秘书长收回有关联合国给予职员同性伴侣同等福利待遇新规定的决议草案进行表决，并以80票反对，37票弃权，43票赞成的结果驳回了这项提案。

3月25日　安理会在本月轮值主席国法国的主持下就儿童与武装冲突问题举行了一次公开辩论。潘基文秘书长出席会议并指出，我们不能接受一个有儿童遭受武装暴力的世界。为此，除了要防止各国政府部队招收儿童兵之外，更重要的是防止武装团体这样做并对儿童施暴。

3月26日　安理会就中东局势、包括巴勒斯坦问题举行公开辩论会，听取了联合国中东和平进程特别协调员罗伯特·塞里在卸任前的最后一次情况通报。

3月27日　由联合国维持和平行动部与外勤支助部共同召集举行的首次会员国国防务官员会议在纽约联合国总部开幕。

3 月 30 日　《2015 年联合国世界水发展报告》正式发布。报告得出的一个重要结论是：水直接影响人类的未来，必须改变获取、管理和使用这种稀缺宝贵资源的方式，以面对持续上升的需求和地下水储量的过度开发；否则，到 2030 年，地球将面临 40% 的用水短缺。

3 月 31 日　在科威特举行的第三次叙利亚人道援助国际认捐会议正式落幕。联合国人道主义事务协调厅宣布，国际捐助方在这次会议上承诺将捐助 38 亿美元，用于为援助叙利亚和周边地区的难民、流离失所者以及向受冲突影响者提供人道救援行动。

4 月 1 日　设在荷兰海牙的国际刑事法院举行仪式，接纳巴勒斯坦成为其第 123 个成员国。这意味着今后国际刑事法院将对被指发生在巴勒斯坦领土上的罪行拥有管辖权。

4 月 2 日　潘基文秘书长对联合国安理会 5 个常任理事国加德国与伊朗举行的核谈判达成一项政治框架协议表示祝贺。这一框架协议将为在今年 6 月 30 日之前最终达成一项历史性全面联合行动计划铺平道路。

4 月 3 日　潘基文秘书长对孟加拉国的暴力活动在过去几周中逐渐平息表示欢迎，并表示联合国将继续全力为该国各党派消除分歧的努力提供支持。

4 月 7 日　卢旺达境内灭绝种族罪国际反思日。潘基文秘书长在为此所发表的致辞中指出，国际反思日提供了一个机会，谨此悼念 20 多年前在不到 3 个月的时间内卢旺达各地被有系统地杀害的 80 万多名死者，同时人们应当正视当今的各种挑战，再次共同下定决心防止此类暴行重演。

4 月 9 日　据联合国统计，朝鲜目前有 1800 万人处于粮食不安全状况，该国长期存在的人道危机却没有被引起注意，而人道机构缺乏用于解决该国人道危机的足够资金。联合国早些时候发出了 1110 万美元的紧急募捐呼吁。

4 月 10 日　潘基文秘书长在巴拿马首都巴拿马城出席了美洲国家峰会。潘基文从和平、民主以及减贫和可持续发展等角度分析了美洲国家取得的进步以及面临的挑战，并鼓励区域各国努力实现这次峰会的主题——“有平等性的繁荣”。

4 月 13 日　潘基文秘书长向在纽约举行的为期一周的人口与发展委员会第 48 次会议发表开幕致辞指出，今年国际社会将力争就可持续发展目标和新的全球气候协议达成一致，而正在发生的深刻的人口变化将对两个关键事项产生影响。他呼吁全球在 2015 年实现全球转型的变革中“不落下任何一位”。

4 月 14 日　安理会以 14 票赞成、1 票弃权的结果通过了由约旦和海湾国家提出的有关也门的决议草案。决议决定对胡塞武装实施武器禁运，并对前总统萨利赫的长子阿赫麦德·萨利赫和胡塞武装一名领导人实施资产冻结和旅行限制的制裁。

4 月 15 日　联合国马里多层面综合稳定特派团位于该国北部的一个营地发生自杀式炸弹袭击，导致至少 3 名平民死亡，以及包括 9 名维和人员在内的 16 多人受伤。

4 月 16 日　世界卫生组织总干事陈冯富珍在华盛顿就埃博拉疫情最新进展情况举行的记者会上指出，应该在所取得的抗击埃博拉疫情的成果基础上，使疫区国家尽快进入早期恢复阶段，并重建卫生体系。

4 月 17 日　潘基文秘书长在世界银行举行的一个有关埃博拉的高级别圆桌会议上指出，国际社会在抗击埃博拉方面所付出的“马拉松式的”努力已经取得了重要进展，但马拉松的最后一英里可能是最艰难的。因此，必须再接再厉并帮助受影响最严重的西非三国实现复苏。

4 月 20 日　联合国安理会通过媒体声明，对叙利亚境内亚尔穆克巴勒斯坦难民营的人道主义状况深表关切，呼吁冲突各方准许人道机构不受阻碍地进入亚尔穆克难民营，并对难民营内的平民予以保护。

4 月 21 日　联大举行主题为“促进容忍与和解：培育和平包容性社会、打击暴力极端主义”的高级别主题辩论。

4 月 22 日　《联合国气候变化框架公约》秘书处发表新闻公报指出，为了迎接国际地球母亲日的到来，全球各地城市在该机构设立的“非国家行动方气候行动区”网站上登出所采取的解决气候变化方面的行动达到 500 项。

4 月 24 日　负责人道主义事务的联合国副秘书阿莫斯在安理会有关

叙利亚局势的公开会议中讲话指出，过去3年来，安理会成员已经多次就叙利亚冲突举行会议并出台决议，同时也亲眼见证了该国暴力冲突持续升级、人道主义危机不断恶化的危险趋势。

4月27日　联合国秘书长潘基文在为《不扩散核武器条约》第九次审议大会发去的书面致辞中表示，尽管国际社会在过去10年间为实现构建“无核武器世界”的目标采取了大胆行动并取得显著成果，但自2010年以来，相关进展似乎停滞不前；近期一些新的动向更表明，实现“零核目标”的全球趋势正在出现倒退。

4月29日　秘书长利比亚问题特别代表莱昂在向安理会汇报利比亚局势后向媒体发表讲话指出，利比亚目前局势一片混乱，参加谈判的利比亚各派均认为，政治途径是解决该国危机的唯一办法，希望各派尽快在6月17日斋月到来前达成协议。

4月30日　联合国负责人道救援事务的副秘书长阿莫斯抵达尼泊尔，对该国地震灾情进行考察。

5月1日　联合国人权高专办表示，仍在调查中的法国军人在中非共和国性侵儿童的事件并不涉及联合国维和人员。此外，人权高专办对包括受害儿童访谈记录的“未经编校的”案件调查报告副本似乎已经被泄露给媒体表示极为关注。

5月4日　联合国儿童权利委员会对南苏丹批准了《儿童权利公约》表示欢迎，称此举是南苏丹朝着致力于保护与促进所有儿童权利所迈出的重要一步。

5月5日　第69届联合国大会在纽约举行特别全体会议，纪念二战中的所有受害者。在此之前，联合国秘书长潘基文与联大主席库泰萨共同栽种下一棵“国际和平与团结树”，纪念二战胜利暨联合国成立70周年，同时承诺继续为实现联合国的创始目标与理想而不懈努力。

5月6日　潘基文秘书长发表声明，对联合国刚果民主共和国稳定特派团车队5月5日遭遇袭击并导致两名维和人员死亡予以强烈谴责。

5月7日　联合国常务副秘书长埃利亚松在纽约总部出席联大高级别主题辩论并发表讲话，呼吁国际社会为加强全球抗击毒品的战役而开展公开、全面和深入的讨论，并出台将公共卫生、预防、毒品管控、戒毒关爱等各方面措施相结合的综合抗毒战略。

5月8日　国际刑事法院检察官本苏达发表声明，警告那些在布隆迪大选前制造暴力的个人，他们将会受到法律追究，包括由国际刑事法院进行的调查与起诉。

5月11日　秘书长国际移徙与发展问题特别代表萨瑟兰在安理会以联合国与地区和次区域组织在国际和平与安全方面的合作为题，就地中海移民问题进行的专题讨论会上讲话时指出，解决地中海移民问题需要联合国、地区组织以及来源国、中转国和目的地国等各方进行密切对话，而国际社会应该共同分担安置难民的负担。

5月12日　南苏丹首都朱巴一所难民营上周日发生大规模械斗事件，导致1人死亡，近60人受伤，3500名境内流离失所者离开该营地。联合国南苏丹特派团发表声明，对这一暴力事件予以强烈谴责。

5月13日　潘基文秘书长在安理会有关小武器和轻武器问题的公开辩论会上呼吁加强对小武器、轻武器及弹药的管理，避免落入反叛分子、犯罪组织、海盗和恐怖主义团伙和其他犯罪分子的手中。

5月14日　潘基文秘书长与也门副总统兼总理哈立德·巴哈就该国局势通过电话进行了交谈。潘基文在通话中强调，依靠军事手段不能解决也门的冲突。

5月15日　也门从5月12日开始实施5天的人道主义停火。世界卫生组织和联合国难民署等人道机构在停火期间向民众提供挽救生命的紧急援助。20多吨医疗物质已于今天抵达也门，另外难民署提供的紧急救援物资也将在当天空运至也门。

5月18日　第二届“联合国人人享有可持续能源论坛”在纽约拉开帷幕。来自政府、商业、公民社会领导人将在此次论坛中宣布新的能源行动承诺，为结束能源贫困和应对气候变化而付诸行动。

5月19日　正在韩国访问的潘基文秘书长在首尔举行的“亚洲领导论坛”上发表讲话指出，朝鲜和韩国建立友好关系对实现朝鲜半岛持久和平至关重要，希望双方能够设立尽可能少的前提条件，展开真诚对话，联合国随时准备为地区和平与稳定提供便利。

5月20日　第二届“联合国人人享有可持续能源论坛”全球能源部长级会议在纽约联合国总部拉开帷幕。

5月21日　“世界文化多样性促进对话和发展日”。联合国教科文组织总干事博科娃发表声明，强调文化多样性是人类的共同遗产，是思想和社会革新的源泉，也是帮助人类实现开放和打开新思路的手段，同时为和平与可持续发展带来机遇。

5月22日　安理会以9票赞成、6票弃权的表决结果通过了有关打击小武器和轻武器非法贩运的决议。中国代表表示，由于决议未能纳入一些国家提出的重要修改意见，因此对决议投了弃权票。

5月25日　联合国秘书长潘基文抵达爱尔兰，并接受了爱尔兰蒂珀雷里和平大会授予的2015年国际和平奖。

5月27日　根据联合国粮农组织、粮食计划署以及国际农业发展基金会联合发布的最新一期饥饿问题年度报告《2015年世界粮食不安全状况》，世界饥饿人口数量已经降至7亿9500万，比1990—1992年减少2.16亿，约占总人口的1/9。

5月28日　第69届联大就拯救伊拉克文化遗产问题举行全体会议并通过决议，谴责极端组织“伊斯兰国”破坏和掠夺伊拉克文化遗产的野蛮行径，呼吁各国协助打击非法贩运伊拉克文化遗产的工作。

5月29日　“联合国维和人员国际日”。联合国纽约总部以及联合国在世界各地的办事机构和维和特派团纷纷举行各种各样的活动，纪念这一国际日。

6月1日　潘基文秘书长通过发言人发表声明，对于南苏丹政府决定驱逐联合国副特别代表兰泽予以谴责。潘基文在声明中呼吁南苏丹政府立即改变驱逐兰泽的决定。他进一步敦促南苏丹政府同联合国在南苏丹的所有实体机构开展全面合作。

6月2日　潘基文秘书长出席在纽约联合国总部举行的联合国近东巴勒斯坦难民救济和工程处成立65周年高级别会议并发表讲话指出，在过去65年当中，如果没有联合国近东救济工程处向巴勒斯坦难民社区提供重要的支持和保护，形势会更加的糟糕。此刻，在中东地区处于动荡之时，联合国近东救济工程处仍然继续成为一个重要的稳定因素。

6月3日　联合国安理会一致通过媒体声明，对南苏丹的安全和人道主义局势表示严重关切，并呼吁各方有意义地参与和平进程，以实现政治解决危机，结束冲突的目标。

6月4日　潘基文秘书长发表声明，对布隆迪暴力局势有可能进一步升级表示关切。他再次呼吁保持平静和克制。

6月5日　联合国志愿者组织发表的《2015年世界志愿服务状况报告》指出，全球有超过10亿志愿者，大多数在自己的国家从事志愿工作，并在改善国家治理方面做出了重要贡献。

6月8日　潘基文秘书长在德国慕尼黑举行的“七国集团”反恐工作会议上发表讲话指出，国际社会目前面临的两个亟待解决的问题是暴力理念的背景和驱动力以及新出现的外国恐怖主义战斗人员等主要威胁，在应对暴力极端主义时只有通过协调和多边行动才能有效，还必须特别注意不要使问题加重。

6月9日　《残疾人权利公约》缔约国大会第八次会议在纽约联合国总部拉开帷幕。来自各国政府以及残疾活动人士围绕将残疾问题纳入2015年后发展议程的主流问题进行讨论。

6月10日　联合国负责政治事务的助理秘书长穆勒在向安理会汇报苏丹达尔富尔局势时指出，达尔富尔安全局势非常严峻，和平进程进展有限，武装部队针对维和特派团人员和人道援助工作者的袭击不断增加，无辜平民受冲突影响最为严重。他呼吁冲突各方将重启协商和对话当作优先事项，以结束达尔富尔民众所遭受的痛苦。

6月11日　鉴于世界各地与恐怖主义相关的活动日益增多，安理会下设的反恐执行委员会提交了题为“旅客信息预报系统使用方面的差距并建议扩大其使用范围以阻止外国恐怖主义战斗人员流动”的报告。

6月12日　“世界无童工日”，2015年的主题是：对童工说“No”，对高质量教育说“Yes”，以强调教育和消除童工现象之间的密切关联。

6月15日　第69届联大举行全体会议，在现任主席库泰萨的主持下，以一致鼓掌通过的方式选举出70届联大的主席。由联大西欧和其他国家组推荐的丹麦议会议长莫恩斯·吕克托夫特顺利当选。

6月16日　潘基文秘书长去年任命的负责评估联合国和平行动状况的高级别独立小组在纽约向秘书长提交报告。

6月17日　安理会举行公开会议，听取来自第一线的联合国维和行动指挥官的年度工作汇报，并关注当前维持和平与建设和平行动的进展情况以及依然面临的困难与挑战。

6月18日　潘基文秘书长在安理会就儿童与武装冲突问题举行的公开辩论会上讲话指出，各国应该找出一切办法，对受武装冲突影响的儿童进行保护，并将保护冲突中儿童当作优先事项，而结束有罪不罚现象是预防和制止侵权行为发生的一个重要手段。

6月19日　由联合国主导的也门各派别磋商会议在日内瓦结束，但最终并未达成停火协议，以结束目前持续三个多月的武装冲突。

6月22日　秘书长阿富汗事务特别代表兼联合国驻阿富汗援助团负责人海索姆在安理会有关阿富汗局势的会议上指出，近几个月来，阿富汗在应对经济、安全和政治三个重要领域的挑战方面都取得了一定的进展，但事实表明，阿富汗仍然需要来自安理会以及国际社会的持续关注与支持。

6月23日　潘基文秘书长在法国斯特法斯堡向欧洲委员会议会大会发表了讲话。在谈及民主问题时，从全球范围看，民主正在兴起，但在世界一些国家，民主正在走向倒退。

6月24日　联合国贸易和发展会议组织在日内瓦总部发布了《2014年世界投资报告》。报告称，去年全球外国直接投资下降了16%，达到约1.23万亿美元，但流入东亚和东南亚的外国直接投资总量增长了10%，达到3810亿美元的历史高位，其中中国已成为最大的外国直接投资接受国。

6月25日　联合国纽约总部举行特别活动，纪念“联合国全球契约（Global Compact）”倡议启动15周年。

6月26日　潘基文秘书长在旧金山举行的《联合国宪章》签署70周

年纪念仪式上指出，联合国缔造者们通过签署《联合国宪章》达到了许多人认为不可企及的目标：为了世界的整体利益团结在一起。

6 月 30 日　潘基文秘书长通过其发言人就解决叙利亚危机的《日内瓦公报》签署三周年发表声明，“以最强烈的措辞”呼吁国际社会与他的特别代表一道，为落实《公报》而付诸真正的努力，以避免给叙利亚及其人民以及该地区造成进一步不可弥补的破坏。

7 月 6 日　联合国经济及社会理事会在纽约联合国总部举行“可持续发展高级别政治论坛”，并在部长级会议上正式发布了有关“千年发展目标”进展情况的最终报告。

7 月 7 日　潘基文秘书长在挪威首都奥斯陆举行的“教育促进发展峰会”上表示，教育是实现人人享有尊严生活愿景的基础。他呼吁在世界拟定一系列新的发展目标之时，国际社会应当凝聚共识，对教育提供更多支持与投资。

7 月 8 日　由美、英、法等国推动的为纪念斯雷布雷尼察大屠杀事件 20 周年的一项决议草案由于俄罗斯行使否决权而未能在安理会获得通过。中国、尼日利亚、安哥拉、委内瑞拉投了弃权票。

7 月 10 日　中国常驻联合国代表刘结一在联合国纽约总部举行的由潘基文秘书长倡议召开的“埃博拉疫区复苏国际会议”上宣布，为支持联合国在疫区复苏进程中继续发挥领导和协调作用，中国政府将向联合国应对埃博拉疫情多方信托基金追加提供 500 万美元现汇捐款。

7 月 14 日　联合国秘书长潘基文与国际原子能机构总干事天野之弥分别发表声明，欢迎包括美国、英国、法国、俄罗斯、中国和德国在内的伊朗核问题六国当天在维也纳与伊朗终于达成历史性的全面解决伊朗核问题的协议，同时祝贺各方经过 20 多个月的谈判，为解决延续了 12 年的伊朗核问题达成了政治共识。

7 月 15 日　正在埃塞俄比亚首都亚的斯亚贝巴进行的联合国第三次发展筹资问题国际会议取得历史性突破。来自 193 个联合国会员国的与会代表经过谈判，正式就大会成果文件《亚的斯亚贝巴行动议程》达成一致，其中包括一系列旨在彻底改革全球金融实践并为解决经济、社会和环境挑战而创造投资的大胆措施。

7 月 16 日　世界卫生组织和儿基会发表的一份更新报告指出，自 2000 年以来，世界上达到和维持对 90% 的儿童实施旨在挽救生命的常规疫苗接种的国家数量增长了一倍。但报告同时指出，有 65 个国家需要采取“改变游戏规则”的策略，以达到全球免疫的目标。

7 月 20 日　联合国安理会就核不扩散问题举行公开会议，并一致表决通过了第 2133 号决议，对伊朗核问题六国，即美国、英国、法国、俄罗斯、中国和德国上周在维也纳与伊朗就全面、长期和妥善解决伊朗核问题达成的“联合全面行动计划”表示赞同和支持，要求国际原子能机构对伊朗落实执行行动计划的情况开展核查和监测，并考虑“逐步取消”与伊朗核项目相关的所有制裁措施。

7 月 22 日　联合国安理会就伊拉克局势动态举行例行会议，审议潘基文秘书长新进提交的有关联合国在伊拉克活动的第三份报告，以及伊拉克和科威特双边关系的第七份报告，并现场听取了秘书长伊拉克事务特别代表兼联合国驻伊拉克援助团负责人扬·库比什的工作通报。他在讲话中指出，伊拉克政治进程正在向前推进，但却缺乏必要的活力和成功。

7 月 23 日　中国常驻联合国副代表王民大使在安理会就中东问题举行的讨论会上讲话指出，通过和谈实现巴勒斯坦独立建国、巴以两国和平共处是解决巴以问题的唯一现实途径。王民还指出，叙利亚局势发展正处在关键时期，中方支持联合国在叙利亚问题上发挥应有的作用。

7 月 24 日　第 69 届联合国大会举行特别活动，向来自纳米比亚的眼科医生恩杜梅和葡萄牙前总统桑帕约正式颁发首届“联合国纳尔逊·罗利拉拉·曼德拉奖”，以表彰其秉承曼德拉生前为人类无私服务的奉献精神、为弘扬联合国宗旨和原则所做出的卓越贡献。

7 月 27 日　潘基文秘书长在联大通过第三次发展融资大会成果文件的会议上发表讲话指出，联大对该成果文件的支持显示出国际社会开启了合作和全球合作伙伴关系的新时代，是朝着可持续发展和结束所有形式极端贫困所迈出的重要一步。

7 月 28 日　人权高专办发表声明，对利比亚前领导人卡扎菲次子赛义夫·卡扎菲等被该国一家法院判处死刑深感不安。

7月29日　针对马来西亚航空公司MH17航班一年前在乌克兰东部冲突地区被击落事件成立国际法庭的一项决议草案，由于俄罗斯行使否决权而未能在安理会获得通过。美国、英国、法国等11个安理会成员国投了赞成票；中国、安哥拉和委内瑞拉投了弃权票。

7月30日　联大通过有关打击野生动植物非法贩运问题的决议。联大主席库泰萨在一份致辞中指出，决议的通过及其有效实施对打击非法贩运野生动植物至关重要。他呼吁加强国际合作以及国家立法工作，以应对相关挑战。

7月31日　联合国埃博拉应急特派团完成任务并结束使命。之后，联合国系统应对埃博拉疫情的工作将在世界卫生组织总干事的直接领导下展开。

8月3日　联合国193个会员国的代表在纽约联合国总部就2015年后发展议程达成一致，这是各方经过两年多时间艰苦谈判达成的重要共识，为即将于2015年9月下旬举行的联合国发展峰会取得成功奠定了良好基础，同时也为今后15年的国际发展事业规划了宏伟蓝图。第69届联大主席库泰萨发表特别发表声明，对此表示欢迎。

8月5日　联合国近东巴勒斯坦难民救济和工程处发表媒体通报称，该机构已向秘书长潘基文提交一份紧急财政报告。这份报告发出警告，如果工程处到8月中旬无法弥补1.01万美元的资金缺口，将被迫暂停该机构的教育项目。这意味着50万巴勒斯坦学生将被迫推迟入学时间。同时，严重的资金短缺将阻碍该机构行使其全部职能。

8月6日　联合国驻利比亚支助特派团发表媒体通报称，秘书长利比亚问题特别代表、联合国驻利比亚支助特派团负责人莱昂宣布，在与利比亚有关利益攸关方和国际合作伙伴的广泛协商后，新一轮的利比亚对话会谈将在8月10日展开。

8月7日　联合国安理会通过第2235号决议，决定批准设立一个联合调查机制，以认定叙利亚境内将氯气等有毒化学品用作武器的事件并确认相关责任方。潘基文秘书长当天通过发言人发表声明，对决议的通过表示欢迎，并表示，叙利亚境内将有毒化学品用作武器的指称已经引起国际社会的高度关注。

8 月 10 日　“世界土著人民国际日”。联合国新闻部和联合国土著问题常设论坛秘书处在纽约联合国总部举行隆重庆祝活动。

8 月 12 日　潘基文秘书长在纽约联合国总部向媒体发表谈话时强调，将对维和部队、特别是针对驻中非共和国维和特派团的每一起被指犯有性虐待和性剥削罪行的案件进行彻底调查。与此同时，潘基文当天还接受了他的特别代表、联合国中非共和国多层面综合稳定特派团负责人盖伊的辞呈。

8 月 13 日　联合国秘书长潘基文召集全体维和特派团负责人、维和部队军事指挥官以及维和警察总监举行紧急视频会议，讨论持续发生的维和人员涉嫌实施性剥削和侵权违法活动以及出现其他不当行为的问题，并重申联合国系统将对任何工作人员的不当言行采取“零容忍”政策，相关指控一旦确认必将予以严厉惩处。

8 月 14 日　联合国人权高专办发言人萨姆达沙尼在日内瓦举行的记者会上指出，布隆迪人权局势继续恶化，自 4 月下旬与选举相关的暴力开始以来，已有至少 96 人遭到杀害。人权高专办呼吁布隆迪所有各派恢复对话，避免局势完全失控。

8 月 17 日　潘基文秘书长通过发言人发表声明，对乌克兰东部的暴力升级导致停火线两边的平民死亡的报道表示警惕。潘基文呼吁乌克兰冲突双方采取措施，防止事态的进一步恶化，并为人道援助物资的运送提供准入。

8 月 18 日　潘基文秘书长在安理会以“地区组织与当今全球安全挑战”为主题的公开辩论会上讲话指出，联合国与地区组织之间的合作伙伴关系已经得到加强，今后应继续共同努力，联手解决当今全球所面临的挑战，致力于促进和平、安全和人权，以建设更加美好的未来。

8 月 19 日　“世界人道主义日”。2015 年纪念“世界人道主义日”特别活动在纽约联合国总部拉开帷幕。潘基文秘书长呼吁全球公民展现团结，加入“共享人道光辉”社交媒体活动，以促进开展人道行动。据联合国人道协调厅统计，目前全球已有超过5000万人在脸书和推特等社交媒体上参与了此项活动，分享人道危机幸存者的真实故事。

8月20日　安理会举行公开辩论会议，就安理会在和平行动中如何加强联合国对国家主导的安全部门改革工作的支持等问题进行讨论。负责维和行动的助理秘书长蒂托夫在会上发表讲话指出，训练有素、得到良好支持和能够有效交付服务的警察和军事队伍是一个国家打击暴力和消除不稳定现象的最佳防卫措施，而联合国维和行动应该帮助国家当局建立能够运作的安全和法治体系。

8月21日　潘基文秘书长发表声明，对以色列和叙利亚严重违反《部队脱离接触协议》表示严重关注。

8月24日　美国常驻联合国代表鲍尔在安理会就中东地区同性恋、双性恋和变性者问题举行非正式闭门"阿里亚办法"会议之后向记者发表谈话指出，尽管本次安理会非正式会议的焦点是"伊斯兰国"极端组织针对同性恋、双性恋和变性者所实施的暴行，但与会者均认识到这是一个超出极端组织控制范围、在世界许多地区存在的需要得到解决的迫切问题。

8月25日　秘书长南苏丹问题特别代表兼联合国南苏丹特派团团长洛伊就南苏丹问题向安理会做工作汇报时表示，南苏丹政府预计将在26日签署东非政府间发展组织推动的和平协议。尽管出现这一积极进展，南苏丹的安全局势依然动荡和紧张。

8月26日　安理会本月轮值主席、尼日利亚常驻联合国代表奥格武在安理会听取利比亚问题特别代表莱昂汇报利比亚局势进展后向媒体发表谈话指出，安理会成员强调，只有建立一个具有包容性和代表性的政府才能解决该国所面临的政治和安全挑战。

8月27日　潘基文秘书长向安理会提交了旨在查明叙利亚境内化学武器使用责任方的联合调查机制的相关建议，包括职权范围等内容。潘基文呼吁叙利亚有关各方同联合调查机制全面合作。

8月28日　《联合国气候变化框架公约》秘书处表示，截至目前，世界上已有50多个国家、相当于涵盖减排总量的70%的地区，已经提交了国家自主减排贡献方案，提交速度远超预期。

8 月 31 日　潘基文秘书长在各国议会联盟第四次国会议长会议上发言指出，各国议会代表着和平与民主，是《联合国宪章》开篇“我，联合国人民”的生动体现。他呼吁各国国会议长做出不懈努力，将民主置于和平与可持续发展事业的中心位置，建设一个人民希望拥有的未来。

9 月 1 日　联大通过决议，决定将 2030 年可持续发展议程成果文件提交第 70 届联大审议。潘基文秘书长当天在讨论会上讲话时督促国际社会继续展现强有力的承诺、灵活性和远见卓识，并雄心勃勃地采取行动，调动强大的政治意愿，以实现联合国成立时的梦想，建立一个和平和人人具有尊严的世界。

9 月 2 日　安理会发表主席声明，强烈谴责发生在索马里的针对非盟驻索马里特派团基地的袭击事件。这一由索马里极端组织“青年党”发动的恐怖袭击事件造成多名人员伤亡。

9 月 3 日　潘基文秘书长在参加完中国为纪念二战胜利 70 周年而举行的阅兵式后，同中国国家主席习近平举行了会晤。潘基文在会晤中对中国在多边主义和包括维和与应对埃博拉疫情等方面所做出的贡献表示赞赏。

9 月 4 日　潘基文秘书长发表声明，对发生在也门萨那的针对一座清真寺的自杀性恐怖袭击事件予以强烈谴责。

9 月 8 日　潘基文秘书长在联大题为“重要和持久的承诺：落实保护责任”的非正式互动对话会议上强调，叙利亚是目前世界上最大的人道主义危机。

9 月 9 日　潘基文秘书长在纽约联合国总部举行的联大和平文化高级别论坛上表示，如不针对分裂和不公正开展一项积极的运动就不可能建立一种和平文化。他指出，奉行和平文化不仅需要抚慰的话语，同时需要勇敢的实践。

9 月 10 日　联大以 119 票赞成、8 票反对、45 票弃权的投票结果通过了“联合国非会员观察员国升旗安排”的决议草案。这一草案的通过将使巴勒斯坦旗帜不久将在联合国纽约总部和联合国在世界各地的办事处升起。

9 月 14 日　第 69 届联大正式闭幕。本届联大主席库泰萨在纽约总部举行的记者会上总结本次联大工作的重点时指出，本次联大为改变世界呈现了历史性的机遇，共通过 327 项决议。他感谢各成员国、秘书长以及关键行动方为集体努力所给予的巨大支持。

9 月 15 日　70 届联大在纽约总部隆重开幕。新任联大主席莫恩斯·吕克托夫特在新一届联大的开幕式上表示，70 届联大将是一届具有真正历史意义的联大，它将不仅做出一些开创性的决定，同时也将因为为了整个地球和人类采取一致行动而载入史册。

9 月 16 日　潘基文秘书长在纽约联合国总部举行的记者会上表示，70 届联大是在动荡与希望的背景下召开的。他表示，在叙利亚、也门等地处于动荡之时，即将在联大首脑会议上通过的《2030 可持续发展议程》将给世界带来新的希望。

9 月 22 日　依据安理会第 2235 号决议，联合国成立一个“禁止化学武器组织—联合国联合调查机制”，以对叙利亚境内使用化学武器的问题展开进一步的独立调查。

9 月 24 日　国际法院做出裁决，认定该法院具有管辖权，可以对玻利维亚在该法院提出的要求智利履行义务同其就出海口问题进行谈判予以裁决的案件进行审理。

9 月 25 日　罗马天主教第 266 任教皇方济各在联大可持续发展峰会开幕前发表主旨讲话指出，通过 2030 年可持续发展议程是世界充满希望的重要标志，他对巴黎气候大会将达成有效的全球气候协议抱有信心。

9 月 26 日　2015 年联合国可持续发展首脑会议在纽约总部继续进行。中国国家主席习近平与会并发表讲话指出，要解决好各种全球性挑战，包括最近发生在欧洲的难民危机，根本出路在于谋求和平、实现发展，而本次峰会通过的“2015 年后发展议题”为全球发展描绘了新愿景，为国际发展合作提供了新的机遇。他强调指出，一分部署、九分落实，倡议国际社会加强合作，共同落实 2015 年后发展议程，以努力实现合作共赢。

9 月 27 日　2015 年是北京世界妇女大会召开 20 周年。中国政府与联合国妇女署在纽约联合国总部以“促进性别平等和妇女赋权：从承诺到行动”为主题共同召开全球领袖峰会。潘基文秘书长在大会的开幕式上致辞中呼吁各国将促进性别平等和妇女赋权的承诺转变为行动。

9月28日　旨在为会员国提供阐述各自内政、外交政策的联大一般性辩论在联大会堂正式拉开帷幕，中国国家主席习近平出席联大一般性辩论并发表讲话。

9月29日　由联合国维持和平行动部组织的南苏丹问题高级别会议在纽约联合国总部举行。南苏丹总统基尔通过视频方式参加会议，但其政治对手前副总统马沙尔则亲临纽约赴会。潘基文秘书长在会上再次发出呼吁，希望基尔和马沙尔履行承诺，认真落实刚刚签署的和平协议，为了南苏丹人民的利益，立即停止所有的军事行动，组建过渡民族团结政府。

9月30日　巴勒斯坦升旗仪式在纽约联合国总部隆重举行。潘基文秘书长、巴勒斯坦领导人阿巴斯、70届联大主席吕克托夫特出席了在纽约联合国总部玫瑰园举行的巴勒斯坦升旗仪式。

10月1日　为纪念联合国成立70周年，第70届联大在纽约总部举行主题辩论，关注“维护世界和平与安全”问题。

10月2日　索马里在纽约总部举行的联大一般性辩论期间向联合国提交其《儿童权利公约》批约书，成为该公约的第196个缔约国。

10月5日　世界银行在最新发布的报告中首次采用了每天1.90美元的最新国际贫困线。采用这一新贫困线，世界银行预测今年全球贫困人口将从2012年的9.02亿人减少到7.02亿人，占全球人口的比例从12.8%下降到9.6%。世界最贫困国家的老贫困线是每天1.25美元。国际贫困线的提高体现出各国生活成本差异的新信息。

10月6日　联合国贸发会议组织发布的《贸易和发展报告》表示，先进经济体正在经历的同正常经济周期无关的经济增长放缓这一“长期停滞”现象正在引起人们的极大关注。

10月7日　联合国政府间气候变化专门委员会发表通报表示，韩国高丽大学教授李会晟当选该机构的新一任主席。

10月8日　潘基文秘书长通过发言人发表声明表示，鉴于美国联邦当局的指控，他已请求联合国内部监督事务厅启动程序，对联合国与“全球可持续发展基金会”和新建业集团之间的往来互动以及联合国从这两个机构收取的所有资金的使用情况进行审查。

10月9日　安理会通过决议，呼吁各国采取行动，打击利比亚沿岸地中海海域偷运移民和贩运人口活动，中国常驻联合国代表刘结一大使在安理会决议通过后发表讲话时强调，国际社会应采取综合策略，重点解决贫困和冲突等根源性问题。

10月12日　联大就联合国和平行动举行了正式辩论。潘基文秘书长出席了会议，并且呼吁加强对联合国和平行动的投入。

10月13日　在安理会本月轮值主席国西班牙的倡议和组织下，安理会举行公开辩论，主题是妇女、和平与安全。

10月15日　潘基文秘书长通过发言人发表声明，对缅甸政府、国防军以及几个少数族裔武装组织在首都内比都签署全国停火协议表示欢迎，称此举是迈向推进国家和解和巩固变革的重要一步。

10月16日　鉴于约旦河西岸和东耶路撒冷目前出现的紧张局势，安理会临时增加议程，就此召开公开紧急会议。联合国负责政治事务的助理秘书长泽里胡恩在向安理会做情况通报时表示，以巴之间最近所出现的暴力令人极为担忧。安理会各成员国在发言中则敦促巴以双方采取切实措施，避免事态进一步恶化。

10月19日　潘基文秘书长在斯洛伐克访问期间荣获夸美纽斯大学颁发的荣誉博士和金奖。他在随后发表的演讲中呼吁国际社会对难民和移徙者提供所应有的保护和支持。

10月20日　在安理会本月轮值主席国西班牙的推动下，安理会就工作方法展开公开辩论。

10月21日　潘基文秘书长通过发言人发表声明，对朝鲜和韩国举行的离散家庭团聚表示热烈欢迎。他同时认为，离散家庭团聚这类的人道主义措施应当规范化，而不应该受到政治或安全因素的影响。

10月23日　秘书长也门问题特使艾哈迈德在向安理会汇报也门局势时指出，也门战火仍然持续，民众正处于灾难性的境况。艾哈迈德指出，目前他正在着手与也门政府、胡塞武装以及其他利益攸关方就双方同意举行会谈的议程、日期和形式进行接洽，希望谈判能够重启政治对话并结束战争。

10 月 24 日　联合国成立 70 周年华诞。为纪念这一具有里程碑意义的日子，全球各地将举行形式多样的各种庆祝活动，其中包括将纪念碑、大楼、博物馆、桥梁等举世闻名的标志性建筑用联合国的官方颜色——蓝色的灯光点亮，以传播团结、和平、发展与人权的理念。

10 月 26 日　秘书长减灾事务特别代表瓦尔斯特伦在斐济首都苏瓦举行的太平洋地区灾难复原力会议开幕时指出，今后几个月将是对该地区减少灾害管理方面的一次严峻考验。

10 月 27 日　潘基文秘书长和非盟委员会主席德拉米尼·祖马共同宣布，来自尼日利亚的乌霍莫伊比将出任非盟—联合国达尔富尔混合行动的联合特别代表，兼非盟—联合国达尔富尔混合行动特派团团长的职务，并同时承担非盟与联合国联合首席调解人的职责。

10 月 28 日　第 70 届联合国大会改选联合国人权理事会成员，韩国、格鲁吉亚、科特迪瓦、瑞士等 18 个国家成功获选，任期自 2016 年至 2018 年。

10 月 29 日　联合国人道主义事务协调厅救援行动负责人约翰·京在纽约总部举行的记者会上呼吁为苏丹、南苏丹和索马里长期身处危机的人民和社区提供更多的帮助。

10 月 30 日　联大召开全会，就安理会中的公平代表性和增加安理会成员的问题召集了全会进行辩论。有近 60 个国家的代表在会上发言，呼吁加快安理会改革步伐，使其更好地反映当今世界的地缘政治格局。

11 月 2 日　《联合国反腐败公约》缔约国第六届会议在俄罗斯圣彼得堡的列宁格勒展览中心开幕。

11 月 3 日　联大举行会议，就振兴联大的工作进行了辩论。

11 月 4 日　潘基文秘书长宣布，任命来自德国的马丁·科布勒担任秘书长利比亚事务特别代表，兼联合国利比亚支助团负责人。

11 月 5 日　安理会就利比亚问题召开会议。国际刑事法院检察官本苏达在向安理会汇报利比亚局势时指出，利比亚似乎已经陷入一个暴力、大规模犯罪和长期不稳定的无止境的恶性循环，并严重削弱了该国正常运转的国家机构和人权领域的发展。

11 月 9 日　安理会发表主席声明，欢迎任命来自尼日尔的马曼·西迪库为秘书长刚果（金）问题特别代表兼联合国驻刚果（金）稳定特派团负责人。

11 月 10 日　正在沙特阿拉伯进行访问的潘基文秘书长在首都利雅得参加了“第四届阿拉伯与南美国家首脑会议”。他在向此次首脑会议发表讲话时表示，阿拉伯世界与南美地区的区域合作为双方在推动和平、发展、社会包容和人权领域提供了广阔的相互学习和分享经验的空间。

11 月 11 日　世界知识产权组织发表的《2015 年世界知识产权报告》指出，日本和美国引领少数国家，正在以 3D 打印、纳米技术和机器人工程学这三项拥有促进未来经济增长潜力的前沿技术驱动创新。

11 月 12 日　安理会一致通过决议，强烈谴责不断增加的侵犯践踏人权事件，其中包括法外处决、酷刑和其他残酷、不人道/或有辱人格待遇、任意逮捕、非法羁押、骚扰和恐吓捍卫人权者和记者，并谴责安全部队和民兵及其他非法武装团体在布隆迪的所有侵犯践踏人权行为。

11 月 13 日　联合国负责维和事务的副秘书长拉德苏在安理会举行的年度维和特派团警察部门负责人会议上讲话指出，维和警察在保护平民方面起着举足轻重的作用，而加强维和警察的能力以及协调工作能够进一步改善警察对平民进行保护的能力。

11 月 16 日　联合国专门机构世界气象组织在日内瓦总部发布了有关全球厄尔尼诺天气事件的最新一份更新报告。报告称，一个成熟且强大的厄尔尼诺天气事件预计将在 2015 年年底达到峰值，而且其强度有可能与 1997/1998 年度史上最强的厄尔尼诺“看齐”。

11 月 18 日　联合国秘书长潘基文通过发言人发表声明，对成员国在就导致前联合国秘书长达格·哈马舍尔德及其随行人员罹难原因和情况展开调查的过程中所给予的配合表示感激，并进一步敦促有关国家披露可能持有的同坠机事件相关的机密信息。

11 月 19 日　安理会发表媒体声明，以最强烈的言辞谴责“伊拉克和黎凡特伊斯兰国”杀害中国公民樊京辉和挪威公民格里姆斯高·奥夫斯塔的令人发指的懦夫行为。

11 月 20 日　安理会就“联合国和平行动的未来”举行会议，并听取了潘基文秘书长所做的汇报。潘基文在会上介绍了他任命的和平行动高级别小组就改革联合国和平行动提出的建议以及他的落实报告。

11 月 23 日　联合国在纽约总部举行多项活动纪念声援巴勒斯坦人民国际日。常务副秘书长埃利亚松当天指出，巴勒斯坦人对于长达近五十年的占领倍感困惑；以色列人也同样深感恐惧和不安全；目前缺乏实现两国解决方案的政治前景严重增加了局势失控的风险。

11 月 24 日　难民署发表的一项媒体公告表示，在希腊和前南斯拉夫马其顿共和国以及前南斯拉夫马其顿共和国与塞尔维亚边界地区，叙利亚、阿富汗和伊拉克的国民被允许通过，但其他国家的公民则不被允许入关，目前有大约 1000 人被困在希腊进入前南斯拉夫马其顿共和国的主要边界入口处。

11 月 25 日　“消除对妇女的暴力行为国际日”。由联合国妇女署组织的纪念该国际日活动在纽约联合国总部拉开帷幕。来自各国和民间社会组织的代表在当天举行的讨论会上就如何预防针对妇女的暴力行为畅所欲言。潘基文秘书长在纪念活动上发表讲话指出，结束针对妇女和女孩的暴力行为是联合国在致力于和平、发展和人权工作中的一项重点工作。

11 月 25 日　世界气象组织发表的一项报告显示，2015 年全球表面温度将有可能成为历史上最热的年份。报告显示，这一最热温度有可能达到具有象征性意义的超过工业化前时期温度 1 摄氏度的标线。

11 月 27 日　潘基文秘书长在马耳他参加英联邦首脑会议时表示，世界领导人必须在即将举行的巴黎气候变化大会上达成一项令人满意的协议。

11 月 30 日　在国际电信联盟发布的年度旗舰报告中，根据信息通信技术接入、使用和技能水平，对 167 个国家的信息通信技术发展指数进行了排名，其中韩国位居榜首。报告同时指出，过去五年中，信息通信技术发展指数值分布居中和垫底的国家之间的差距正在拉大。

12 月 1 日　潘基文秘书长在巴黎气候变化大会间隙举行的“非洲与气候变化”高级别活动上讲话指出，面对气候变化的冲击和影响，非洲大陆的处境尤为脆弱，因此巴黎气候变化大会的成功对非洲的可持续发展未来具有重大意义。

12 月 2 日　联合国不同文明联盟高级代表、第 66 届联大主席纳赛尔在纽约总部举行的一个题为“追踪仇恨：有关媒体上的仇恨言论的国际对话”研讨会上致辞指出，媒体在塑造个人及公众的看法和观点方面发挥着不可替代的关键作用。

12 月 3 日　在联合国气候变化大会于巴黎举行的同时，第 11 届青年大会也在巴黎举行。

12 月 4 日　根据最新版《朝着气候中和的联合国迈进》报告，在 2014 年，联合国系统共排放了 200 多万吨二氧化碳当量，相当于 19 万 1000 个美国家庭一年的二氧化碳排放量，或者相当于消耗了 480 多万吨石油产生的排放量。

12 月 7 日　联合国人道主义事务协调厅与其他联合国人道伙伴机构在日内瓦共同发布《2016 全球人道主义概览》报告，呼吁国际社会在 2016 年为全球最脆弱的人口募捐 201 亿美元人道援助资金。这是联合国有史以来所发出的最大的人道募捐呼吁。

12 月 8 日　世界卫生组织发布了一份名为《2015 健康趋势：从“千年发展目标”到“可持续发展目标”》的报告，对全球自 2000 年以来的健康发展趋势和未来 15 年所面临的挑战进行了全面的分析。

12 月 9 日　安理会通过决议，强调青年是维持和平和建设和平工作、实现可持续性和包容性方面取得成功的一个关键环节。该决议是安理会首次专门就青年问题通过决议，且具有里程碑意义，开辟了与作为和平缔造者——青年一道工作的新时代。

12 月 10 日　联合国负责政治事务的副秘书长费尔特曼在安理会就朝鲜问题举行的会议上表示，历史证明，特别是在针对这些侵权行为缺乏问责的情况下，严重侵犯人权的行为经常成为不稳定和冲突的警讯。

12 月 11 日　潘基文秘书长通过发言人发表声明，强烈谴责当天上午发生在布隆迪首都布琼布拉的多处军营遭到不明身份袭击者攻击的事件。

12 月 14 日　联合国开发计划署在埃塞俄比亚首都亚的斯亚贝巴发布的《2105 人类发展报告》指出，随着技术迅速发展，全球化进程不断深化以及社会老龄化现象和环境挑战正快速改变工作的意义和方式，全新的世界工作格局在为一些人带来巨大机遇的同时，另一些人却面临着严峻挑战。

12 月 15 日　由联合国促成的也门和平谈判在瑞士举行。秘书长也门问题特使艾哈迈德当天在会上致开幕辞时指出，也门各派就停止敌对行动已经达成协议，而本周最重要的工作是达成永久和全面的停火，一旦暴力再次发生，各派应立即以建设性和务实方式对局势加以应对。

12 月 16 日　国际劳工组织发表的“全球移民工人评估”报告数据显示，全球 2. 32 亿国际移民者中，超过 1. 5 亿万人为移民工人，而超过 70% 的移民工人在家政等服务行业工作。

12 月 17 日　安理会就打击恐怖主义的筹资问题举行财长会议并通过决议，对“伊黎伊斯兰国”，又称“达伊沙”的恐怖组织实施一系列制裁措施，以切断其经济来源和筹资方式。本月安理会轮值主席国美国的财政部长雅各布 · 卢亲自主持了当天的会议。潘基文秘书长在会上致辞，对安理会决议的通过表示欢迎。

12 月 18 日　联合国难民署发表的年终趋势报告指出，2015 年全球被迫背井离乡人数预计将首次超过 6000 万，也就是说，每 122 个人中就有 1 人被迫逃离家园；全球新难民人数迅速增加，叙利亚冲突是主要驱动因素，而即使排除此因素，全球流离失所现象仍呈上升趋势。

12 月 24 日　第 70 届联合国大会审议了负责行政和预算工作的第五委员会的相关建议，正式批准了联合国 2016—2017 年双年度常规预算案，总额为 54 亿美元，比 2015 年 10 月提交的 56. 9 亿美元的数字略有减少。

12 月 28 日　潘基文秘书长通过发言人发表声明，对日本和韩国政府于当天在首尔举行的两国政府的双边外长会谈中就与“慰安妇”有关的问题达成协议表示欢迎。他希望这一协议将对改善两国的双边关系做出贡献。

12 月 29 日　潘基文秘书长任命来自南非的德里克·布伊所罗·姆格委比中将为联和国刚果民主共和国稳定团部队指挥官。

12 月 30 日　随着新年的到来，2014 年 9 月由世界各国领导人在联合国通过的大刀阔斧、颇具变革性的 2030 年可持续发展议程也将正式生效、启动，呼吁各国现在就采取行动，为今后 15 年实现 17 项可持续发展目标而努力。

12 月 31 日　安理会通过了有关加强安理会、部队和警察派遣国及秘书处之间合作的主席声明。声明肯定了三方进行有效协商的重要性。

（孟文婷整理）

后记

2015 年是联合国成立 70 周年。联合国和许多成员国举行了一系列纪念活动，主题是“联合国强大，世界更美好”。本书即取名于此主题。

本书收录了本人自 2006 年进入复旦大学工作以来关于联合国问题的部分学术论文，特别是 2015 年发表的系列评论文章。由于种种原因，未能联系所有发表这些研究成果的杂志社和报社以征得其同意，在此表示歉意。

十年来，本人在从事联合国问题研究过程中，得到了中国联合国协会、中国联合国研究联席会议、上海市社会科学联合会、上海联合国研究会和复旦大学等单位的帮助和支持，以及联合国前副秘书长、上海联合国研究会名誉会长、复旦大学联合国研究中心主任陈健大使的指导和提携。唯有加倍努力，不负众望。

华东师范大学国际关系专业研究生孟文婷同学帮助整理了联合国 2015 年大事记，在此表示感谢。

2016 年，联合国踏上新的征程。我们的联合国研究，也开始新的起点。愿以此自勉和共勉。

张贵洪

2015 年 10 月 24 日